HOMEM CINDERELA

OBJETIVA

Jeremy Schaap

HOMEM CINDERELA

JAMES J. BRADDOCK, MAX BAER E A MAIOR REVIRAVOLTA DA HISTÓRIA DO BOXE

Tradução
S. Duarte

OBJETIVA

Título original
Cinderella Man – James J. Braddock, Max Baer
and the Greatest Upset in Boxing History

EDITORA OBJETIVA LTDA. Rua Cosme Velho, 103
Rio de Janeiro – RJ – CEP: 22241-090
Tel.: (21) 2199-7824 – Fax: (21) 2199-7825
www.objetiva.com.br

Capa
Luciana Gobbo

Foto de capa
Nick Dolding / Getty Images

Foto de James Braddock
Corbis / Latin Stock

Copidesque
Fabiano Morais

Revisão
Umberto Figueiredo Pinto
Ana Kronemberger
Isa Laxe

Editoração Eletrônica
FA Editoração Eletrônica

S291h

Schaap, Jeremy

Homem Cinderela : James J. Braddock, Max Baer e a maior reviravolta da história do boxe / Jeremy Schaap, tradução de S. Duarte. – Rio de Janeiro : Objetiva, 2007

345 p. ISBN 978-85-7302-743-3

Tradução de *Cinderella Man: James J. Braddock, Max Baer and the greatest upset in boxing history*

1. Boxe – História. 2. Braddock, James J. (1906-1974). 2. Baer, Max (1909-1959) I. Título

CDD 796.83927

Para meu pai, que escreveu 33
livros, e todos me inspiraram.

Ele nunca aparecerá em nenhuma lista dos dez melhores, e com razão. Tinha uma boa esquerda, mas não foi um grande pugilista, e embora acertasse golpes fortes com a direita, não era um demolidor. No entanto, pode ter sido querido por mais pessoas do que qualquer outro campeão na história, no sentido de que os demais podiam espelhar-se e refletir nele suas próprias lutas. Seus primeiros tempos de lutador foram iguais aos de todos os outros. O que aconteceu com ele aconteceu ao país inteiro, e é por isso que, em minha opinião, nenhum outro pugilista foi tão representativo de seu tempo.

– W. C. Heinz

SUMÁRIO

PREFÁCIO

> Construí uma ferrovia, coloquei pra funcionar,
> Fiz o trem sair voando.
> Construí uma ferrovia, acabei de terminar.
> Irmão, tem uma moeda sobrando?
>
> – E. Y. Harburg

Em 1932, a canção "Brother, Can You Spare a Dime?"* obteve uma distinção pouco comum: era o maior sucesso de dois cantores, Rudy Vallee *e* Bing Crosby. Traduzindo o desespero de milhões de norte-americanos nos primeiros anos da Depressão, a música se transformou em um fenômeno. Harvey D. Gibson, presidente da Comissão de Emergência para o Auxílio-desemprego, afirmou que "Brother, Can You Spare a Dime?" "refletia a precária situação de muitas pessoas que haviam trabalhado duramente ajudando a construir o país e que agora não conseguiam compreender por quê, sem ter culpa alguma, eram obrigadas a pedir ajuda".[1]

A mensagem da canção foi compreendida em todo o mundo. Em 31 de dezembro, em Londres, o locutor de um especial de ano-novo disse no rádio: "Agora vamos a Nova York. Dentro de aproximadamente cinco horas o povo começará as comemorações do Ano-novo, procurando recuperar a prosperidade." Em seguida, o engenheiro de som colocou a música "Brother, Can You Spare a Dime?".

Na década de 1920, as letras melancólicas de Yip Harburg nada representariam para a maioria dos norte-americanos, que naquela época se sentiam ébrios de prosperidade. Mas em meados dos anos 1930, quando

* "Irmão, tem uma moeda sobrando?" (N.da E.)

as famílias nas filas para receber um prato de sopa haviam substituído os rapazes elegantes como imagem cultural dominante, a canção poderia ter sido o hino nacional.

Essa música enchia o ar quando James J. Braddock, que pouco antes recebia o auxílio-desemprego, passou pelas cordas do ringue na Arena do Madison Square Garden Bowl em 13 de junho de 1935, para enfrentar Max Baer. Pagando 10 dólares para cada dólar apostado, Braddock era o maior azarão da história dos campeonatos de pesos pesados. Mas, ao ser apresentado pelo locutor do ringue, Al Frazin: "O desafiante, de Jersey City, pesando 87 quilos, James J. Braddock!", o pugilista recebeu uma imensa ovação. Milhões de norte-americanos torceram por ele naquela noite, não por ser o azarão nas apostas, não porque o adversário fosse malquisto e não porque Braddock fosse especialmente espetacular no boxe, e sim porque ele personificava seus próprios esforços. Assim como tantos outros, o lutador havia sofrido humilhações provocadas por forças além de seu controle. Assim como tantos outros, tinha sido arrasado por um sistema que imaginara ser estável. Assim como tantos outros, fora obrigado a pedir ajuda. A derrocada de seu destino pessoal refletia o colapso nacional, talvez mais do que a de qualquer outro de seus compatriotas. Imediatamente antes da quebra, ele era um dos melhores lutadores jovens do mundo inteiro; tinha tudo a seu alcance. Mas quando a Depressão se abateu sobre o país, ele passou de desafiante a carta fora do baralho, e de estivador a dependente do seguro social. "A época dele foi a Grande Depressão, e ele foi um homem de sua época", escreveu Red Smith.[2]

Somente um pugilista poderia causar o impacto que Braddock causou, porque no tempo dele o boxe era o esporte mais popular do país e os pugilistas eram os atletas mais famosos. Os meninos queriam ser lutadores de boxe quando crescessem e enchiam álbuns com fotos tiradas da revista *Ring*, enquanto seus pais gastavam os poucos trocados que sobravam indo assistir às lutas em enfumaçadas arenas de bairro ou em enormes estádios ao ar livre. Milhões de pessoas pagavam 25 centavos para assistir no cinema às lutas que não tinham podido ver ao vivo. Iam assistir a filmes imensamente populares nos quais o mocinho era lutador de boxe, como *O Menino de Ouro*, com William Holden, *O Campeão*, com Wallace Beery, e *O Lutador e a Dama*, com Max Baer.

Em 1935, ano em que Braddock disputou com Baer o título mundial dos pesos pesados, a equipe de beisebol do New York Yankees jogava a maioria das partidas num estádio quase vazio; a média anual era de 8.885 torcedores. Mas, no outono daquele ano, quase 100 mil pessoas se acotovelaram no Estádio Yankee para ver Baer lutar contra Joe Louis, num combate que não valia o título. Em junho, mais de 60 mil torcedores assistiram à luta entre Joe Louis e Primo Carnera, também sem valer o título, no mesmo estádio. E em maio, mais de 40 mil pessoas foram ver a disputa pelo campeonato dos pesos leves entre Barney Ross e Jimmy McLarnin, no Polo Grounds. O beisebol podia ser o passatempo nacional, mas o boxe era a paixão do país.

Grande parte dos atrativos do esporte era devida às rivalidades étnicas e raciais que ele suscitava, e que eram exploradas pelos organizadores e apreciadas pelos torcedores, muitos dos quais imigrantes ou norte-americanos de primeira geração. Irlandeses contra judeus. Judeus contra italianos. Italianos contra negros. Negros contra poloneses. Alemães contra todos eles. Os lutadores mudavam seus nomes, passando a chamar-se O'Brien ou Goldstein a fim de criar combates étnicos que fariam com que suas apresentações atraíssem maior número de espectadores. E numa época em que o campeão mundial dos pesos pesados era importantíssimo, mais do que qualquer dos atletas de hoje, os norte-americanos de todas as cores e etnias se sentiam inspirados pela história do homem que passou, nas palavras de seu primeiro biógrafo, de indigente a rei.

Damon Runyon, que sabia reconhecer um conto de fadas quando via um, apelidou Braddock de "Homem Cinderela".[3] Naquele tempo, subir ao topo da categoria dos pesos pesados era o mesmo que ascender ao pico mais alto do mundo esportivo, tanto em popularidade quanto em termos financeiros.

Em 22 de setembro de 1927, com trinta minutos de esforço, mais nove para recuperar o fôlego entre os assaltos, Gene Tunney ganhou 990.445 dólares em sua segunda luta contra Jack Dempsey, mais do que Babe Ruth tinha recebido em seus 14 campeonatos de beisebol até aquele momento. Oito anos depois, em 1935, em plena Depressão, o jogador de beisebol mais bem pago nas equipes de primeira divisão era Lou Gehrig, na posição de primeira base da equipe dos Yankees. Apelidado de "Cavalo de Ferro", ele ganhava 40 mil dólares, soma vultosa para o norte-americano comum, porém pouco mais do que alguns trocados para Max Baer, Max Schmeling e outros lutadores famosos da época. Naquele outono, ao enfrentar Louis, Baer ganhou 215 mil dólares, mais de cinco vezes o salário anual de Gehrig.

Na época de Max Baer e James J. Braddock, num panorama esportivo em que não havia astros internacionais de basquete e de futebol, e nem pilotos de Fórmula 1, o campeão dos pesos pesados não era apenas o atleta mais bem pago ou o mais importante do mundo; era também a pessoa mais famosa do planeta, provavelmente só ficando atrás de alguns líderes mundiais, como Stalin ou o rei George V.

"O impacto de Jack Johnson no sentimento popular era mais profundo do que o de William H. Taft", escreveu John Lardner em *White Hopes and Other Tigers* (Esperanças da Raça Branca e Outras Feras).[4] "Jack Dempsey eclipsava Calvin Coolidge. Taft e Coolidge aceitavam humildemente essa situação." De fato, após ser apresentado ao presidente Coolidge, que apertou entusiasticamente sua mão, Luis Angel Firpo, desafiante argentino ao título mundial dos pesos pesados, voltou-se para um circunstante e perguntou: "Quem é este sujeito?"[5]

Houve épocas, naturalmente, em que os campeões dos pesos pesados perdiam em popularidade para os presidentes, reis e marechais: isso ocorria especificamente quando o mundo estava em guerra. Mas na maior parte do tempo, quem reinava era o campeão.

No entanto, era preciso alguém para divulgá-lo. Nos anos finais de sua vida, disse Dempsey, que foi campeão de 1919 a 1926: "Fui um lutador bastante bom. Mas quem me tornou famoso foram os jornalistas." Dempsey compreendera que a época dourada do esporte tinha sido inventada pela fase áurea da crônica esportiva.

Nas décadas de 1920 e 1930, o rádio estava apenas começando a surgir e a televisão não passava de uma possibilidade. A imensa maioria dos norte-americanos recebia informações sobre política, esportes e diversões por meio dos jornais. Somente na cidade de Nova York havia quase duas dúzias de prósperos diários: o *Times*, o *Herald-Tribune*, o *Post*, o *News*, o *Sun*, o *American*, o *Journal*, o *World-Telegram*, o *Wall Street Journal*, o *Daily Worker*, o *Mirror*, o *Staten Island Advance*, o *Brooklyn Eagle*, o *Star-Journal*, o *Bronx Home-News*, o *Long Island Press* e o *Forward*, entre outros.

Em 1927, quem não estivesse no estádio Soldier Field não teria visto Gene Tunney erguer-se da lona depois da "Longa Contagem" e derrotar Dempsey. Em 1932, ninguém que estivesse fora do Wrigley Field teria visto Babe Ruth lançar a bola contra Charlie Root na Série Mundial. As imagens eram criadas pelos cronistas esportivos – gigantes como Grantland Rice, W. O. McGeehan, Damon Runyon, Paul Gallico, Westbrook Pegler e Frank Graham. Suas colunas, publicadas em vários jornais, eram avidamente lidas em todos os confins dos 48 estados, e eles usavam seu talento para criar figuras lendárias. Rice, por exemplo, talvez tenha sido só um pouco menos importante do que Knute Rockne para forjar a mitologia da equipe de futebol americano da Universidade Notre Dame. As primeiras frases de seu relato do jogo entre os times do Exército e de Notre Dame, disputado no Polo Grounds em 18 de outubro de 1924, continuam a ser a chamada mais famosa e mais citada da história do jornalismo:

> Destacando-se no céu azul-acinzentado de outubro, os Quatro Cavaleiros do Apocalipse atacaram novamente. Na lenda popular, são chamados Fome, Peste, Destruição e Morte. Estes são apenas pseudônimos. Seus nomes verdadeiros são Stuhldreher, Miller, Crowley e Layden.[6]

Muitos anos depois, Jim Crowley, que encarnara a Destruição, afirmou o óbvio ao declarar: "Foi Granny quem nos fez ficar famosos."[7]

Na década de 1930, Rice ganhava mais dinheiro – cerca de 250 mil dólares anuais – do que qualquer dos atletas sobre os quais escrevia, com exceção do campeão mundial dos pesos pesados e talvez Gallant Fox, Omaha e Count Fleet. Tinha até motorista particular.

A opinião unânime dos reis da crônica esportiva foi que o impossível retorno de Jim Braddock tinha sido o fato mais fecundo que já haviam coberto, uma das poucas coisas que não precisaram adornar para que tivesse impacto. "Não quero parecer trivial", escreveu Runyon, "mas acreditem em um velho embusteiro, a verdade no caso de Braddock é muito mais estranha do que a ficção."[8] Mas quando a recuperação começou, nem Runyon nem nenhum de seus contemporâneos estava prestando muita atenção.

Braddock alguns meses antes de enfrentar Tommy Loughram, em 1929.

1

ENSOPADO DE BATATAS

QUEENS, NOVA YORK: 14 DE JUNHO DE 1934

Na noite de 14 de junho de 1934, James J. Braddock entrou na arena do Madison Square Garden Bowl, um enorme estádio no Queens, Nova York. Tinha os bolsos vazios. Uma semana antes completara 29 anos. Era pai de três filhos, lutador acabado e estivador em meio expediente. Seu punho direito fora temível, pois na década de 1920 ele tinha um dos socos mais poderosos de todos os lutadores da categoria dos meio-pesados, mas também era capaz de agüentar os golpes alheios. Em oitenta lutas como profissional, somente um adversário o nocauteara, e tinha sido um nocaute técnico.[1] Nunca tinha ficado na lona até a contagem de 10. Fora do ringue, seu adversário mais implacável tinha sido sem dúvida a Depressão, que quase o derrubara para sempre. Mas ali estava ele, voltando à vida de lutador após nove meses de inatividade.

Por volta de 1934, Braddock havia ultrapassado o limite de 79,379 quilos da categoria dos meio-pesados e lutava como peso pesado, com cerca de 81,6 quilos. Media 1,85m de altura e tinha cabelos pretos, grossos e encaracolados. Tinha uma beleza rude, e sua aparência não desmentia a origem irlandesa. Usava um trevo no calção e às vezes era chamado de Jim Braddock, o Irlandês. Não era de conversar muito, mas quando falava as palavras saíam do canto da boca, com um sotaque rude de operário de Nova Jersey. Seu sorriso era sempre descrito como oblíquo. Seus pais, Joseph e Elizabeth O'Toole Braddock, tinham nascido na Inglaterra e emigrado para os Estados Unidos em 1889, mas eram muito mais irlandeses do que norte-americanos, embora não haja nenhum indício de que tenham pisado o solo da Irlanda algum dia.[2] Haviam crescido em guetos irlandeses em Manchester e nos arredores, nos quais os Braddock e os O'Toole se aferravam a sua herança irlandesa, principalmente porque os ingleses nunca os deixavam esquecer suas origens.

Quarenta e cinco anos depois que Joseph Braddock escapara da pobreza e dos preconceitos do norte da Inglaterra e se dirigira à América do Norte, seu filho James se esforçava para alimentar e vestir a família que crescia. Devia dinheiro ao senhorio, ao leiteiro, à companhia de gás e de eletricidade e a seu agente, para citar apenas alguns de seus credores. No inverno rigoroso de 1933-1934 caminhara com sapatos rotos pelas ruas de North Bergen, em Nova Jersey. Sentia fome a maior parte do tempo.

O declínio de Braddock como lutador de boxe formava um paralelo perfeito com a queda do país na Depressão. Após lutar no campeonato da divisão dos meio-pesados no verão de 1929, Braddock foi seguidamente derrotado, primeiro em arenas principais, por adversários renomados, e em seguida, gradativamente, por boxeadores de segunda classe, a escória da divisão dos pesos pesados. A partir do dia da quebra da Bolsa, em 1929, ele perdeu 16 das 26 lutas de que participou. Finalmente, em 25 de setembro de 1933, fraturou a mão direita, seu único verdadeiro trunfo, ao dar um soco no queixo de um peso pesado de 28 anos chamado Abe Feldman. Ele já havia quebrado a mão duas vezes antes, e achava difícil que ela voltasse a ser o que era. Mesmo que conseguisse juntar dinheiro suficiente para pagar um médico que fosse capaz de curá-lo, isso levaria meses. Sabia que a essa altura estaria ainda mais velho e mais lento do que já se tornara, o que já era muito. Braddock anunciou que se retirava dos ringues, mas praticamente ninguém notou.[3]

Sua falta de agilidade tinha sido comentada muitas vezes antes. A expressão "pés lentos" não descreve com perfeição a limitação de seus movimentos. Era capaz de bater bem, de suportar os golpes dos adversários e até mesmo de usar um pouco os punhos. Mas James J. Braddock não se movia com eficiência. Tampouco conseguia causar muito estrago com a esquerda.

Sem poder lutar, procurou trabalho nos cais dos portos de Hoboken e de Weehawken. Ele, que apenas cinco anos antes chegara a quase conquistar o campeonato mundial dos meio-pesados, estava reduzido a carregador de vigas, retirando-as dos navios que vinham do sul e colocando-as em vagões ferroviários. No início não se saiu muito bem, devido à mão machucada. Mas Braddock era forte, e nunca fugia de um serviço pesado. Nem quando treinava para uma luta nem quando ganhava 5 dólares por dia trabalhando com um gancho de guindaste.

Como dezenas de milhões de norte-americanos que haviam prosperado na década de 1920, Braddock foi tragado pelo colapso econômico. Grande parte do dinheiro que ganhara lutando em arenas famosas, como a Boyle's Thirty Acres ou o Madison Square Garden, desapareceu com a falência do Banco dos Estados Unidos, no qual ele depositara milhares de dólares. Seus companheiros na fila dos candidatos a estivadores, esperando ser escolhidos pelo capataz, eram não só operários, mas também advogados, banqueiros e corretores de ações. A Depressão fizera com que todos descessem de nível, e às vezes mais do que apenas alguns degraus. Mas, ao contrário dos demais trabalhadores do cais, Braddock, sem saber, estava recuperando as forças de que precisaria para voltar ao ringue.

Mesmo assim, o trabalho era incerto. Havia dias em que percorria em vão os quase 5 quilômetros desde seu apartamento em Woodcliff até o cais de Hoboken. Quando isso acontecia, ele se dirigia para o norte, caminhando mais 3 quilômetros até a cidade de West New York, ou mais além, até Edgewater. Às vezes, encontrava trabalho na estiva. Outras vezes, simplesmente dava meia-volta e regressava a casa. Não era incomum, para ele, caminhar 16 ou 20 quilômetros num só dia. Quando encontrava ocupação, trabalhava até completar a tarefa. Um turno extra significava o dobro do salário. Cansaço era coisa de maricas.

As pessoas que o conheciam bem achavam que o apelido que melhor o descrevia era Jim Sem Graça (Plain Jim), dado por John Kieran, do *New York Times.* Ao contrário de John L. Sullivan e de Jack Dempsey, que eram os campeões de boxe mais populares dos primeiros tempos da luta com luvas, Braddock nada tinha de *showman.* Gostava de freqüentar os bares e tomar umas cervejas com os amigos que fizera na juventude em West New York. Pouco lhe importava, no entanto, que seus companheiros de bebida não o achassem divertido, que os cronistas esportivos não rissem de suas piadas, tampouco que seus admiradores conhecessem sua personalidade. Nas raras ocasiões em que falava, suas palavras causavam impacto.

Em 1934, na transição do inverno para a primavera, Braddock oscilava no limite do anonimato. O talento que exibira na parte final da década de 1920 desaparecia rapidamente da memória coletiva da comunidade de amantes do boxe. Quando os entendidos debatiam sobre quem deveria desafiar Primo Carnera para conquistar o campeonato mundial, o nome de Jim Braddock nunca era lembrado. Mas o próprio Braddock se lembrava, assim como seu agente, Joe Gould. Talvez alguns dos lutadores que ele castigara com sua poderosa direita também se recordassem. Todos, entretanto, consideravam James J. Braddock – quando conseguiam se lembrar dele – um desafiante cujo tempo passara, fracassado e acabado, e que simplesmente não possuía talento nem energia suficientes.

Mesmo assim, Gould continuou a promover Braddock como forte pretendente ao título, muito depois que a maioria dos organizadores chegou à conclusão de que ele estava acabado para o boxe. Gould passava horas defendendo Braddock, afirmando que todas as derrotas que ele sofrera foram simplesmente devidas ao problema da mão direita. Recordava a quem quisesse ouvir que aos 28 anos Braddock ainda era jovem e que, afinal de contas, ainda era o mesmo que quebrara o queixo do grande Pete Latzo em quatro lugares, nocauteara o elogiado Tuffy Griffiths e fizera picadinho de Jimmy Slattery. Só não mencionava que essas coisas tinham acontecido nos anos 1920, meia década antes.

Enquanto isso, a mão direita de Braddock ia aos poucos se recompondo. Enquanto ele transpirava nas docas, sem camisa, sua energia voltava. Calara-se a voz interior que lhe dissera estar acabado após a luta com Feldman. Agora outra voz lhe dizia que talvez sua sorte estivesse prestes a mudar (ele se considerara azarado durante muitos anos). Mas se alguém calculasse as probabilidades de que Braddock chegaria um dia ao título dos pesos pesados, a chance seria de uma em um milhão. Dúzias de pesos pesados lutavam regularmente em Nova York, e praticamente todos eram considerados melhores do que Braddock, que não era nem um veterano completo nem um talentoso novato. Como muitos outros lutadores já veteranos, ele era uma mercadoria literalmente danificada. Ao contrário da maioria, tivera certa vez a possibilidade de chegar a desafiante do dono do título, mas se dera mal e nunca se recuperara da desilusão. Seu momento parecia ter passado.

Braddock, no entanto, ainda tinha algum valor no ringue. O nome dele ainda significava algo para os fãs de pugilismo. A comissão de boxe se recusou duas vezes a liberá-lo para lutar, temendo pela sua segurança, porém, se ele fosse liberado para essa luta, talvez servisse a um propósito no esporte, como escada para jovens lutadores em ascensão no *ranking* – lutadores como John "Corn" Griffin.

Corn Griffin, em contraste, passara os anos iniciais da Grande Depressão num emprego bem-remunerado, como soldado do Exército dos Estados Unidos. Georgiano corpulento e rude, lutou durante o tempo de militar e acabou sendo notado por um agente veterano chamado Charles Harvey.[4] Em 1934, Griffin voltara à vida civil e Harvey estava procurando posicioná-lo na categoria dos pesos pesados. Alguém certa vez escreveu que "Griffin tinha cara de perdedor, com o nariz amassado e cicatrizes em volta dos olhos". Mas sabia bater.[5]

Na primavera de 1934, Griffin chegou a Pompton Lakes, em Nova Jersey, para participar do campo de treinamento de Primo Carnera como *sparring.* Carnera que com seu 1,97m foi o mais alto campeão dos pesos pesados de todos os tempos, e o mais pesado, com 122,5 quilos, pelo menos até que George Foreman recuperasse o título em 1994, era mau pugilista e tinha o soco relativamente fraco. Mas numa época em que a maioria dos pesos pesados não chegava a 86 quilos, só o porte físico de Carnera já fazia dele uma atração.

Nascido em 26 de outubro de 1906, em Sequals, na Itália, perto de Veneza, Carnera ganhara o campeonato em 1933 derrotando Jack

Sharkey sob compreensíveis suspeitas. Era crença geral que a vitória de Carnera, que era controlado pelo bandido Owney Madden, tinha sido combinada.[6] Anos depois, quando o mundo do crime o abandonou de forma cruel, ele passou à luta livre, especialidade em que era bem melhor do que no boxe. Carnera inspirou também o triste personagem do peso pesado controlado pelo crime organizado no filme clássico de Budd Schulberg, *A Trágica Farsa*.[7]

Sem ser lembrado por qualquer outro motivo, Carnera é recordado simplesmente por seu físico, que Paul Gallico descreveu em *Adeus ao Esporte*:

> Carnera foi o único gigante que conheci que era bem proporcionado em todo o corpo, em comparação com sua altura. Tinha pernas robustas e era realmente musculoso como um carvalho. A cintura era relativamente pequena e esbelta, mas dela se erguia um tórax semelhante a uma barrica, do qual irrompiam dois braços enormes, cujos bíceps tinham o tamanho de um *grapefruit*. As mãos pareciam dois presuntos da Virgínia e os dedos eram dez salsichas vermelhas. A cabeça era grande, com um nariz bem talhado e olhos bonitos e bondosos. Tinha a pele morena e brilhante, e invariavelmente cheirava a alho.[8]

A história não registra o cheiro do hálito de Gallico.

Quanto ao apetite de Carnera, seu relações-públicas escreveu: "No café-da-manhã, Primo toma quase 1 litro de suco de laranja e 1,5 de leite e come 19 torradas, 14 ovos, um pão inteiro e 200 gramas de presunto da Virgínia."[9] Os homens de relações públicas da época eram dados ao exagero, mas o de Carnera poderia muito bem estar dizendo a verdade.

Seus agentes concordaram em que ele defendesse seu título pela terceira vez em sete meses no dia 14 de junho, no Madison Square Garden Bowl. Preparando-se para a luta, Carnera treinou em Pompton Lakes, usando freqüentemente Corn Griffin como *sparring*. Como Griffin era na verdade um lutador razoável, fez Carnera muitas vezes parecer idiota, tanto que os jornalistas que freqüentavam Pompton Lakes começaram a elogiar as proezas dos punhos de Griffin.

Em 3 de junho, Carnera treinou dois assaltos contra Chester Matan e um contra Corn Griffin. "Carnera encontrou um adversário duro no treino com Griffin", relatou Joseph C. Nichols no *The New York Times*. "Este último, ex-pugilista do Exército dos Estados Unidos, pesava pouco mais de 85,5 quilos, mas atacou o campeão como se tivesse o tamanho dele."[10]

"Como *sparring*, ele não foi lá só para apanhar", escreveu Frank Graham no *New York Sun*. "Também bate, e bate com as duas mãos. Avança contra Primo e bate no queixo e no estômago do campeão. Carnera reage energicamente, mas não consegue afastar Corn. O soldado o cerca num canto, bate selvagemente com as duas mãos e depois o deixa sair."[11]

Jimmy Johnston, organizador de lutas do Madison Square Garden e que era o promotor do combate entre Carnera e Baer, prestava bastante atenção aos espancamentos infligidos por Griffin. Contratou-o para lutar como desafiante, numa das lutas preliminares que servem para atiçar a sede de sangue da platéia e proporcionar um espetáculo no caso de a atração principal ser enfadonha.

"Daqui a dois anos", disse Charles Harvey, agente de Griffin, com seu bigode de leão-marinho, "Griffin será o campeão dos pesos pesados. Quando o mandei vir para cá para trabalhar com Carnera, aconselhei-o a tomar cuidado para não se contundir. Agora estou com medo que ele machuque o Carnera".[12]

Harvey queria que "Griffin estreasse em Nova York, em grande estilo", disse Joe Williams, do *World-Telegram*. "A melhor maneira seria pegar algum lutador de nome, porém já acabado, e arrancar-lhe os miolos."[13]

Mas à medida que se aproximava a data da luta, Johnston começou a ter dificuldades em arranjar um adversário para Griffin. As histórias de suas façanhas em Pompton Lakes, fossem ou não exageradas, assustaram alguns adversários em potencial e seus agentes. Ninguém queria ser o cordeiro oferecido a Griffin em sacrifício.

Ninguém, exceto Jim Braddock.

* * *

Em 12 de junho, Joe Gould esperava em seu lugar costumeiro do lado de fora do escritório de Johnston. Quase tão falido quanto Braddock, Gould conseguia manter as aparências, fumando, jantando e vestindo-se bem, embora já não pudesse continuar se dedicando a seu passatempo favorito, o golfe. As secretárias do Madison Square Garden, que na época ficava na Oitava Avenida, entre as ruas 49 e 50, a pouco mais de 3 quilômetros a noroeste de sua localização original na praça Madison, não conseguiam deixar de gostar de Gould. Anotavam recados para ele e recebiam suas encomendas. Como todo mundo, no entanto, estavam ficando cansadas de seu tema favorito de conversa: James J. Braddock. Todos sabiam que Braddock estava acabado, mas Gould persistia, insistindo com Johnston, buscando sem esmorecer as lutas que dariam algum dinheiro a Braddock e a si próprio.

Rodeado por um grupo de jornalistas, cronistas, agentes e treinadores, Johnston lamentava em voz alta a falta de um adversário à altura de Griffin. Queria alguém suficientemente bom para despertar o interesse dos fãs, mas não tão bom para vencer, embora não explicasse as coisas desse modo.

Gould se juntara ao grupo no escritório de Johnston.

– Por que não dar uma oportunidade ao Jimmy? – perguntou ele, previsivelmente.

– Não fale mais em Braddock – disse Johnston, enquanto todos riam da piada que já ficara velha. – Estou cansado de ouvir falar no nome dele.

– Basta dar uma chance a ele – respondeu Gould. Se não estava suplicando, tampouco estava fazendo seu trabalho.

– Joe, Corn o matará – disse Johnston. – Pergunte a qualquer um desses caras. Eles viram Corn treinando com Carnera. Não quero o sangue de Jimmy em minhas mãos.

– Escute – disse Gould, encarando-o firmemente –, nunca ninguém machucou Jimmy, você sabe. Ele é bem safo. Ninguém bate nele pra valer. E ele está mais forte do que nunca.

– Está bem – disse Johnston, entregando os pontos. – Você venceu, você me pegou. Mas não me culpe se Griffin matar aquele velho irlandês. E a bolsa é de 250 paus. Nem pense em pedir mais.

– Estamos conversados – disse Gould.[14]

Agora ele só precisava encontrar Braddock, mas tinha um bom palpite sobre seu paradeiro.

Gould saiu do Garden, dirigindo-se para o sul até a rua 42 e depois para o oeste, até o rio Hudson. Entrou numa barca para Nova Jersey e poucos minutos depois desembarcava em Hoboken. Braddock estava a poucas centenas de metros, trabalhando nas docas, suado ao sol do meio-dia.

– Bem, campeão – disse Gould, batendo no ombro de Braddock. – Consegui uma luta para você.

Com o rosto e o peito avermelhados pelo sol, Braddock ficou calado, os cabelos encaracolados caídos sobre os olhos. Deixou cair a alavanca que tinha nas mãos e tirou as luvas de trabalho. Olhou para Gould, esperando os detalhes.

– Mas a luta é na quinta-feira, na preliminar do Garden – prosseguiu Gould. – Você só tem dois dias. Vai conseguir? Está em forma?

– Em forma? – retrucou Braddock, enxugando a testa com a mão. – Está brincando? Olhe para mim!

Tendo completado 29 anos no dia 7 de junho, Braddock realmente estava na melhor forma de sua vida. Durante muitos meses vinha caminhando vários quilômetros por dia. Havia carregado e descarregado vigas de estradas de ferro. Mas mesmo que seus músculos não estivessem tão desenvolvidos como antes, o que era verdade, e mesmo que seu condicionamento fosse pouco, o que não era verdade, ele aceitaria imediatamente a oportunidade de voltar ao ringue.

– Fui avisado da luta com Griffin com dois dias de antecedência – diria ele depois. – Duas horas, ou mesmo uma hora, teriam sido suficientes.[15]

Ele precisava de dinheiro e precisava lutar. A companhia de gás e a de eletricidade ameaçavam suspender novamente o serviço. Tinha sido obrigado a se mudar com a mulher e os três filhos para um apartamento no porão do edifício em que residiam porque não podia pagar o aluguel nos andares superiores. O que era ainda mais humilhante: havia apelado para o sistema de seguridade social e recebia 24 dólares mensais da agência de auxílio-desemprego do município de Hudson.

Johnston concordara com um adiantamento de 100 dólares por conta da bolsa, e Gould os dividiu com Braddock. Pela primeira vez em muitos meses Braddock tinha uns poucos dólares – muito poucos – à disposição. Entregou o dinheiro à mulher, Mae, e ela, por sua vez, pagou o leiteiro, a companhia de serviços públicos e o senhorio.

Na quarta-feira, véspera da luta, Braddock tomou a barca até a rua 42, caminhou para o leste até a Nona Avenida, virou à esquerda, andou 15 quarteirões para o norte até a rua 57, virou à direita e entrou no Ginásio Stillman, onde Gould o esperava. O plano era fazer um treino puxado com um *sparring*, a fim de limpar a ferrugem que acumulara durante nove meses.

O Ginásio Stillman, o principal de Nova York desde os anos 1920 até a década de 1950, e conseqüentemente o centro do mundo do boxe na época, tinha sido apelidado de Universidade da Oitava Avenida por A. J. Liebling. Tinha sido aberto em 1921 por dois milionários que esperavam recuperar jovens problemáticos ensinando-lhes as regras do boxe, que levavam o nome do marquês de Queensberry.[16] Mas o Stillman não era um reformatório. Em vez disso, tornou-se simplesmente um ginásio, ainda que fosse o mais importante deles. É impossível dizer quantos egos se elevaram e quantos foram destruídos em seus suarentos ringues. Gene Tunney, o homem que por duas vezes derrotara Jack Dempsey em lutas pelo campeonato dos pesos pesados, achou o cheiro do Stillman tão desagradável que se recusou a treinar lá se as janelas não fossem abertas. O campeão de pesos-pena Johnny Dundee respondeu:

– Ar fresco?[17] Ora, é bem capaz de nos matar.

Lou Stillman, cujo nome de batismo era Louis Ingber (ele mudou o nome depois de comprar o ginásio, para evitar confusões), manteve as janelas fechadas. Tunney conservou-se afastado, mas não por muito tempo. Todos os campeões pesos pesados, de Jack Dempsey a Joe Louis, treinaram no Stillman.

Lou Stillman teve sucesso porque nunca concedeu privilégios a ninguém, só quando bem entendia.

– Pequeno ou grande, campeão ou vagabundo, eu trato todos do mesmo jeito: mal – dizia ele. – Se os tratar como seres humanos, eles me comem vivo.[18]

Irlandeses, italianos, negros, judeus ou poloneses – não importava para Stillman quem fossem, desde que soubessem lutar.

Juntos, Gould e Braddock haviam passado milhares de horas no Stillman, mas o Jim Braddock que Gould viu no dia 13 de junho de 1934 era-lhe desconhecido. Treinando num ringue pela primeira vez desde a luta com Feldman, ele metralhou com a esquerda com surpreendente precisão e força inesperada. Durante anos lutara inteiramente a estibordo, mas agora parecia ser ambidestro. Seu *sparring* se assustou com o ataque. Também se movimentava de maneira diferente: nas pontas dos pés, levantando os calcanhares, resistindo à vontade de voltar a sua costumeira postura, com os pés plantados no chão. Ninguém confundiria Jim Braddock com Fred Astaire. Ele nada tinha de ágil, mas seus movimentos já não podiam ser considerados limitados. Como lutador, passara por uma metamorfose.

Seu treinador de muitos anos, Doc Robb, olhou para Gould por trás do pesado saco que Braddock socava e sacudiu a cabeça, espantado. Gould de repente começou a achar que talvez ele não estivesse acabado. Durante muitos anos tinha anunciado sem cessar as possibilidades de Braddock, insistindo em afirmar que ele merecia uma nova oportunidade. Todos os organizadores de lutas tinham adormecido alguma vez ouvindo Gould tagarelar sobre o grande James J. Braddock. Houve até mesmo momentos em que Gould escutava as palavras que saíam da própria boca e ele mesmo não acreditava nelas. Joe Gould não era tolo. Conhecia o mundo do boxe. Tinha crescido nele. Sabia que ninguém jamais chegara ao topo vindo das profundezas em que Jim Braddock estava mergulhado desde 1929. Mas tinha ficado com ele porque eram amigos e porque não tinha melhores candidatos.

Na noite da luta, os portões se abriram às cinco da tarde no Madison Square Garden Bowl, na esquina da rua 45 com o *boulevard* Norte, na parte do Queens habitada por operários chamada Long Island City. Era uma grande estrutura de madeira erguida em 1932, capaz de acomodar 72 mil pessoas. Sua vida foi breve, porém agitada. No primeiro ano de funcionamento, Max Schmeling perdeu o campeonato mundial dos pesos pesados por decisão dos juízes em favor do desafiante, Jack Sharkey. Os juízes foram os únicos que atribuíram a vitória a Sharkey. Criando uma frase conhecida dos aficionados do esporte desde o Brooklyn até Bangcoc, Joe Jacobs, o indignado agente de Schmeling, rosnou num microfone de rádio: "Nós fumo roubado!"*[19]

O campeonato mundial de pesos pesados mudou de titular cinco vezes em sete anos no Madison Square Garden Bowl. Sem dúvida, era ali que morriam os campeões.

Cinqüenta e seis mil espectadores compareceram ao Garden para o encontro entre Baer e Carnera, multidão impressionante, levando em conta o fato de que em 1934 pouca gente dispunha de dinheiro sobrando. Os preços dos bilhetes variavam entre 25 dólares, ao lado do ringue, até 2 dólares e 30 centavos para os lugares mais baratos. Ir a uma luta era um luxo que poucos podiam se permitir. Os que tinham recursos – estrelas de cinema, políticos, bandidos, atletas – apareciam em massa. Lá estava o diretor dos Correios, James A. Farley, um dos principais conselheiros do presidente Franklin Delano Roosevelt e ex-presidente da comissão de boxe de Nova York. Também compareceram os ex-campeões de pesos pesados Jack Dempsey, Gene Tunney e Jack Sharkey. Barney Ross, Benny Leonard, Tony Canzoneri e Kid Chocolate, todos figuras lendárias de categorias mais leves, também estavam na platéia.

O *New York Times* registrou que, entre os duzentos policiais responsáveis pela segurança pública dentro do estádio, havia três capitães, três tenentes e 15 sargentos. Nenhum deles estava trabalhando contra a vontade.

Durante as horas que antecedem a uma luta pelo campeonato de pesos pesados a platéia vai ficando mais densa, mais barulhenta e ao mesmo tempo mais solene. Os torcedores percebem o perigo, o que

* "We wuz robbed!" O pitoresco da expressão, além do erro de concordância, é o sotaque do autor da frase. (N. do T.)

distingue a platéia de boxe das platéias dos demais espetáculos esportivos, exceto as corridas de automóveis. Hoje em dia, só os mais fanáticos prestam atenção às lutas preliminares. Mas na década de 1930, quando o boxe ainda era mais importante do que qualquer outro esporte, com exceção do beisebol e talvez do futebol americano universitário, a maioria dos torcedores assistia às lutas preliminares com pelo menos um pouco de interesse. Os jornalistas faziam a cobertura detalhadamente, até porque os espetáculos principais terminavam tão tarde que eles usavam as preliminares para preencher seus espaços.

Após algumas lutas sem brilho, de quatro ou cinco assaltos, James J. Braddock e Corn Griffin se prepararam para subir ao ringue. Braddock vestia calções usados e calçado emprestado. Quando passou pelas cordas, a multidão prestou pouca atenção. Os que pouco sabiam de boxe tinham ido ao Garden somente para assistir à luta pelo campeonato. Os que conheciam o esporte presumiam que a luta estava já decidida. Se estivessem a par do que ocorria no campo de treinamento de Carnera, saberiam que Griffin era considerado um lutador em ascensão, e se viessem acompanhando o boxe desde a década de 1920, recordariam vagamente de Jim Braddock como aspirante ao título dos meio-pesados.

Gould tagarelava, como de costume:

– Está se sentindo bem, Jim? Está se sentindo bem? – Era um tique, não uma pergunta.

– Claro, Joe, estou pronto – disse Braddock pelo canto da boca. Estava suado pelo exercício de aquecimento no vestiário e agora, no ar morno da tardinha, o suor escorria de seu corpo. O tórax estava avermelhado e com brotoejas, as pernas quase brancas. Examinou as arquibancadas. Dezenas de milhares de espectadores já estavam em seus lugares. Sua última luta, contra Feldman, também tinha sido ao ar livre, em Mount Vernon, Nova York, mas somente algumas centenas de pessoas tinham comparecido. No Garden, nenhuma daquelas dezenas de milhares de pessoas tinha ido lá para vê-lo lutar, mas isso não tinha importância para Braddock. Há muito ajustara a ambição, talento que possuía. Mesmo assim, precisava vencer, porque isso significaria outra luta, o que significava outra bolsa, o que significava mais um jantar. Braddock nunca sentira desconforto num ringue – jamais –, e nem mesmo nove meses de inatividade haviam mudado isso.

– Lembre-se, Jimmy – disse-lhe Doc Robb logo antes do gongo –, evite a direita dele, ele sabe bater.

Ao soar o gongo, Griffin, bronzeado, com o cabelo rente, foi para cima de Braddock. Em poucos segundos acertou uma direita bem no meio do queixo de Braddock, que cambaleou. Há muitos anos não recebia um golpe tão duro. Dominado por Griffin no primeiro assalto, Braddock tratou simplesmente de se defender.

– Vamos, Jim – disse Gould, no intervalo. – Você parece estar dormindo.

Braddock olhou diretamente para a frente, recusou a água que lhe ofereciam, bateu com uma luva na outra e levantou-se.

No segundo assalto, Griffin atacou Braddock novamente. Este ficou imóvel e o adversário deu um *jab* de esquerda e logo depois outra direita no queixo. Braddock caiu.

Observando ao lado do ringue, Lud Shabazian, editor esportivo do *Hudson Dispatch*, jornal da cidade em que Braddock morava, franziu a testa. Shabazian era o Boswell de Braddock, o único cronista que assistira praticamente a todas as lutas dele na Costa Leste desde 1923. Não tinha ido ao Garden especificamente para cobrir a luta de Braddock, e sim a do título dos pesos pesados, e estava mais interessado em Braddock como amigo do que como pugilista. Enquanto Braddock se contorcia na lona, Shabazian sofria pelo amigo. Ele e seus colegas da imprensa se mantinham sentados, mas o golpe seco de Griffin alertara a platéia de que alguma coisa extraordinária estava acontecendo no ringue, e milhares se puseram de pé. Ninguém culparia Braddock se ele tivesse fechado os olhos, esperado a contagem até dez e se retirasse do ringue para sempre. Tinha 29 anos, era considerado acabado como pugilista e melhor como estivador. Talvez fosse hora de se aposentar.

Mas uma voz na mente de Braddock insistia para que ele se levantasse, a mesma voz que ele sempre ouvia quando estava por baixo. O orgulho, a obstinação e a pobreza o fizeram evitar o fim da contagem:

recuperou-se, esperou o número 9, ergueu-se da lona e caminhou diretamente para Griffin. Lançou um soco que errou o alvo e em seguida uma direita curta no queixo. Griffin não viu o golpe chegar e caiu pesadamente. Finalmente, o georgiano levantou-se, mas não conseguiu se recuperar mais.

Durante o resto do segundo assalto, enquanto Gould gritava e saltava como louco em seu canto, Braddock continuou a massacrar Griffin. Fazia anos que lutara com tanta eficiência. Seus socos – *jabs, uppercuts*, ganchos de direita – estavam mais fortes do que no tempo em que *ele* era o lutador em ascensão. Sua esquerda, que durante anos nada mais fora do que uma sombra, de repente se tornara poderosa.

Talvez Braddock percebesse que estava melhor do que nunca. Talvez pressentisse até onde sua volta ao ringue o levaria, mas provavelmente não. O que sabia, o que podia perceber, era que Corn Griffin estava vencido.

Quando o gongo anunciou o terceiro assalto, Braddock avançou contra Griffin e abalou-o com mais duas poderosas direitas. Griffin estava quase caindo, com a cabeça ainda rodando devido ao soco que o derrubara no segundo assalto. Mas continuava a lutar. Braddock agora se movia com fluidez, lançando golpes contra um alvo cambaleante. Finalmente, faltando 23 segundos para o fim do assalto, o juiz, Kid McPartland, encerrou a luta. Braddock conseguira seu primeiro nocaute em 18 meses e o segundo em mais de quatro anos.

Exausto, Braddock ficou de pé no meio do ringue, esperando que Gould lhe atirasse no rosto uma esponja de água gelada. Gould tirou a esponja do balde, passou diante de Braddock e atirou-a no rosto de Griffin.

– Por que fez isso? – indagou Braddock.

– Corn está pior do que você – respondeu Gould.[20]

Antes de se retirar para o vestiário de Braddock, Gould encontrou Johnston junto ao ringue.

– Ei, Jimmy – disse ele, abrindo um sorriso. – Espero que Jim não tenha machucado Corn. Você sabe que eu sempre tive esperanças nele.

– Diga a Jimmy que estou orgulhoso por ele – respondeu corajosamente Johnston, procurando esconder seu desapontamento.

De volta ao vestiário, Braddock abriu uma garrafa de cerveja, abraçou alguns amigos e parentes e procurou em vão um chuveiro. Quando Shabazian entrou, ele o abraçou também.

– Ele tinha me derrubado – disse Braddock enquanto Shabazian anotava. – Acertou uma direita atrás da minha orelha. Ele gosta do gancho de esquerda, e eu sempre tive sorte contra esse tipo de golpe. Minha mão direita é rápida, e quando o adversário vem com um gancho de esquerda, a gente o espera com a direita, e se bater no lugar certo, que foi o que fiz, pega diretamente no queixo, e isso resolveu a luta.[21]

Depois, voltando-se para Gould, Braddock acrescentou:

– Fiz isso comendo ensopado de batatas, Joe. Você vai ver o que posso fazer se passar a comer bife.

2

A BATALHA DO CAMPO DE NURGE

NORTH BERGEN, NOVA JERSEY: 1923

Na década de 1920, praticamente todos os meninotes dos Estados Unidos queriam ser Babe Ruth ou Jack Dempsey. Basquete? A maioria dos norte-americanos conhecia tanto esse esporte quanto conhece hoje o jogo de lacrosse. Futebol americano? A Liga Nacional de Futebol tinha sido fundada em uma concessionária de automóveis em Canton, Ohio, em 1920, e Red Grange ainda não havia se tornado um bom negócio. Golfe? Claro, Bobby Jones e Walter Hagen eram astros, mas o esporte era exclusivo não somente dos brancos, mas também dos privilegiados. Nenhum torneio importante aceitava profissionais. O mesmo ocorria com o tênis, que era dominado por Bill Tilden, oriundo das universidades prestigiosas da Nova Inglaterra e do bairro elegante de Main Line, na Filadélfia. Onde um italiano, polonês, irlandês, judeu ou negro poderia jogar tênis ou golfe? Era possível jogar futebol, e até mesmo ficar famoso, como Fritz Pollard, que era negro, e Sid Luckman, que era judeu, mas primeiro era preciso entrar para uma faculdade. Se o menino não fosse baixinho e franzino, nem poderia pensar em ser jóquei.

Mas havia o beisebol e havia o boxe.

Ao contrário do beisebol, que era praticamente sinônimo dos valores de classe média, o boxe era, e ainda é, um esporte das classes baixas. Se houvesse outro caminho possível para chegar à segurança econômica e à elevação do *status* social, ninguém em seu juízo perfeito escolheria fazer carreira no boxe. É uma forma muito dura de ganhar a vida.

Os grandes lutadores judeus das décadas de 1920 e 1930 eram filhos de imigrantes pobres vindos do leste europeu. Nenhum deles era de origem alemã, holandesa ou francesa. Os judeus do oeste Europeu tinham chegado aos Estados Unidos em levas anteriores de imigração. Chegaram com mais dinheiro e melhor formação escolar. Não se juntaram em guetos, como o Lower East Side de Manhattan, ou o East Harlem, ou Brownsville, no Brooklyn. Construíram mansões. Não eram mais baixos, mais fracos nem intrinsecamente mais inteligentes do que seus correligionários da Polônia ou da Rússia. Eram mais ricos, e por isso não brigavam. Não havia necessidade.

Mas os judeus do leste da Europa, assim como os irlandeses e italianos, se voltaram para o boxe. Quando foram incorporados e prosperaram, deixaram o esporte, mas isso só aconteceu a partir da Segunda Guerra Mundial.

Nas décadas de 1910 e 1920, quando Jimmy Braddock estava crescendo, o boxe era uma saída, uma das poucas à disposição de um menino irlandês pobre em North Bergen. A força de Braddock, como lutador, vinha da união de sua família, que não tinha dinheiro mas conhecia bem a violência.

O pai, Joseph, chegara aos Estados Unidos vindo da Inglaterra aos 22 anos de idade. Segundo conta a família, viajou no *Adriatic*, o mesmo navio que trouxe Jake Kilrain, o lendário campeão da época anterior às luvas de boxe. Kilrain, que nascera nos Estados Unidos, estava regressando à pátria para lutar com John L. Sullivan, o "Menino Forte de Boston", filho de imigrantes irlandeses, campeão mundial dos pesos pesados e provavelmente o homem mais famoso dos Estados Unidos na década de 1880. Em 8 de julho de 1889, Sullivan e Kilrain protagonizaram a última luta importante com as mãos nuas, em Richburg, Mississippi.[1] A era das lutas sem luvas terminou de maneira honrosa. Durante duas horas e 16 minutos Sullivan e Kilrain lutaram 75 assaltos brutais. Kilrain deixou de se levantar ao soar o gongo para o 76º *round.* Sullivan foi declarado vencedor.

A partir dali, o campeonato de pesos pesados passou a obedecer às regras de Queensberry, elaboradas em Londres, em 1865, não pelo marquês de Queensberry, e sim por John Graham Chambers, entusiasta inglês do boxe. O nono marquês de Queensberry, John Sholto Douglas, era escocês e, no ano de 1860, colaborou na fundação do Clube Atlético Amador, do qual Chambers era sócio. Em homenagem a Douglas, Chambers deu seu nome ao regulamento. As regras, 12 ao todo, substituíram o antigo regulamento que permitia a luta corporal e proibia luvas acolchoadas. É importante assinalar que, além de acabar com as lutas de mãos nuas, as regras de Queensberry aumentaram a duração do período de descanso entre os assaltos – de trinta para sessenta segundos – e criaram o assalto de três minutos. Antes disso, cada assalto terminava apenas quando um dos lutadores, ou ambos, caía ao chão. (Os fãs do boxe moderno conhecem a maioria das regras de Queensberry, mas algumas são obscuras. Por exemplo, a de número 11 declara: "Não são permitidos sapatos nem botas com pregos.")

Pouco depois de chegar a Nova York, Joseph Braddock encontrou trabalho como operário no Hell's Kitchen, a "Cozinha do Inferno", o populoso gueto do West Side de Manhattan, que se tornara o centro da vida dos irlandeses na cidade de Nova York. (Na década de 1880, 40% dos nova-iorquinos eram de origem irlandesa.) Estendendo-se da rua 34 à 57, e da Nona à Décima Segunda Avenidas, Hell's Kitchen era um lugar sujo, perigoso e miserável, dominado por violentas gangues de rua – lugar onde um homem que não soubesse o que fazer com os punhos não era considerado macho. Até os padres sabiam dar socos. "Papai era um irlandês lutador, que costumava se divertir brigando", disse certa vez James J. Braddock, e Joe Braddock de vez em quando se vangloriava de ser capaz de subir três lances de escada carregando um piano de meia-cauda sem precisar parar para recuperar o fôlego.[2]

Entre uma briga e outra, Joe arrumou tempo para conhecer e namorar Elizabeth O'Toole, que emigrara da Inglaterra aos 23 anos. Braddock e O'Toole tinham nascido separados por cerca de 16 quilômetros, ela em Manchester, a arenosa metrópole industrial do norte da Inglaterra, e ele na vila de Mottram. Casaram-se em 1893.

Elizabeth passou a maior parte dos 12 primeiros anos de casamento grávida, dando à luz Nellie, Julia, Ralph, Joseph Junior, Jack e, em 7 de junho de 1905, James Walter, que um dia se tornaria James J. Braddock. James nasceu num edifício de apartamentos no número 511 da rua 48 Oeste, dois quarteirões a oeste do coração do Hell's Kitchen, e era de longe o mais corpulento do clã Braddock, pesando, ao que dizia, 7 quilos e 700 gramas ao nascer. Poucas semanas depois de sua chegada ao mundo, a família Braddock, ansiosa por escapar da sujeira e da aglomeração da cidade, mudou-se tomando uma barca que a levou para West New York, do outro lado do rio Hudson, no estado de Nova Jersey. Ali Elizabeth teve o sétimo e último filho, Alfred, e foi ali que James W. Braddock cresceu.

Joe, alto e forte, encontrou trabalho no setor de mudanças e transportes e conseguiu ganhar dinheiro suficiente para alimentar seus sete filhos e mandá-los à escola paroquial. Seu filho Jimmy entrou para a Escola Paroquial St. Joseph em West New York aos 6 anos. Jimmy nunca venceu sua aversão pelas disciplinas escolares, especialmente matemática. Desde o começo gostava muito mais da hora do recreio, que geralmente significava uma batalha improvisada no pátio. As freiras só intervinham quando parecia haver ferimentos de verdade, o que era raro, pois as mãos infantis são em geral muito frágeis para suportar mais do que um ou dois golpes fortes. Mesmo assim os meninos brigavam, porque não havia muito mais que fazer, porque era o que se esperava deles e porque, para a maioria, era divertido. Às vezes, jogavam beisebol, imitando Christy Mathewson, dos Giants, e Zack Wheat, dos Dodgers. Às vezes iam nadar no Hudson, em baías protegidas da forte correnteza do rio. Mas, principalmente, brigavam.

Foi no pátio da escola St. Joseph que James W. Braddock desenvolveu sua habilidade e sua paixão pelo boxe. A postura que demonstrava no ringue foi aprendida ali, em inúmeras pequenas brigas. "Eram 35 meninos em minha sala", explicou ele, "e todos sabiam brigar um pouco."[3]

Braddock, naturalmente, brigava melhor do que a maioria. Nascera com um soco forte, um queixo firme e, o que era mais importante, o desejo de causar dor aos lutadores. Embora os outros meninos pudessem hesitar em bater com toda a força, Braddock, por reflexo, usava toda sua energia. Embora os outros meninos conseguissem refrear-se quando tinham a oportunidade de dar um soco na cara de alguém, Braddock apontava os punhos diretamente para o nariz do adversário, onde o golpe doeria mais e poderia resultar em sangramento. No pátio da escola, o que distinguia os briguentos dos outros meninos não eram a força e a capacidade atlética, e sim a coragem. O adversário mais constante de Braddock era um menino chamado Jimmy Morris. Os dois Jimmies lutaram mais de trinta vezes, aparentemente empatando.

Quando Braddock tinha 10 anos, sua família se mudou novamente, desta vez saindo de West New York, que ia ficando cada vez mais violenta, para North Bergen, menos congestionada e menos urbanizada, a poucos quilômetros de distância.[4] Um ano depois, em 1916, Jimmy e seu melhor amigo, Marty McGann, acharam que já tinham freqüentado suficientemente a escola e resolveram correr o mundo pegando carona nos trens. Chicago seria a primeira parada.

No dia marcado, os dois meninos disseram aos pais que iam chegar tarde da escola, o que tecnicamente era verdade, para que não se preocupassem. Na hora do recreio fugiram a pé até um pátio ferroviário próximo e entraram num vagão de carga da Estrada de Ferro Nova York, Ontário e Western. Tarde da noite, com fome e frio, desembarcaram não em Chicago, e sim em Washingtonville, estado de Nova York, a pouco mais de 100 quilômetros de North Bergen.

"Fazia tanto frio que precisávamos correr para esquentar", contou Braddock depois a seu amigo Lud Shabazian. "Quando ainda estávamos pulando, o trem começou a se mover de novo. Gritamos um para o outro e corremos para o trem. Mas quando alcançamos o vagão já tínhamos sido vistos, e nossos esforços para embarcar foram em vão. Fomos escorraçados por um ferroviário que tinha uma lanterna."[5]

Braddock e McGann continuaram a pé na escuridão. Acabaram sendo acolhidos por um fazendeiro, que lhes deu comida e um lugar para dormir. De manhã as autoridades foram avisadas. Joe Braddock foi chamado de Nova Jersey para receber o filho fujão e as duas horas de viagem de trem de volta passaram-se em silêncio. De novo em North Bergen, Jimmy levou uma surra que o fez se afastar dos trens durante vários anos.

Enquanto isso, na escola St. Joseph, que continuou a freqüentar, Jimmy ainda aperfeiçoava diariamente suas habilidades pugilísticas. "Se por acaso eu me encontrasse perto de uma briga", recordou ele certa vez, "em breve eu me via envolvido nela. Muitas vezes eu nem sabia do que se tratava, mas sempre acabava levando a culpa".[6]

Trocando socos com os colegas todos os dias, Braddock acostumou-se a lutar, talvez tanto quanto alguém que ganhasse a vida com os punhos. Qualquer que fosse o adversário, qualquer que fosse a situação, ele emanava confiança e exibia uma calma sobrenatural. Muito depois de se aposentar, Jimmy Cannon, o grande colunista do *New York Post*, escreveu em estilo tipicamente eloqüente: "Sereno era Braddock, e destemido. Havia a seu redor uma tranqüilidade que transcendia sua capacidade."[7]

Certa vez, porém, Braddock teve medo – medo de ter matado um colega de classe.

Um dia, no pátio, ele entrou numa discussão com Elmer Furlong – aparentemente por causa de um jogo de bolas de gude –, que logo se transformou em uma briga de verdade. Braddock acertou uma direita no queixo do menino, que caiu desmaiado.

– Elmer morreu! – gritou outro garoto.

Os meninos chamaram um médico, que reanimou Furlong, mas ele chegou a ficar trinta minutos inconsciente. Enquanto o menino permanecia imóvel no pátio da escola, Braddock sentia arrepios pensando no castigo que poderia receber. Olhando as próprias mãos, foi obrigado a pensar, pela primeira vez, na potência que havia nelas.

O incidente impressionou Braddock profundamente, e ele contou a história a vários jornalistas depois de se tornar profissional. Em conseqüência do nocaute de Furlong, Braddock e as freiras da escola chegaram a um acordo. Resolveram que Jimmy Braddock, aos 14 anos, já tinha recebido educação suficiente.

Em 1919 não era incomum que um menino de 14 anos deixasse a escola e arranjasse um emprego. A imprensa marrom da época, personificado por Lewis Hine, com sua máquina fotográfica, e Upton Sinclair, com sua pena, ainda não conseguira criminalizar o trabalho infantil. A escola de ensino médio era para os intelectuais, e Jimmy Braddock não era intelectual.

Ele rapidamente encontrou trabalho, como mensageiro de telegramas da Western Union. No dia 4 de julho de 1919 ele levava uma pilha de telegramas no centro de Union City, Nova Jersey, quando reparou numa multidão reunida do lado fora da redação do *Hudson Dispatch*. Centenas de homens com ternos de verão e colarinhos engomados ouviam atentamente dois funcionários do *Dispatch* que se revezavam ao megafone. Braddock imediatamente compreendeu de que se tratava: um relato, golpe a golpe, da luta pelo campeonato de pesos pesados que estava acontecendo naquele momento em Toledo, Ohio.

Durante quatro anos um caubói corpulento de Kansas chamado Jess Willard havia conservado o título, desde o dia calorento em Havana em que nocauteara Jack Johnson no 26º assalto. (Mais tarde, Johnson afirmou que desistira da luta. Willard retrucou: "Não creio que ele tenha esperado 26 assaltos para cair.")[8] Mas agora Willard, de 1,92m e 114 quilos, fraquejava sob o feroz ataque de Jack Dempsey, de 24 anos, de Manassa, Colorado. No primeiro assalto, lutando com a desenfreada brutalidade que o tornaria lendário, Dempsey derrubou Willard sete vezes. Dizia-se que Willard era "seu próprio agente, seu próprio treinador e jogava a toalha sozinho", e por isso não tinha a quem pedir conselhos no final do assalto, porque era demasiadamente pão-duro para querer dividir a bolsa.[9] Também achava que Dempsey não o venceria.

Mas, aos 37 anos, Willard já estava velho e enferrujado demais para resistir à ferocidade do ataque de Dempsey. Com o lábio cortado e a mandíbula quebrada, não atendeu ao gongo para o quarto assalto. Durante o resto de sua longa vida – morreu em 1968 – afirmou que as mãos de Dempsey eram destruidoras daquele jeito porque ele as tinha mergulhado em cimento.

Começava o reinado de sete anos de Dempsey no topo da categoria dos pesos pesados. O "Marreta de Manassa", como passou a ser conhecido, foi a figura que definiu a era do *jazz*, e seu único rival foi Babe Ruth, que ganhava dez vezes menos do que ele. Suas lutas contra George Carpentier, Luis Firpo e Gene Tunney foram os acontecimentos esportivos mais importantes daquela década, mais do que qualquer corrida de cavalos, partida final de futebol americano ou Série Mundial de beisebol.

A luta, que durou menos de vinte minutos, foi o primeiro embate importante de pesos pesados nos Estados Unidos desde o encontro de Johnson contra Jeffries em Reno, nove anos antes. Ninguém poderia imaginar isso na época, mas a luta de Dempsey e Willard inaugurou a fase áurea do boxe. Poucos meses depois, com a aprovação da lei Walker, a proibição de lutas profissionais na cidade de Nova York, que estava em vigor havia vinte anos, foi derrubada. A cidade rapidamente retomou seu lugar de centro do sistema solar pugilístico. Já não haveria mais grandes lutas em Toledo.

Naquela noite, Dempsey sonhou que tinha sido nocauteado. Às quatro da manhã, num estado de negação, de delírio ou ambas as coisas, saiu do hotel em busca de um jornal para saber quem tinha realmente vencido a luta.

– Me dê um jornal, garoto – disse ele ao primeiro jornaleiro que encontrou. – Quem ganhou a luta?

– Você não é Jack Dempsey?

– Sou.

– Seu idiota. Foi você! Não sabia?

Com a curiosidade satisfeita, Dempsey deu meia-volta, subiu ao quarto de hotel e adormeceu.[10]

A emocionante vitória de Dempsey empolgou tanto Jimmy Braddock que ele esqueceu completamente a entrega dos telegramas. Imaginou-se boxeador profissional, lutando contra um gigante como Willard e vencendo.

Pouco depois Braddock deixou o emprego de mensageiro e foi trabalhar como aprendiz de tipógrafo, preparando os tipos numa gráfica em

Manhattan. Nos anos seguintes, de 1920 a 1923, trabalhou também numa companhia de transportes e como garoto de recados numa tecelagem de seda. Mas nenhum desses empregos o estimulou, e ele ficou inquieto. Seguindo os passos de Dempsey, seu herói, cujas aventuras de jovem viajante pelos vagões de trem tinham se tornado parte de seu mito, Braddock procurou novamente as ferrovias, desta vez acompanhado por vários amigos. Sua trajetória para o oeste parou em Chicago.

Depois de conhecer um pouco a vida na cidade de Al Capone durante algumas semanas, Braddock voltou para casa, em North Bergen. Ao chegar, foi encontrar alguns amigos num lugar chamado Nurge's Field, e teve a ousadia de vestir uma suéter nova que seu irmão Joseph Junior acabara de comprar. É perfeitamente possível que se Jim Braddock tivesse escolhido outra suéter, ou um paletó, ou qualquer coisa que não fosse a roupa do irmão, ele jamais tivesse se tornado lutador de renome.

Segundo a lenda, Joe, quatro anos mais velho do que Jimmy, ficou furioso quando chegou a casa e percebeu que o irmão levara sua suéter. Foi procurar Jimmy em Nurge's Field e, enfurecido, partiu para cima dele. Sem dizer nada, chegou por trás, girou o corpo do irmão e deu-lhe um soco no rosto. O que aconteceu depois é história.

Para lá e para cá, para cima e para baixo, Joe e Jimmy trocaram golpes e se defenderam, para delírio do grupo de amigos, que logicamente acreditavam num rápido nocaute em favor de Joe, de 22 anos, que acabara de se profissionalizar após uma carreira amadorística cujo ponto alto fora o título estadual da categoria dos meio-médios. Joe deveria acabar com qualquer novato, mesmo alguém que, como o irmão, pesava 6 quilos mais do que ele.

Joe se irritara não só porque Jimmy pegara sua suéter sem autorização, mas também porque a mãe deles tinha ficado muito preocupada com sua viagem de vagabundo a Chicago. A família Braddock acreditava piamente no valor educativo de uma boa surra.

Mas, golpe após golpe, o irmão se mostrara à altura de Joe. Este se espantou com a pegada dos punhos de Jimmy, com a rapidez dos socos e, principalmente, com a dureza de seu queixo. Joe nunca tinha lutado com ninguém capaz de suportar tanto castigo. Além disso, Jimmy permanecia absolutamente inabalável. Seus olhos não mostravam rancor nem medo, e sua respiração estava normal. Friamente, ele avaliava a situação e soltava os punhos.

Joe e Jimmy trocaram socos durante quase uma hora, e àquela altura a suéter que fora a causa da luta já estava rasgada e suja com o sangue deles. Finalmente, a polícia apareceu e acabou com a briga dos irmãos Braddock.

Por muitos anos os irmãos discordaram sobre quem tinha vencido a luta, que se tornou lendária no norte de Nova Jersey. Quer Jimmy tenha superado Joe, quer não, a verdade é que ele resistiu muito mais do que se esperava. Percebeu que, se podia chegar a um empate lutando contra o irmão, tinha futuro como boxeador, idéia reforçada pelos elogios dos que tinham presenciado a luta e espalhado a história por todo o município.

Em North Bergen e arredores, Jimmy Braddock de repente se tornou uma celebridade. Quando os vizinhos ficaram sabendo que o vagabundo que não servia para nada na verdade era capaz de lutar, passaram a tratá-lo com mais respeito, e Braddock notou. Sua auto-estima aumentou muito.

Envergonhado por sua incapacidade de dar uma surra no irmão, Joe deixou de falar com Jimmy depois da briga. Mas em 27 de novembro de 1923, quando Joe se preparava para entrar no ringue a fim de lutar com Battling Walker no Moose Hall, em Grantwood, Nova Jersey, dois amigos seus lhe disseram que Jimmy estava no prédio e que queria lutar.

O patrocinador daquela noite, Harry Buesser, precisava de um adversário para enfrentar Tommy Hummel numa luta de quatro assaltos. Jimmy Braddock concordou avidamente, mas não estava vestido de maneira adequada. Se sua carreira tinha de começar ali mesmo, precisaria pedir emprestadas as luvas de 180 gramas do irmão e os calções feitos em casa. A contragosto, Joe concordou, com a condição de que Jimmy competisse usando um nome fictício, Jimmy Ryan, o que no futuro lhe permitiria lutar como amador usando seu próprio nome.

– Não suje o calção de sangue, entendeu? – disse Joe. Foi esse o máximo de estímulo que deu ao irmão.

Naquela noite, Tommy Hummel deu uma surra no lutador Jimmy Ryan. Mas, para um rapaz de 18 anos que estreava nas lutas organizadas, Ryan/Braddocck causou boa impressão. Suportou os melhores golpes de Hummel e não se deixou abater. Era novato, mas destemido. Persistiu no ataque, sem nunca recuar. Quando acertava com a mão direita, com os dois pés no chão, sem sequer gerar a força de que era capaz, Hummel levou o pior golpe. Seus esforços valeram 3 dólares para Jimmy Braddock. E o calção de Joe quase não ficou sujo de sangue.

Sentado ao lado do ringue, Lud Shabazian, que fora promovido a editor de esportes do *Hudson Dispatch* no ano anterior, aos 20 anos de idade, fez uma anotação mental: descobrir mais detalhes sobre Jimmy Ryan. Por que motivo, pensou Shabazian, Joe Braddock e seu agente, Barney Doyle, se interessavam tanto pelo jovem Ryan?

Depois da luta, Joe, que voltara a falar com o irmão, disse a Jimmy que ele poderia ter futuro como boxeador. Jimmy Braddock tinha passado quatro anos entregando telegramas, preparando tipos e fazendo serviços externos para uma tecelagem. Lutar era duro, mas não tanto. Ele tinha 18 anos, pela primeira vez na vida as pessoas prestavam atenção nele, admiravam-no, elogiavam-no. Se tivesse apenas a metade do talento que realmente possuía, ainda assim preferiria o boxe à monotonia de suas outras opções.

Que tipo de vida poderia almejar sem o boxe? Na melhor das hipóteses, encontraria emprego fixo numa fábrica ou como motorista de caminhão sindicalizado, carreiras que não satisfariam uma pessoa com sua energia e sua vontade de aventuras. Ninguém poderia chamar Jimmy Braddock de egoísta, mas ele também não veria problema em ficar rico e famoso. Não tinha medo de sonhar.

Na mesma noite em que entrou no ringue, Jimmy Ryan deixou de existir. Joe Braddock e Barney Doyle foram claros: se Jimmy encarava o boxe com seriedade, teria de começar como amador, tal como fizera Joe. Era necessário um aprendizado na categoria de amador. Ambos achavam impossível aprender a lutar já sendo profissional. Assim, acabou-se Jimmy Ryan, cuja carreira se encerrou com o currículo de nenhuma vitória e uma derrota, e surgiu Jimmy Braddock, meio-pesado amador.

Durante os meses seguintes, Joe e Jimmy Braddock passaram a maior parte de seu tempo no ginásio de boxe. Joe calçava luvas de tamanho exagerado e Jimmy o atacava. Aos poucos, Jimmy começou a desferir golpes mais precisos, mais parecidos com os dos profissionais. Joe o fez treinar o jogo de pernas e a defesa. Jimmy era aluno atento e de rápido raciocínio, que apreendia os detalhes por instinto, apesar de sua lentidão de movimentos. O fato de nada além do ringue o interessar, nem mesmo as mulheres, o ajudou. Pelo menos naquele momento. O boxe se tornou sua vida, e ele adquiriu um profundo respeito pelo esporte. Atraía-o o antigo código do boxe, aprendido nos tempos de escola: o que lhe dizia que tinha de permanecer de pé, por mais fortes que fossem os golpes recebidos. Sentia-se bem com o rigor da vida de boxeador: devoção monástica ao treinamento e inúmeras horas passadas no ginásio e em viagens. Gostava também de usar os punhos, porque era bom nisso.

Iria tornar-se um verdadeiro lutador – não um boxeador excepcionalmente talentoso, e sim um profissional que conhecia bem a derrota e a decepção, tanto quanto o triunfo e a glória. A idéia de que dar socos em outro homem até fazê-lo desmaiar é uma atividade honrada parece ridícula para alguns. Mas há algo inegavelmente admirável nos homens que demonstram tanta disciplina e tanta coragem, que se orgulham do que fazem e que estão dispostos a poder fracassar diante dos olhos do restante da humanidade. Os lutadores mais venerados não são as máquinas que nunca foram vencidas, por mais raros que sejam. Os lutadores amados pelos torcedores são os destemidos, os vulneráveis e os valentes. Jimmy Braddock tinha as três qualidades.

De 1924 a 1926, Braddock foi o terror dos amadores de Nova Jersey. A cada nocaute rápido, Barney Doyle se entusiasmava mais. Estava convencido de que em Jim Braddock ele finalmente encontrara um lutador com calibre de campeão.

Em 21 de março de 1925, lutando no Clube Nacional Turners, em Newark, Braddock nocauteou Johnny Emerson e ganhou o campeonato amador de meio-pesados de Nova Jersey. A luta durou 107 segundos.

Duas noites depois, a fim de polir sua reputação, entrou no campeonato de pesos pesados, embora estivesse 4,8 quilos abaixo do limite dos *meio*-pesados. Com 73 quilos e 300 gramas, nocauteou Tom Burns, de 94 e 800, no primeiro assalto da semifinal. Depois de descansar, poucas horas, enfrentou Roy Bodman, de 95 e 700, na final. Após um minuto e cinqüenta segundos de luta, Bodman sucumbiu a uma direita de Braddock. Aos 19 anos, Jimmy Braddock tornara-se campeão amador de Nova Jersey na categoria de meio-pesados e na de pesos pesados.

Ao mesmo tempo, Joe Braddock enfrentava a luta mais importante de sua própria carreira, contra seu arqui-rival Andy Lake, que, assim como Joe, também tinha sido campeão amador da categoria de pesos-médios em Nova Jersey. Na região, a luta de Braddock e Lake foi um dos acontecimentos mais aguardados de 1925. No condado de Hudson todos sabiam que eles iriam lutar até o fim. Durante semanas não se falou em outra coisa em Union City, em North Bergen e em todos os povoados entre as duas cidades. O que estava em jogo era o direito de contar vantagem. Assim era o boxe na década de 1920. Não se tratava simplesmente de assistir a lutas de gente famosa pela televisão. As pessoas iam assistir até às lutas do vizinho, do filho do quitandeiro ou do namorado da filha. Quando os combatentes eram inimigos, as coisas ficavam muito sérias. Havia lutas por toda parte, o tempo todo, dos clubes de Elks aos estádios de beisebol. O combate entre Braddock e Lake podia não ter nenhum significado para a história mundial das lutas – mas, era importante porque os lutadores se conheciam e porque seus amigos e os padres das duas paróquias se conheciam. Naquele tempo, o boxe era um assunto local.

No primeiro assalto, Joe Braddock acertou uma direita forte em Andy Lake. No segundo e terceiro, sua vantagem e sua confiança aumentaram. No quarto, ele se descuidou e Lake o nocauteou. Antes da luta, Barney Doyle tinha grandes expectativas, mas no fim ficou zangado. Achou que Joe não dera ouvidos a seus conselhos. Enquanto Joe ainda estava desacordado na lona, Doyle foi embora da arena, e quando ele recuperou os sentidos, foi informado do acontecido por Jimmy. Joe continuou a trabalhar com Doyle, mas nunca esqueceu a desfeita.

Mesmo tendo vários empregos para conseguir se sustentar, Jimmy Braddock continuava a passar a maior parte do tempo no ginásio e chegou a repetir o raro duplo campeonato amador. Na noite de 28 de fevereiro de 1926 ele defendeu com sucesso o título de campeão dos meio-pesados. Poucas horas depois, manteve o título dos pesos pesados contra Frank Zavita, que, com 96 quilos e 100 gramas pesava 22 quilos e 600 gramas a mais do que ele. Com 73 quilos e 100 gramas, Braddock tinha ganhado somente pouco mais de 250 gramas desde que conquistara o campeonato no ano anterior.

O primeiro soco de Zavita foi um perfeito gancho de esquerda contra o corpo de Braddock, que teve de se dobrar todo, mas conseguiu permanecer de pé. Anos mais tarde, depois de lutar com Max Baer e Joe Louis, dois dos mais temidos batedores de todos os tempos, Braddock costumava dizer que ninguém tinha batido nele com tanta força quanto Frank Zavita.

– Que é que há? – perguntou Zavita. – Vai abandonar a luta?

Não era pergunta que se fizesse a Jimmy Braddock.

Enquanto Zavita continuava a bater, Braddock fez o que lhe haviam aconselhado: usou o *jab*. Cada vez que Zavita mandava uma direita, ele erguia a mão esquerda para se defender. Como tinha um soco mais rápido, foi acertando o rosto do grandalhão, entrando em *clinch** e tentando desesperadamente controlar a dor que sentia no abdome.

Quando o gongo soou, Braddock cambaleou até seu canto. O irmão e Doyle conseguiram reanimá-lo. No segundo assalto, continuou a socar o rosto já ensangüentado de Zavita. O grandalhão se sentia frustrado. Não conseguia acertar nenhum soco. Aconteceu então o que sempre acontece aos lutadores quando se sentem frustrados: cometeu um erro.

* Os boxeadores se seguram sem trocar socos; posição muito utilizada quando o que foi golpeado se defende, travando o ímpeto. (N. do E.).

Braddock estava atento. Quando Zavita deu um murro mal calculado – uma direita lenta e aberta –, Braddock revidou com uma direita firme na cabeça. Zavita caiu. Em seguida caiu de novo. Outra vez. Outra vez. Uma vez mais. Quando finalmente Braddock o nocauteou, no terceiro assalto, Zavita já conhecia bem o gosto e a textura da lona. O nocaute aconteceu na 11ª vez em que Braddock o derrubou.

Para quem estivesse observando, era evidente que Jimmy Braddock era mais do que um lutador comum. Possuía os três pré-requisitos para a grandeza no ringue: sabia bater, conseguia agüentar os golpes e tinha coragem.

Também era evidente que sua fase de aprendizado tinha acabado. Já não tinha mais nada a provar como amador. Chegara a hora de se tornar profissional.

Da ponta sul do cabo May até West New York, Jimmy Braddock era o principal lutador amador do estado de Nova Jersey. Nessa altura Barney Doyle já tinha percebido que Joe Braddock não seria um lutador de primeira classe; depositava agora todas as suas esperanças no irmão mais novo, que não era apenas talentoso, como também destemido. Naturalmente, pensou Doyle, seria bom que aquele irlandês magrelo engordasse um pouco. Não é bom para um lutador estar sempre cerca de 20 quilos mais leve do que seus adversários. Ele acabaria encontrando alguém que saberia usar contra ele a vantagem do peso. Ainda não tinha acontecido, mas esse dia chegaria, pensou Doyle. Mesmo assim, viu que Jimmy Braddock tinha futuro além dos clubes de pugilismo locais, que na época existiam em toda parte.

Para grande surpresa e tristeza de Doyle, no entanto, ele se viu exilado do grupo dos Braddock, por causa de Joe, que resolvera cuidar pessoalmente da carreira do irmão e que nunca perdoara Doyle por abandoná-lo após o nocaute que Andy Lake lhe infligira.

Quando Jimmy se tornou profissional, Joe lhe disse que iria desistir de ser lutador para ser seu agente. Para Jimmy, fazia sentido ter o irmão naquela função. Joe não pretendia enriquecer à custa do talento dele, e sim protegê-lo dos parasitas, o que era o caso de muitos agentes.

Profissionalizar-se foi um acontecimento importante na vida de Jimmy Braddock. Estava com 20 anos de idade. Seu futuro não tinha limites. No entanto, a primeira luta foi típica do início de sua carreira. Em outras palavras, ele foi ao mesmo tempo brilhante e comum. Enfrentando um peso pesado negro chamado Al Settle, lembrado apenas por essa luta, em 14 de abril de 1926, numa arena conhecida como Amsterdam Hall, também lembrada apenas por essa luta, Braddock não conseguiu o nocaute. Tampouco conseguiu vencer. Os jurados decidiram por um empate. Braddock recebeu 15 dólares pelos quatro *rounds* de esforço. Ninguém poderia dizer que não os mereceu.

Sem perder tempo, Joe rapidamente encontrou um adversário menos temível, que poderia levantar o ego do irmão: um padeiro de Union City, chamado George Deschner.

– Fiz uma finta com a esquerda no segundo assalto – disse Braddock a Shabazian – e bum!, a direita acabou com ele. Pelo nocaute, Braddock foi recompensado com 35 dólares.[11]

Com algum dinheiro no bolso, Jimmy passou a ouvir os conselhos do irmão e começou a treinar regularmente no ginásio de Joe Jeannette, no lado oeste de Hoboken. Nascido em North Bergen em 1879, Jeannette fora um lutador importante na categoria dos pesos pesados nas duas primeiras décadas do século XX, embora chamá-lo de pretendente ao título possa ser exagero. Afinal, um pretendente é alguém que tem possibilidades visíveis de chegar a disputar o campeonato. Jeannette, que era negro, era constantemente preterido nas chances de disputa em favor de lutadores brancos, assim como seu contemporâneo Sam Langford, o "Menino de Piche de Boston". Até mesmo Jack Johnson se recusara a defender seu título contra Jeannette e Langford, preferindo adversários menos perigosos.

Por volta de 1926, Jeannette ganhava a vida modestamente com seu ginásio, um buraco apertado e suarento que aspirantes a pugilistas lotavam noite e dia. Era também árbitro. Como a maioria dos ginásios, o de Jeannette era imundo e decrépito. Um dos encantos do boxe é que até mesmo os campeões treinam em ginásios esquecidos pela higiene. Os ginásios limpos são para os que lutam como passatempo.

Por acaso, o ginásio de Jeannette ficava próximo ao lugar onde morava um jovem agente de lutadores e ex-peso-galo, chamado Joe Gould. Embora ele tivesse lutado um pouco quando adolescente, possuía mais talento para a vida fora do ringue – na verdade, ao lado do ringue. Aos 30 anos, Gould, baixote, mal-humorado, judeu e excessivamente falador, já estava estabelecido no mundo muito sujo e muito competitivo do agenciamento de lutadores. O pugilista mais valioso de sua equipe era Harry Galfund, um talentoso peso-médio do Brooklyn que, infelizmente para Gould, era também um conhecido e exigente encrenqueiro.

A especulação sobre lutadores é assunto complexo. Calcular quantos socos um lutador ainda é capaz de dar e quantos ainda conseguirá agüentar é questão menos de ciência do que de intuição. Ainda que não tivesse outras virtudes, Joe Gould possuía intuição. Era capaz de olhar um lutador da mesma maneira como os fazendeiros olham o gado, calculando sua coragem, suas habilidades e seu futuro.

Gould olhou para Galfund e percebeu que ele não tinha mais futuro. Ansioso por se livrar de um lutador que considerava indigno de seu talento, Gould arranjou um grupo de investidores de Hoboken, contrabandistas de bebidas, interessados em comprar sua parte em Galfund por 2.500 dólares. Havia um porém: antes de pagar, queriam ver em ação o objeto a ser provavelmente adquirido. Também suspeitavam de que Galfund poderia dar mais trabalho do que lucros. Gould arranjou, então, um treino para Galfund no ginásio de Joe Jeannette.

O ginásio estava bastante cheio, mas não superlotado, quando Gould chegou com Galfund, numa tarde de quarta-feira em junho de 1926. Os pugilistas acabados e novatos ambiciosos de sempre socavam os *punching bags* ou se enfrentavam. Galfund mudou de roupa e Gould lhe enfaixou as mãos e amarrou as luvas. Precisavam agora de um parceiro para treinamento, um *sparring*, alguém que fizesse Galfund brilhar.

Junto à parede, um jovem alto e magro, incrivelmente pálido, estava fazendo boxe-sombra.* Parecia ter uns 15 anos.

* Treinando com a sombra na parede, para aprender a evitar movimentos que poderiam causar distensões. (N. do E.)

Gould se aproximou dele e o jovem abaixou os punhos.

– Quer ganhar 5 dólares? – perguntou Gould.[12]

– Claro – disse Jimmy Braddock, enxugando o suor dos olhos.

– Está bem – disse Gould. – Quero que você lute três *rounds* com este cara aqui.

– Claro – disse Braddock, como se Gould tivesse perguntado que horas eram.

Gould voltou para perto de Galfund.

– Agora, escute – disse ele. – Derrube esse sujeito o mais rápido possível. Entendeu?

Galfund assentiu.

– *O.K.* – respondeu.

Apesar de todo o seu instinto e toda a sua esperteza, Gould havia escolhido o homem errado para lutar com Harry Galfund. Como acontecia com muita gente, ele cometera o erro de subestimar Jimmy Braddock à primeira vista.

Os investidores estavam encostados no ringue. Harry Galfund, famoso meio-pesado, foi para cima de Jimmy Braddock. Galfund tinha tanto interesse quanto Gould em fazer uma boa apresentação: receberia 50% da quantia que os investidores pagassem por seu contrato. Mas logo que chegou perto, Braddock acertou-lhe uma esquerda na cabeça, fazendo-o cambalear. Galfund deve ter pensado que havia sido sorte e avançou novamente. Outra vez Braddock acertou-o com a esquerda, e logo depois com a direita. Mais uma esquerda. Esforçando-se, quando deveria estar no controle, Galfund reduziu o ímpeto de Braddock com um *clinch*, deu alguns socos e retirou-se para seu canto quando o gongo soou.

– O que é isso, está querendo estragar o negócio? – perguntou-lhe Gould. – Os caras estão rindo de mim.

– Vou acabar com ele agora mesmo – disse Galfund, ofegante.

Mas no segundo assalto Braddock novamente fez Galfund – e Gould – passar vergonha. Cada vez que Galfund dava um soco, Braddock revidava com outro mais forte. Esquivando-se facilmente dos golpes do adversário, manteve-se na ofensiva, castigando-o com golpes na cabeça e no corpo.

O terceiro assalto foi parecido, e Gould o encerrou abruptamente, explicando aos investidores que seu lutador estava indisposto. Concordou em aceitar 1.200 dólares pela cessão dos direitos sobre Galfund, menos da metade do preço original. Ambos dividiram o dinheiro em partes iguais.

Tendo recebido menos 650 dólares do que esperava, Gould se aproximou do jovem que se recusara a se fingir de bobo diante de Harry Galfund.

– Aqui estão 10 dólares em vez de 5 – disse ele, tentando calcular a altura e o peso de Braddock. – Como é seu nome?

– Braddock – foi a resposta.

Gould percebeu que ele nem mesmo estava suado.

– Sabe quem sou eu? – perguntou Gould, num tom que dava a entender que Braddock deveria saber.

– Você é Joe Gould – disse Braddock. Ele conhecia vários irlandeses com o nome de Gould, mas sabia que aquele não era irlandês.

– Você tem um agente? – perguntou Gould.

– Meu irmão Joe – disse Braddock.

– Ah, o meio-pesado – disse Gould. Tinha visto Joe lutar muitas vezes. Esperava que Jimmy tivesse mais talento do que o irmão. – Quando posso conversar com ele?

– Ele trabalha durante a semana – disse Braddock. – É encanador. Mas vai estar aqui no sábado.

– Diga-lhe que virei ao meio-dia – disse Gould. – Quero tratar do seu futuro.[13]

3

O INSPETOR DE CARNES

JERSEY CITY, NOVA JERSEY: 1926

Muito poucos atletas judeus têm sido considerados heróis pela vasta maioria de judeus norte-americanos. Na década de 1960, apareceu Sandy Koufax. Nas de 1930 e 1940, Hank Greenberg. E nas de 1910 e 1920, havia Benny Leonard.

"Nosso super-herói era Benny Leonard", escreveu Budd Schulberg, que nasceu em 1914. "O 'Grande Benny Leonard'. Era assim que sempre nos referíamos a ele em nossa casa. Havia o Grande Houdini, o Grande Caruso *e* o Grande Benny Leonard. (...) Eu tinha uma única ambição: tornar-me campeão mundial como o Grande Benny Leonard."

Schulberg não tinha nada de excepcional. Os torcedores de Leonard eram legião. Nascido com o nome de Benjamin Leiner, em 1896, no Brooklyn e criado no Lower East Side e no East Harlem, Leonard era para a categoria dos pesos-leves o que Jack Dempsey representava para a dos pesos pesados – um talento único e espetacular. Foi, no entanto, muito mais ativo do que Dempsey. Em 1919, lutou 19 vezes como campeão dos pesos-leves. Durante toda a carreira participou de mais de duzentas lutas oficiais, sem contar as dezenas de exibições. Conservou o título por quase oito anos, de 1917 a 1925. Seu êxito o tornou herói para centenas de milhares de judeus norte-americanos que procuravam adaptar-se à nova nacionalidade. Embora medisse somente 1,65m e pesasse apenas pouco menos de 59 quilos, Leonard lhes proporcionava força e esperança.

Muito antes de ele se transformar num ícone, no tempo em que estava aprendendo a brigar nas ruas, um de seus melhores amigos era Joe Goldstein, menino durão que era seu vizinho. Goldstein era ainda mais baixo e mais leve do que Leonard, mas gostava de brigar, usando tanto as palavras quanto os punhos. Como qualquer outro menino judeu do East Harlem, admirava Leonard, que evidentemente algum dia ganharia a vida lutando. Naturalmente, Goldstein desejava fazer o mesmo.

Vários anos antes do nascimento de Joe, seu pai, Benjamin Biegel, saltara de um navio na ilha Ellis. Em trinta dias seu mundo passara de um *shtetl** na Polônia à cidade de Nova York. Por algum motivo, que somente o Serviço de Imigração poderia saber, na ilha Ellis Benjamin Biegel se transformou em Abraham Goldstein. Ele jamais se preocupou em corrigir o erro.

De posse apenas de seu novo nome e de algumas camisas e meias, Abraham Goldstein foi morar em Poughkeepsie, cidade a 96 quilômetros da ilha Ellis, subindo o rio Hudson. Ali nasceu Joseph, o quinto dos nove filhos de Abraham, no dia 14 de agosto de 1896, na segunda metade do mandato do presidente Grover Cleveland. Quando Joe tinha 2 anos, a família se mudou para o prédio número 49 da rua 112 leste, no Harlem.

Joe Goldstein, Benjamin Leiner e um menino chamado Robert Lippman cresceram juntos nessa parte do East Harlem, brigando nas ruas, matando aula e arranjando encrenca. Ao contrário dos irmãos, tinham pouco ou nenhum interesse pelas tarefas escolares. Não iam à sinagoga nas manhãs de sábado. Não queriam ser advogados, médicos ou contadores. Não queriam jogar beisebol. Só queriam brigar.

Cada um acabou por adotar um nome de guerra: Goldstein passou a ser Joe Gould, Leiner se tornou Benny Leonard e Lippman ficou sendo Doc Robb. Gould chegaria a ser agente de um campeão mundial, Leonard se tornaria campeão mundial e Robb seria treinador de três campeões mundiais. Sem dúvida havia algum ingrediente na água que bebiam.

A comunidade judaica do East Harlem era muito menor do que as dos guetos do Lower East Side e do Brooklyn. Na parte norte da cidade

* Vilarejo dos Judeus (N.da E.)

não havia uma rua equivalente à rua Delancey, repleta de imigrantes vindos da Rússia e da Polônia. Mas, assim como os judeus do sul de Manhattan e da margem oposta do rio East, em uma geração a comunidade judaica do Harlem se livrou da pobreza e ingressou nas universidades e no comércio.

Joe Gould, no entanto, foi exceção. Tinha pelos livros o mesmo desprezo que Braddock. Andava com más companhias. Seu irmão Irving encaminhou-se para instituições prestigiosas, ingressou na Universidade da Pensilvânia e foi estudar oftalmologia. Seus irmãos Aaron e Sam se tornaram advogados. Joe, ao contrário, saiu da escola e se alistou na Marinha, antes de os Estados Unidos entrarem na Primeira Guerra Mundial.

Enquanto esteve nas Forças Armadas, Gould lutou na categoria de pesos-pena e organizou lutas entre seus colegas. Dolorosamente, compreendeu que seria melhor organizador do que lutador.

– Eles nos embarcaram num navio-tanque – disse ele depois a Lud Shabazian – e foi ali que aprendi a convencer os organizadores e promotores a dar boas lutas para os meus rapazes.

Mas já em terra, morando em Jersey City com a família, Gould não sabia bem o que faria na vida. Naturalmente, optou por um teste de seleção de inspetores de carnes, setor em expansão no ano de 1916, quando os matadouros dos Estados Unidos começavam a adotar e implementar regras fixas. Como desconhecia completamente as tarefas de açogueiro, foi reprovado no exame por ampla margem.

No entanto, para sua sorte, os Estados Unidos declararam guerra à Alemanha, em 6 de abril de 1917. De repente, a maioria dos inspetores de carnes qualificados foi mandada "para lá", a fim de garantir os direitos dos soldados a uma alimentação com carnes saudáveis. Com a convocação dos inspetores qualificados, Gould teve a sorte de conseguir trabalho.[1]

– Imagine, eu ganhava 65 dólares por semana como inspetor de carnes – disse ele mais tarde. – O que eu não sabia a respeito do assunto daria para encher um depósito inteiro.[2]

Chegou então o dia 11 de novembro de 1918. O Tratado de Versalhes não apenas pôs fim à guerra, como talvez possa ter salvado a vida daqueles que poderiam ter comido as carnes inspecionadas por Joe Gould.

Sem emprego, Gould foi visitar seu velho amigo Sammy Diamond, que tinha sido seu companheiro de infância e havia servido com ele na Marinha. O irmão de Sammy, Lew, estava ganhando fama como agente de boxe. Seu melhor lutador, um peso leve de Jersey City chamado Johnny Buff, havia acabado de ganhar dois campeonatos. Lew concordou em ensinar o ofício a Gould.

Gould percebeu imediatamente que encontrara sua vocação. Não havia relógio de ponto nem chefe para puxar o saco, e não era preciso diploma. Bastariam sua inteligência e sua boca, que eram sem dúvida dignas de Harvard.

Em meados da década de 1920, Gould já tinha uma boa equipe de lutadores e estava entre os agentes de boxe mais bem-sucedidos. Não era rico e poderoso, como Doc Kearns, agente de Dempsey, mas parecia estar no caminho certo.

Ao contrário da maioria dos agentes de hoje em dia, Gould havia sido também lutador. Respeitava o esporte e respeitava os lutadores. Mas, como jovem agente, segundo ele mesmo confessava, às vezes se preocupava menos com a saúde de seus rapazes do que com a prosperidade deles – e com a sua própria.

Gould gostava de contar um fato ocorrido no tempo em que Tex Rickard, um promotor de eventos preeminente na época, queria que Joe Herman, um dos lutadores de Gould, enfrentasse Luis Firpo em Havana. Gould concordou com a luta sem consultar Herman. Logo depois descobriu que o lutador estava no hospital, circunstância que Gould não achou suficiente para impedi-lo de enfrentar Firpo alguns dias depois.[3]

– Qual é o seu problema? – perguntou Gould.

– Senti uma dor na barriga – disse Herman – e o médico disse que vou ter apendicite.

– E vai mesmo? – perguntou Gould.

– Acho que não – tornou Herman. – Estou me sentindo ótimo.

– Então, o que está fazendo aqui nessa cama, se tem de lutar com Firpo quarta-feira em Havana?

– Ah, é? – bradou Herman.

Segundo a narrativa de Gould, Herman saltou da cama e se enfiou nas calças.

Frank Graham, do *New York Sun*, foi talvez o maior cronista de boxe que já existiu. Joe Gould se tornaria seu agente preferido. No *New Yorker*, John Lardner considerava Gould um dos melhores agentes. "Embora tivesse a mania de procurar uma vantagem em tudo o que fazia", escreveu Lardner, "ele possuía legítimos talentos que lhe davam direito a um lugar (...) no ápice de sua profissão".[4]

Gould estava de acordo.

– Não tiro meu chapéu para nenhum agente – disse ele certa vez em voz alta, para ser ouvido por Dumb Dan Morgan, outro agente lendário.[5]

– Seu chapéu não significa nada – respondeu Morgan. – Você não o tira da cabeça nem para comer.

(Morgan, aliás, não era bobo nem incapaz de falar.* Na verdade, chamá-lo de "Mudo" equivalia a apelidar um homem baixinho de "Comprido". Como Gould, Doyle – e a maioria dos demais agentes – era capaz de falar até que seus interlocutores desmaiassem.)

Lardner, cujo pai, Ring, praticamente inventou o boxe moderno, adorava os agentes de lutas. "O agente pode ser ou um bandido ou um parasita", escreveu ele, "mas em sua melhor forma é um homem inteligente e habilidoso, tão consciente de sua personalidade quanto pode ser qualquer lutador, e se orgulha, como nenhum outro tipo de agente ou 'aproveitador', do fato de sua ação depender daquilo que Jimmy Johnston chamava 'o suor de minha imaginação'."[6]

Bem vestido, jovial, ativo e conhecedor do mundo, Joe Gould trabalhou duramente em favor de Jim Braddock, perseguindo os promotores de eventos, adulando jornalistas e buscando adversários. Sempre usando os ternos mais bem cortados, fumando os charutos mais caros e jantando nos restaurantes mais elegantes, Gould era tão sofisticado quanto Braddock era simplório. Adorava promover-se e por isso era o homem ideal para orientar Braddock, que pelas próprias características era incapaz

* Dumb Dan Morgan: *dumb* significa tanto "bobo, tolo", quanto "mudo". (N. do T.)

de autopromoção. A parceria que formaram era *sui generis*: o irlandês alto, calado e forte e o judeu baixote e falastrão eram o par mais estranho do mundo do boxe.

"Pareciam Mutt e Jeff* e se comportavam como Damon e Pítias", escreveu W. C. Heinz. Com 1,62m, Gould era cerca de 23 centímetros mais baixo do que Braddock.[7] Magricela quando jovem, em meados da década de 1920 já cultivava uma barriga, disfarçada pelos ternos bem cortados mas imediatamente visível quando vestia roupas menos formais, como as camisetas que usava quando trabalhava no canto de Braddock no ringue. Falava muito, em voz alta, e gostava de esticar o queixo para realçar palavras importantes.

Quando Gould falava, Braddock às vezes ouvia e outras vezes não, porém jamais o interrompia. Não havia como entrar no monólogo.

– Escute – disse Gould a Braddock pouco depois que assinaram um contrato para trabalhar juntos. – Tenho uma luta para você. No Boyle. Já lutou ao ar livre?

– Não com luvas – respondeu Braddock.

Poucas semanas depois do primeiro encontro de ambos, Gould contratou uma luta de Braddock com Leo Dobson numa enorme arena ao ar livre chamada Boyle's Thirty Acres. Cinco anos antes, a Boyle's tinha sido o palco da luta que produzira a primeira renda de 1 milhão de dólares – Jack Dempsey contra o francês Georges Carpentier. Na época em que Braddock e Dobson combinaram sua luta, a arena era um elefante branco. Os impostos custavam a Tex Rickard, que a construíra para a luta Dempsey-Carpentier, mais do que ele conseguia arrecadar.

Braddock e Dobson lutariam na preliminar de um combate entre Tiger Flowers e Young Bob Fitzsimmons, em 18 de junho de 1926. No início daquela tarde, Braddock apareceu para a pesagem oficial, maravilhado pelo fato de estar ganhando 75 dólares para trabalhar uma noite. Curiosamente, seu adversário não apareceu. Lutando como meio-pesado,

---

* Personagens de antigas histórias em quadrinhos. Mutt era alto e magro, e Jeff, baixote. (N. do T.)

o limite de peso de Braddock era de 79,379 quilos, mas ele alcançou somente 73,930 quilos. No máximo, pensou ele, teria somente menos 5,5 quilos do que Dobson, sobre quem ele não sabia praticamente nada.

As horas foram passando e Dobson não aparecia. Gould começou a ficar desconfiado e a pensar o que Charley Doessereck, agente de Dobson, poderia estar escondendo.

O que ele ocultava era o tamanho de seu lutador, assim como seu currículo. Procurando descobrir informações sobre o adversário de Braddock, Gould ficou sabendo que ele vencera 14 lutas consecutivas por nocaute. Sentiu-se repentinamente tonto.

– Qual é o problema? – perguntou Braddock.

– Nãogostodisso – respondeu Gould. Quando ficava nervoso, ele costumava falar muito rapidamente. – Não sei o que Charley pretende fazer.

Quando Dobson, que era negro, finalmente surgiu na arena, pesou 85,730, 7 quilos acima do limite dos meio-pesados e 11,8 quilos a mais do que Braddock.[8]

Gould ficou furioso. Braddock entraria no ringue para enfrentar não só um peso pesado, mas também um lutador de assombroso currículo. Mandou que Braddock trocasse de roupa e fosse embora com ele. Ninguém ia fazer Joe Gould de palhaço.

Vendo a agitação de Gould, Braddock ficou pensando na enrascada em que ele se metera. Era evidente que seu agente tinha um gênio incontrolável e uma mania de perseguição altamente desenvolvida. Vociferava alternadamente contra Doessereck e contra si próprio.

– Se ele pensa que está lidando com um caipirão, bem, ele vai se ver comigo – dizia Gould, com o dedo erguido e com o rosto afogueado.

Mas Braddock resolveu que Gould não ia estragar sua noite. Disse a ele que quando era amador havia lutado contra homens que pesavam 20 quilos mais e tinha vencido. Uma diferença de quase 12 quilos nada significava para ele.

Era sua primeira luta numa arena grande, com milhares de espectadores, entre os quais dezenas de amigos e parentes. E ele queria lutar. Jersey City era seu território.

– *Confie em mim* – disse Braddock. – *Vou nocautear esse palhaço.*

Gould estava zangado por ter sido enganado. Doessereck sabia que no momento em que Braddock entrasse, seria praticamente impossível que desistisse da luta. Como poderia deixar de lado 75 paus?

Contra seu instinto, Gould cedeu.

– Muito bem – disse ele. – Entre lá e acabe com ele.

Geralmente, no relacionamento entre um lutador e seu agente, o primeiro é o temperamental e o agente passa grande parte do dia consertando os estragos causados por seu indomável gladiador. Mas quando o lutador tem reações mais lentas, como era o caso de Braddock, ou não reage, o agente é quem tem de assumir o papel agressivo, protegendo os interesses de ambos e assegurando que sejam respeitados. Gould era um agressivo nato, um galo de briga com o queixo empinado e a língua solta. Na maioria das vezes era Braddock quem tinha de acalmá-lo.

Mais ou menos às nove da noite – era ainda dia claro –, Braddock passou pelas cordas. Tinha 21 anos e estava prestes a lutar diante de uma grande platéia ao ar livre, numa esplêndida tarde de verão, na famosa arena cercada de pinheiros em que o grande Dempsey havia lutado. Era tudo o que ele sempre quisera.

Jack Merity, o locutor do ringue, agarrou o microfone e disse:

– E de North Bergen, Nova Jersey, entrando no ringue com 73 quilos e 930 gramas, James J. Braddock!

Braddock não conseguia ouvir os aplausos de seus amigos e familiares em meio ao ruído da multidão. Mesmo assim ficou pensando o que eles poderiam achar de seu novo nome, que tinha sido idéia de Gould. Poucos dias antes, Gould havia encontrado por acaso o ex-campeão de pesos pesados James J. Jeffries numa rua em Manhattan, e achou que seria boa idéia ligar Braddock aos grandes "James J." do boxe. Assim, Gould trocou o *W* por um *J*.

De fato, três dos primeiros oito homens que conquistaram o título de campeão mundial dos pesos pesados após o advento das regras de Queensberry, na década de 1880, se chamavam James J. Em 1892, James J. Corbett, invariavelmente descrito como um tranqüilo bancário de São Francisco, espantou o mundo do boxe ao derrotar o grande John L.

Sullivan. Dois anos antes, numa exibição beneficente, Corbett e Sullivan haviam lutado trajados a rigor.

Na virada do século, o maior astro do boxe era James J. Jeffries, que arrancou o título de Bob Fitzsimmons. Com 1,85m e quase 100 quilos, Jeffries era um homem enorme, especialmente em sua época. É mais lembrado por ter abandonado a aposentadoria aos 35 anos, a pedido de escritores como Jack London, que o chamou de "A Grande Esperança Branca", a fim de desafiar Jack Johnson numa luta pelo título em Reno, Nevada, em 4 de julho de 1910. Johnson, o primeiro negro a reinar como campeão dos pesos pesados, estraçalhou Jeffries, e sua derrota provocou manifestações racistas contra os negros e até linchamentos.

James Joseph Tunney nasceu em Greenwich Village em 1897. Conhecido como Gene, em 1926 disputou e ganhou o título contra Jack Dempsey, na Filadélfia, e um ano mais tarde defendeu o mesmo título em Chicago. A revanche foi talvez o acontecimento esportivo mais aguardado da história dos Estados Unidos. Mais de 100 mil pessoas compareceram e a renda de 2,6 milhões de dólares permaneceu como recorde durante quase cinqüenta anos. No sétimo assalto, Dempsey derrubou Tunney, mas deixou de recuar para um canto neutro, o que retardou o início da contagem. Tunney ficou caído durante cerca de 13 segundos, até se levantar. A "Longa Contagem", como ficou imediatamente conhecido o incidente, manchou na visão de muita gente a vitória final de Tunney e transformou Dempsey num herói ainda maior do que fora em seus tempos de campeão.

Em 1928, um ano após sua vitória em Chicago, Tunney se afastou dos ringues, deixando vago o título de campeão e lançando a categoria de pesos pesados num tumulto que durou nove anos.

Três meses antes da primeira luta Tunney-Dempsey, Braddock esperava o soar do gongo. Tinha pensado que ficaria nervoso, mas quando entrou no ringue percebeu que não. Ao começar a luta, ele avançou cautelosamente para Dobson, estudando-o, procurando seus pontos fracos. No segundo assalto, explorou o que havia encontrado. Primeiro, atacou o corpo com a esquerda – quebrando duas costelas do adversário –, e depois a cabeça, com uma direita explosiva. Com todos os seus quase

86 quilos, Dobson desabou aos pés de James J. Braddock. Todos os Braddocks que estavam na platéia saltaram de pé e gritaram. Pela primeira vez em sua vida, Braddock ouvia os aplausos de uma grande multidão. Gould saltou para dentro do ringue e abraçou-o.

– Está vendo, Joe? – disse Braddock, sorrindo. – Os grandalhões não me assustam.

Paddy Mullins, agente do grande peso pesado negro Harry Wills, ficou maravilhado com o desempenho de Braddock. Diz-se que após a contagem do nocaute de Dobson ele disse a Braddock, com forte sotaque irlandês:

– Claro, até logo, você vai ser o próximo campeão![9]

Três semanas depois, Braddock lutou novamente na Boyle's Thirty Acres, contra Walter Westman. Joe Jeannette foi o árbitro. Braddock machucou bastante o adversário e Jeannette encerrou a luta no terceiro assalto. James J. Braddock tinha agora duas vitórias e zero derrota. Joe pensou consigo mesmo que tinha sido um grande negócio trocar Galfund por Braddock.

4

O CARNICEIRO DE LIVERMORE

SÃO FRANCISCO: 1930

O homem que Jim Braddock acabaria por enfrentar na luta mais importante de sua vida tinha físico de deus grego e comportamento de palhaço de circo.

Com 1,86m e 95,250 quilos, cintura delgada como a de uma noiva e costas da largura de uma porta, o corpo de Max Baer fora feito para o boxe. O único problema era seu crânio.

– É isso mesmo – disse ele certa vez. – Tenho corpo de 1 milhão de dólares e miolos de 10 centavos.[1]

Mas Baer nada tinha de burro. Pelo contrário, era encantador e espirituoso, especialmente levando em conta que sua instrução formal fora interrompida após o primeiro ano do ensino médio. Ele simplesmente não possuía as características mentais que os veteranos achavam essenciais aos grandes lutadores: ferocidade, frieza e coragem. Em diversas lutas importantíssimas durante o que foi considerado seu auge, ele não se mostrou nem feroz nem frio, e muito menos corajoso. Mais do que tudo, ele gostava de fazer os outros rirem, e fazia isso freqüentemente.

Não se pretende com isso sugerir que Baer possuísse somente a aparência de pugilista. Seus braços não eram apenas musculosos, e sim potentíssimos. O queixo não era apenas bem formado, e sim de uma solidez célebre. Ele não era um Primo Carnera ou um Jess Willard, homens cuja soma de atributos físicos não lhes conferiu o que parecia oferecer. Max Baer tinha muito mais do que um belo físico. Todos concordavam que ele deveria ter sido um grande campeão. Mas tudo o que Jim Braddock iria personificar – estabilidade, estoicismo, decisão, obstinação e resistência – era desconhecido para Baer.

Muita coisa lhe chegou com demasiada facilidade; muitas dádivas choveram sobre ele; as mulheres, o dinheiro e a fama o procuraram. Quem poderia culpá-lo por estar sempre rindo? É difícil encontrar uma foto de Baer em que ele não esteja sorrindo de orelha a orelha, com os olhos apertados, até mesmo quando estava no ringue. Viveu a vida num estado de perpétua diversão.

Numa era em que as grandes figuras do esporte sempre tinham apelidos – o Sultão do Taco (Babe Ruth), o Marreta de Manassa (Jack Dempsey), o Cavalo Selvagem do Osage (Pepper Martin) –, Baer talvez tenha tido o maior número deles, e os mais chamativos. Maxie, o Doido, o Esmurrador de Livermore, O Doido Alegre, o Carniceiro de Livermore, o Arlequim do Pugilismo, o Esmurrador Farrista do Pugilismo, o *Poseur* do Pugilismo, o Palhaço Batedor, o *Playboy* do Pugilismo e o Magnífico Destrambelhado são apenas uma amostra da fantasia poética que ele inspirava.

Os cronistas e promotores de eventos ganharam muito dinheiro com Baer, antes de passar a desprezá-lo. Durante a Depressão, quando a freqüência do público aos estádios de beisebol despenca, e depois que o boxe ficou manchado pelo crime organizado, as palhaçadas de Baer mantiveram o interesse dos torcedores pelas lutas. Ele ajudou a apagar o gosto de podridão dos combates suspeitos que deram o campeonato dos pesos pesados a Jack Sharkey em 1932 e a Primo Carnera em 1933. Grantland Rice, preeminente cronista esportivo da época, disse que Baer foi "o New Deal* para os torcedores aborrecidos".[2]

Quase vinte anos após sua morte, em 1959, Ron Fimrite, do *Sports Illustrated*, que quando criança se sentira encantado com ele, captou a essência do Esmurrador de Livermore:

> Ele era, acima de tudo, um amante, não um lutador. Um dos paradoxos mais notáveis da história do esporte é o fato de que alguém como ele tivesse

---

* Política econômica e social colocada em prática pelo presidente Franklin D. Roosevelt para combater os efeitos da Depressão. (N. do T.)

> se tornado campeão mundial dos pesos pesados e figura principal em alguns dos combates mais sangrentos do ringue, inclusive um – e, ao que se alega, dois – que acarretou a morte do adversário.[3]

O ex-campeão de meio-pesados Tommy Loughran derrotou Baer antes que este iniciasse a série de vitórias que durou quatro anos e que culminou com a conquista do campeonato, ao vencer Carnera. Lutador talentoso e elegante, Loughran, o Fantasma da Filadélfia, morreu aos 79 anos de idade. Afirmava que "Max foi o lutador mais mal compreendido de todos. Era um ótimo sujeito. Tinha um coração de leão".[4]

Maximilian Adelbert Baer nasceu em Omaha, em 11 de fevereiro de 1909. Em 1915, ainda pequeno, mudou-se com a família para Denver e depois para Durango, no Colorado, onde seu pai, Jacob, trabalhou na Swift, o gigantesco abatedouro.

Jacob Baer era um competente açougueiro e abatedor de gado que certa vez ganhara um concurso nacional de corte e preparação de carnes nos frigoríficos de Chicago.

– Nosso pai também é campeão – disse certa vez Buddy Baer, irmão mais novo de Baer, um dos principais pretendentes ao título. – Campeão de esquartejar um novilho. Quer dizer, abri-lo, retirar as entranhas, separar os quartos e tirar o couro. Certa vez, num concurso, papai esquartejou um novilho e retalhou o couro na forma da bandeira dos Estados Unidos em 3 minutos e 36 segundos.[5]

Em 1922, quando Max tinha 13 anos, a família Baer se mudou novamente, desta vez para o norte da Califórnia. Em breve Jacob comprava a fazenda Twin Oaks em Livermore, 72 quilômetros a leste de São Francisco. A família prosperou criando porcos e gado.

Todos os relatos são unânimes em afirmar que Jacob, de origem judeo-alemã, e sua mulher, Dora, que vinha de família irlandesa radicada na Escócia, proporcionaram um lar afetuoso a seus cinco filhos, incluindo um peão português adotado por eles. Para os filhos biológicos também proporcionaram genes que, misturados nas proporções adequadas, produziram espécimes extraordinários. Tanto Jacob como Dora tinham mais de 1,80m e pesavam cerca de 90 quilos. Os filhos eram mais avantajados.

Trabalhando na fazenda da família, Max desenvolveu seus famosos músculos, manejando o machado e carregando as pesadas carcaças de gado e suínos. Se a fazenda fosse em Zanzibar, em vez de Livermore, sua vida não poderia ser mais diferente da de North Bergen, onde morava Jimmy Braddock.

Ao contrário de Braddock, Baer cresceu sem ter aprendido a dar socos. Afirmava que, quando era atacado por colegas, sua irmã Frances – que chegou a 1,80m e mais de 80 quilos – defendia sua honra.[6] Quando ela não estava por perto, ele simplesmente fugia. Mas certa noite, do lado de fora de uma boate perto de Lodi, quando ele tinha 17 anos, encontrou junto com amigos um caminhão estacionado cheio de garrafas de vinho caseiro, do tipo de poção que somente a Lei Seca poderia ter tornado bebível. De volta ao recinto, os amigos de Max distribuíram as garrafas, embora ele próprio não tenha tomado nem um gole.

A bebida era contrabandeada, mas pertencia a um robusto lenhador, que atacou Baer e os amigos ao ver as garrafas passando de mão em mão dentro da boate. Aterrorizado, Baer tentou escapar, mas antes que chegasse à saída o lenhador o agarrou por trás. Num instante o homem recuou o braço e acertou-lhe o queixo em cheio com um soco poderoso. Para grande surpresa do agressor, Baer nem sequer se mexeu. O golpe não o machucara. Num reflexo, ele recuou seu próprio braço e mandou um soco. O lenhador caiu a seus pés, inconsciente. Baer havia conseguido o primeiro nocaute de sua carreira.

A boate parou. Ninguém podia acreditar no que acabara de acontecer.

– Você está usando um soco inglês? – perguntou um dos amigos de Baer.

– Não, só dei um murro – respondeu ele, examinando a mão direita.

– Bem, foi um murro e tanto.

– Acho que tive sorte – disse Baer.[7]

Mas não tinha sido uma questão de sorte. Baer acabara de descobrir a arma que moldaria o resto de sua vida.

* * *

Até aquele momento, ele se interessara por lutas como simples torcedor, admirador de Jack Dempsey. Tinha apenas 10 anos quando Dempsey derrotara Jess Willard, e era jovem demais para apreciar as qualidades do Marreta. Mas em 1923, quando Dempsey enfrentou Luis Firpo, o Touro Selvagem dos Pampas, Baer tinha 14 anos e acompanhou a luta de perto, assim como praticamente todos os adolescentes norte-americanos do sexo masculino.

Em 1949, a Associated Press fez uma pesquisa entre 374 cronistas e comentaristas esportivos a fim de decidir qual tinha sido o acontecimento esportivo mais emocionante dos últimos cinqüenta anos. A jogada anunciada e realizada por Babe Ruth na final do campeonato de beisebol em 1932* não foi escolhida (ficou em segundo lugar). Tampouco a regata entre os barcos *War Admiral* e *Seabiscuit* (não ficou nem entre os 15 primeiros), nem as quatro vitórias de Jesse Owens nas Olimpíadas de Berlim em 1936 (11º lugar). O mesmo em relação ao nocaute de Max Schmeling por Joe Louis no primeiro assalto, em 1938 (décimo), e à Longa Contagem na segunda luta Dempsey-Tunney (terceiro). Em vez disso, o combate entre Dempsey e Firpo venceu com facilidade.

Mais de 85 mil pessoas lotaram o Polo Grounds na parte norte da ilha de Manhattan para ver Dempsey defender seu título em 14 de setembro de 1923. A renda foi de 1.188.603[8] dólares. Durante semanas os torcedores discutiam os méritos relativos do campeão e do desafiante. A cidade foi tomada pela febre do campeonato de pesos pesados. "Até mesmo os guardas do metrô e dos trens elevados entraram no espírito da ocasião", relatou o *New York Times*. "Alguém ouviu um dos guardas do elevado dizer: 'Entre depressa, minha senhora; não vamos fazer Jack esperar.'"[9] Vinte e cinco mil torcedores que não puderam entrar no Polo Grounds se revoltaram, ao verem um cartaz anunciando que a lotação

* Segundo a lenda, Babe Ruth, considerado o melhor jogador de beisebol de todos os tempos, prometeu a um menino que estava doente no hospital que faria um *home run* no jogo decisivo, e no campo mostrou com o taco a maneira pela qual cumpriria a promessa. (N. do T.)

estava esgotada. Se soubessem o que estavam prestes a perder, teriam ficado ainda mais zangados. Até mesmo Jess Willard teve de esperar 45 minutos para passar pelas roletas.

"Não foi uma luta de boxe – não foi um encontro civilizado de pugilismo", escreveu Frank Menke. "Dois selvagens foram jogados no mesmo ringue, cada qual com a intenção de assassinar o outro, ou ser assassinado se fracassasse. Oitenta e cinco mil pessoas se puseram de pé, inebriadas com o espírito da loucura, e 85 mil vozes urravam e berravam num delírio maior que mil Niágaras."[10]

O primeiro assalto foi o mais emocionante que já aconteceu numa luta em disputa do título de campeão dos pesos pesados. Dempsey derrubou Firpo sete vezes, Firpo o derrubou duas, e quando um soco de Firpo lançou Dempsey para fora do ringue, alguns jornalistas que estavam ao lado o salvaram, empurrando-o de volta à lona.

– Caí bem em cima da imprensa – disse Dempsey. – Poderia ter me machucado feio na queda. Depois que tudo acabou, tive de ir a um hospital. Sofri um corte nas costas. O gongo soou na hora em que voltei ao ringue. Isso me salvou. Se o assalto não tivesse terminado, a história teria sido diferente.[11]

No segundo assalto Dempsey derrubou Firpo novamente, mas ele se levantou. Mas com um *uppercut* curto de direita o campeão acabou com o valente argentino.

A luta inteira, incluindo um total de 11 quedas, durou três minutos e 57 segundos. "A platéia presenciou somente quatro minutos de atividade", escreveu John Lardner, com um pequeno exagero, "à razão de 300 mil dólares por minuto. Não se registrou nenhuma queixa dos torcedores".[12]

Como disse Nat Fleischer, o Homero dos cronistas de boxe e fundador da *Ring Magazine*, "foi a luta mais dramática da história do pugilismo moderno. Uma competição fascinante, nervosa, entre dois combatentes corajosos e fortes batedores".[13]

Foi também o momento da definição para Dempsey, a luta que consolidou seu lugar na história do boxe, embora não tenha sido a que o tornou querido: somente suas derrotas para Tunney teriam esse efeito.

Mesmo assim, Dempsey sem Firpo é como Ali sem Foreman ou Truman sem Dewey.

De volta a Livermore, com o lenhador jazendo inconsciente a seus pés, Max Baer percebeu que até aquele momento não conhecia sua própria força e que talvez pudesse abraçar a profissão de Dempsey. Conforme disse Fleischer mais tarde, entusiasmado: "O instinto de luta despertara para nunca mais adormecer!"[14]

Em breve um homem das redondezas, chamado Percy Madsen, interessou-se pelas aspirações a pugilista de Baer. Madsen recrutou Ray Pelkey, lutador veterano de Oakland, para instruir Baer, que já tinha 1,80m e pouco mais de 86 quilos.

Esse foi o princípio de uma rotina no início da carreira de Baer. Ele nunca precisou procurar mentores. Bastava olhar para ele e ver o cinturão de campeão e os cifrões. Baer se destacava nos ginásios cheios de jovens esperançosos. Lutadores, treinadores, agentes – todos queriam ajudar a formá-lo. Alguns eram motivados pela cobiça; outros tinham impulsos mais puros.

No início de seu treinamento, Baer demonstrou aptidão suficiente para mudar de ares. Se ficasse em Livermore, não progrediria como lutador. Precisava de treinadores competentes e de competidores à sua altura. Felizmente, a região da baía de São Francisco era um celeiro de pugilistas, com uma orgulhosa tradição que vinha dos tempos do Cavalheiro Jim Corbett e de mais além.

Antes dos 18 anos, e não muito tempo depois da luta na boate, ele se mudou para Oakland e conseguiu emprego numa fábrica que produzia motores diesel.[15] Por acaso, um dos capatazes da fábrica era entusiasta do boxe e permitiu que ele montasse um ginásio improvisado no porão, que em breve ganhou um saco de treinamento de 25 dólares, cheio de areia. Quando terminava seu turno na linha de montagem, Baer se dirigia imediatamente ao porão e tratava de destruir qualquer tolo que se atrevesse a calçar um par de luvas e trocar alguns socos com ele. Se os adversários escasseassem – as costelas doloridas e os narizes quebrados tendiam a desestimular as revanches –, ele fazia boxe-sombra, treinava dando murros no saco de areia e pulava corda.

O talento de Baer para o boxe era um dom que ele gostava de compartilhar e exibir. Durante seu turno ele socava o ar com os punhos, melhorando sua forma, fortalecendo seus músculos já poderosos. Era inevitável que atraísse a atenção de J. Hamilton Lorimer, ávido aficionado do boxe cuja família era proprietária da fábrica em que Baer trabalhava. Onde quer que estivesse – em companhia dos operários ou de estrelas de cinema –, Baer se destacava. Homens e mulheres gravitavam à volta dele, não somente por ser bonitão, mas também porque exalava calor.

Como praticamente todas as pessoas que conheciam o jovem de Livermore, J. Hamilton Lorimer afeiçoou-se imediatamente a ele. Sabia que Baer queria lutar boxe. Sabia também que os operários competentes eram melhor investimento do que os candidatos a pugilistas. Mas quando Baer lhe pediu que conseguisse um adversário usando seus contatos no meio, Lorimer concordou, embora relutantemente.

– Max trabalhava em minha fábrica – disse Lorimer a um repórter de jornal em 1930. – Vivia falando em lutas. Eu escutava, e, quando ele começou a treinar de uma forma um tanto amadora, me pediu que arranjasse alguma luta. Ele era grande e forte, mas eu achava que era bonitão demais para ser lutador. Eu queria tirar essa idéia maluca da cabeça dele. Por isso marquei uma luta com o Chefe Caribu, um índio peso pesado de Stockton, o sujeito mais durão das redondezas.[16]

Pouco antes da hora da luta, na arena de Oak Park, em Stockton, Baer sentiu uma sede tremenda. Acabara de completar 20 anos. Era uma noite quente e abafada. Sem conhecer os efeitos prejudiciais do carbono, matou a sede tomando cinco garrafas de Coca-Cola. Ao se preparar para entrar no ringue, o gás fazia seu estômago dar voltas. Quando a luta começou, o Chefe Caribu lhe deu um soco no estômago. Baer quase vomitou. Percebeu que não tinha tempo a perder – se não nocauteasse rapidamente o adversário, a náusea o impossibilitaria de prosseguir a luta. Perseguiu Caribu por todo o ringue, batendo com a poderosa direita e desprezando completamente sua própria defesa. A multidão vibrava. Quem seria aquele bombardeiro louco? O Chefe Caribu, que pensava já ter visto de tudo no ringue, ficou perplexo. Nunca havia encontrado um competidor que corresse pela lona de maneira tão descuidada.

Baer era novato e imprudente, porém eficaz. Derrubou Caribu quatro vezes no primeiro assalto. No segundo, quando o Chefe ainda calculava o tempo que o adversário conseguiria sustentar o ataque constante, foi atingido na têmpora pela direita de Baer. Naquele instante Caribu perdeu completamente os sentidos, o coração parou momentaneamente de bater e seu corpanzil desabou. Nunca tinha levado um soco tão forte.

Maximilian Adelbert Baer fizera sua primeira vítima e ganhara 35 notas de 1 dólar. A Coca-Cola foi eliminada de sua dieta de antes das lutas.

Lorimer ficou assombrado. Seu truque falhara. Baer já não trabalharia na linha de montagem e Lorimer havia prometido ser seu agente. Mas ainda não estava convencido de que Baer tivesse estofo de campeão. Para verificar até onde ele podia ir, arranjou outra luta, não contra alguém do grupo costumeiro de pugilistas acabados, e sim contra durões verdadeiros, respeitáveis. Gente como Sailor Leeds.

Segundo Nat Fleischer, Leeds era um "machão inflexível, com a reputação sinistra de deixar seus adversários desacordados logo na abertura da luta".[17] Baer tinha todos os motivos para se preocupar. Ao enfrentar Leeds, toda a sua carreira se resumia a dois nocautes no segundo assalto – contra o Chefe Caribu e contra Tillie Taverna, sua luta seguinte.

Mas Baer, como Lorimer foi percebendo, era destemido. Aquele homem-menino que jamais brigara por raiva estava agora fascinado pelo poderio de sua mão direita. Era uma descoberta semelhante à de alguém que acordasse de manhã transformado em pianista de reconhecimento mundial. Era o mesmo que achar uma mina de ouro. Baer compreendeu. Ficou ansioso por exibir seu soco fenomenal, ansioso por entrar no ringue contra qualquer adversário. O boxe clássico nada representava para ele, mas dar socos era seu vício. Tinha sido avisado para ter cautela com Leeds e seu arsenal de golpes. Em vez disso, emergiu furiosamente de seu canto, balançando o corpo e avassalando o adversário com potentes direitas. Quando acertou a primeira, menos de 90 segundos após o início do assalto, Leeds caiu e não se levantou.

A fama do selvagem de Livermore se espalhou de Stockton a Oakland e de São Francisco a San Jose. Com apenas três lutas, Baer estabelecera sua reputação e adquirira uma legião de admiradores.

Em 1929 ele participou de um total de 16 lutas, ganhando as 12 primeiras por nocaute (inclusive uma revanche contra o sempre bravo Chefe Caribu), as três seguintes por pontos e perdendo a última – contra Jack McCarthy – desclassificado por causa de uma falta. Em sua nona luta, contra Alec Rowe, Baer recebeu 4 mil dólares. Na 14ª, contra Benny Hill – que obviamente *não* era o comediante inglês –, recebeu 7.500 dólares.

Com a mesma rapidez com que se tornou admirado pelos fãs de boxe, ficou ainda mais querido pelo que então se costumava chamar de sexo frágil. Entre as muitas mulheres que o perseguiram, a primeira a capturar seu coração foi uma garçonete, Olive Beck. Foi também a primeira, mas não a última, que o levou à justiça por quebra de promessa de casamento. Pensava que iria casar-se com ele até que, certa noite, o viu em companhia de outra mulher, no jornal que passava nos cinemas, o *newsreel*. Depois de deixar Olive, Baer lhe mandou um cartão-postal:

> Olá, aposto que você está surpresa por ter notícias minhas. Estou me sentindo muito bem. Sei que você continua tentando esquecer. Desculpe a letra ruim – você sabe que nunca foi boa. Sempre, Max.[18]

Baer acabou por indenizar Olive Beck e continuou não cumprindo promessas de casamento feitas a outras mulheres.

Nem mesmo a Depressão impediu Baer de se divertir. Como lutador em ascensão, manteve-se basicamente imune às dificuldades. Era requisitado e as pessoas precisavam se divertir, ainda que cada vez menos gente pudesse pagar por isso. Agradando às multidões, Baer nocauteava praticamente todos os infelizes adversários que apareciam em seu caminho. À medida que sua fama se espalhava da região da baía de São Francisco em direção ao sul, seu instinto de exibição florescia. Para a assinatura do contrato de sua primeira luta em Los Angeles, em abril de 1930, ele chegou numa limusine de 16 cilindros, com motorista e ajudante. Estava vestido como um nobre inglês em férias, com paletó de *tweed*, calças combinando e botas.[19]

Houve duas lutas em janeiro de 1930: uma derrota para Tiny Abbott, o Gigante de Eureka, que media 2 metros e pesava 109 quilos, seguida pouco depois por uma revanche e uma vitória por nocaute. Em abril, outras duas: uma vitória por nocaute e uma por pontos. Mais duas em maio, ambas vencidas por nocaute. Jack Linkhorn, a vítima de Baer em 28 de maio, havia nocauteado 18 adversários consecutivos. Baer nocauteou-o no primeiro assalto. Em junho, Baer conseguiu mais duas vitórias por nocaute. Finalmente, em julho, contra um duro veterano chamado Les Kennedy, em Los Angeles, perdeu por pontos. Mas nem ele nem seus admiradores se decepcionaram.

À medida que ficava evidente que Baer não era um lutador comum, Lorimer procurou a ajuda de Ancil Hoffman, agente veterano da Costa Oeste e fazendeiro plantador de abacates de Sacramento. Hoffman em breve tomou o lugar de Lorimer, que tinha seus negócios para cuidar. Uma das primeiras lutas que arranjou para Baer deveria ocorrer em 25 de agosto de 1930, no Recreation Park de São Francisco, contra o experiente peso pesado Frankie Campbell, de 26 anos. Ninguém menos do que o respeitado Jack Dempsey considerava Baer e Campbell os dois melhores pesos pesados do estado, embora Campbell fosse na verdade meio-pesado lutando fora de sua categoria, sendo muito mais eficaz contra adversários abaixo do limite de 79,379 quilos na categoria de meio-pesados. A luta foi o acontecimento mais aguardado na Califórnia em vários anos, e cada combatente receberia 27,5% da renda bruta – cerca de 10 mil dólares.

Campbell se chamava, na verdade, Francisco Camilli; trocara de nome para que sua mãe não descobrisse que ele era lutador de boxe.[20] Sempre fora bom jogador de beisebol, embora não tanto quanto seu irmão mais novo, Dolph, que na época jogava na primeira base na equipe do Sacramento Solons, da Liga da Costa do Pacífico, e que chegou a ganhar o prêmio de Melhor Jogador da Liga Nacional em 1941, jogando na mesma posição no time dos Dodgers, do Brooklyn. Em 12 temporadas na categoria principal, a partir de 1933, Camilli foi convocado para duas seleções nacionais e conseguiu 239 *home runs*.

Embora São Francisco fosse um bastião tradicional do boxe, na época da luta de Baer contra Campbell a cidade estava tomada por um sentimento de aversão ao pugilismo estimulado pelo *Examiner*, o principal jornal do império de William Randolph Hearst na Costa Oeste.

Na semana anterior à luta, um jovem de 18 anos chamado Johnny Anderson morrera quando Red Ruehl o nocauteou no Pavilhão Nacional. Era a segunda luta profissional de Anderson, e o *Examiner* atacou a comissão estadual de boxe em particular e o pugilismo em geral.

Na verdade, em termos nacionais, o movimento para a proibição do boxe havia atingido o auge nos primeiros anos daquele século, depois que a vitória de Jack Johnson sobre Jim Jeffries provocara manifestações racistas. Na década de 1920, Dempsey elevou o esporte, retirando-o das trevas, por meio de seu carisma e com ajuda de Doc Kearns, seu agente, de Tex Rickard, seu promotor, e dos cronistas, que o transformaram num deus. Quando lutou contra Georges Carpentier no Boyle's Thirty Acres, em 1921, havia milhares de mulheres na platéia. Era a primeira vez que elas compareciam em peso a uma luta de boxe. Talvez os horrores da Primeira Guerra Mundial sofridos por seus maridos e irmãos as tivessem imunizado de alguma forma contra a violência. O que viram em Jersey City – mais um massacre infligido por Dempsey – foi um exemplo típico, embora restrito, das lutas da época, caracterizadas por uma selvageria sangrenta que possui pouca semelhança com a maioria das lutas de hoje em dia. Na década de 1920, os lutadores eram incitados tanto pelos espectadores quanto pelos árbitros a se digladiarem continuamente. Os que não batessem o tempo todo corriam o risco de ser desclassificados. Aprendiam a ser continuamente agressivos. Todos sabiam que, sempre que entrassem no ringue, estariam expostos a contusões fatais e que provavelmente não haveria médico nem ambulância por perto para salvá-los.

Campbell e sua esposa, Elsie, haviam tido um filho no mês de dezembro anterior à luta com Baer e talvez as noites passadas em claro por causa do bebê tivessem contribuído para a falta de empenho que ele demonstrou no treinamento. Elsie já estava grávida novamente. Campbell tinha vencido 14 lutas consecutivas, mas Baer era o favorito nas apostas, na proporção de dois para um. "Frankie faria bem em não se expor a um ataque de Baer no ringue, pois isso pode ser desastroso para ele", escreveu Harry Smith no *San Francisco Chronicle* após assistir a um treino dele.[21]

De fato, Campbell registrou somente 81,192 quilos na pesagem oficial, 2,721 a menos do que promotera seu agente e 6,804 menos do que Baer, que conservava seus robustos 87,996. Na pesagem, Baer e Campbell receberam instruções para "continuar lutando enquanto o adversário estiver de pé".[22]

Baer levou as instruções a sério.

Mesmo sendo uma disputa entre dois lutadores locais em que o título não estava em jogo, numa época de enormes dificuldades econômicas, muita gente compareceu ao Recreation Park: cerca de 15 mil pessoas. No segundo assalto, Campbell acertou Baer, que escorregou e caiu. Achando que o tinha nocauteado, Campbell retirou-se para um canto neutro e acenou para a platéia. Estava curvado sobre as cordas, de costas para o ringue, quando Baer avançou furiosamente contra ele. Ouvindo-o aproximar-se, Campbell virou a cabeça e Baer o fulminou com um tremendo soco de direita. O sangue voou da boca de Campbell, que desabou na lona.

Atordoado e cambalente, ele de algum modo conseguiu levantar-se, mas evidentemente o golpe o abalara.

– Parece que alguma coisa quebrou na minha cabeça – disse ele após o assalto a Tom Maloney, seu treinador.[23]

Apesar disso, lutou com competência no terceiro e no quarto assaltos, embora os socos de Baer "parecessem duas vezes mais potentes do que os do adversário".[24] No quinto, a força superior de Baer foi demais para Campbell. Em certo momento, Baer o encurralou nas cordas e lançou uma feroz torrente de murros. Encostado às cordas, Campbell absorveu todos os golpes, ganchos, *uppercuts* e direitas. Baer o massacrou, com golpes que traziam toda a força de sua tremenda energia. A cabeça de Campbel balançava como a de um boneco, apresentando-se como um alvo fácil. Mas como estava apoiado nas cordas, não podia cair. Mesmo quando seu corpo ficou flácido, o árbitro, Toby Irwin, apenas observava, permitindo que Baer continuasse a bater. Quando a cabeça de Campbell finalmente se chocou contra um dos parafusos que prendem as cordas nas pilastras do ringue foi que Irwin finalmente interveio e encerrou a carnificina. Campbell desabou na lona.

Segundos mais tarde, Irwin ergueu o braço de Baer, assinalando a vitória. Só então o vencedor reparou que Campbell continuava inconsciente. Seus próprios auxiliares correram para socorrê-lo, enquanto os de Campbell nada faziam. "Os espectadores se aglomeraram em volta do ringue", escreveu Rudy Hickey no *Sacramento Bee*, "aproximando-se do lutador caído por mera curiosidade, e nem a polícia nem os comissários estaduais, sentados a menos de 10 metros do jovem desacordado, tomaram providências para esvaziar o ringue ou levá-lo rapidamente para um hospital. Campbell ficou deitado na lona exatamente meia hora."[25] Baer o carregou até o banquinho, quando lhe pareceu que devia fazê-lo. Mas a ambulância que fora chamada ficou presa no tráfego. Finalmente chegou e levou-o ao hospital.

Ao receber mais tarde um telefonema informando-o de que Campbell estava à beira da morte, Baer "ficou parado onde estava, com lágrimas grossas como bolas de golfe escorrendo pelo seu rosto", disse seu irmão adotivo, Augie Silva Baer.[26] Voltou a São Francisco e foi para o Hospital St. Joseph, onde ficou caminhando de um lado para o outro, nos corredores, rezando para que Campbell sobrevivesse. Encontrou Elsie Campbell, com o bebê no colo.

– Sinto muito – disse Baer.

– Tudo bem – respondeu ela. – Podia ter sido você. Não foi sua culpa.[27]

Na manhã seguinte à luta, 13 horas depois de ter sido derrubado, Frankie Campbell morreu. "Os miolos dele ficaram completamente soltos dentro do crânio", disse o médico que o atendeu, dr. T. E. Tillman. "Se fosse somente uma ou duas hemorragias cerebrais, ou até três, poderíamos tê-lo salvado. Mas o cérebro dele era literalmente uma massa de contusões. Não havia nada a fazer."[28]

Quando Campbell morreu, foi expedida uma ordem de prisão contra Baer por homicídio culposo, embora nem Elsie Campbell nem Eliza Camilli, mãe dele, tivessem assinado a queixa. (O queixoso foi o sargento Patrick Shannon, da polícia de São Francisco, que assistira à luta.)[29] Baer se entregou à polícia no Hotel Whitcomb e foi levado ao Palácio da

Justiça, na praça Portsmouth. Depois de várias horas atrás das grades, Hoffman pagou uma fiança de 10 mil dólares e ele foi liberado. No dinheiro da fiança havia 9.171,63 dólares em notas pequenas e moedas – a parte de Baer na renda da luta.

Ao sair do Palácio da Justiça, Baer disse aos repórteres:

– Entrei no ringue para fazer o meu melhor. Não tenho palavras para expressar minha tristeza pela forma como a luta terminou.[30]

A maioria dos críticos censurou Irwin, não Baer.

– Ele deveria ter encerrado a luta muito antes – disse Carol Working, agente de Campbell, poucas horas depois da morte dele. – Quando meu rapaz já estava desacordado, mas de pé, ele levou socos suficientes para derrubar dez homens. O árbitro estava do outro lado do ringue, em vez de junto aos lutadores, para poder ver o que estava acontecendo. Eu tinha pedido ao comissário [Charles] Traung para não designar Irwin como árbitro. Tinha restrições a ele porque ele já arbitrara diversas lutas anteriores de Baer. O comissário não me deu atenção, embora na pesagem eu tivesse lhe pedido novamente que designasse Willie Richtie ou Jim Griffin.[31]

O *San Francisco Examiner* lançou nova cruzada, condenando tanto o esporte, Irwin e Baer, que foi criticado por dar o soco do segundo assalto e por continuar a bater em Campbell no quinto. As manchetes de Hearst bradavam: "Carniceiro! Assassino!", "O júri acabará com a carnificina no ringue" e "Quem acoberta o assassinato no ringue deve ser punido".

É claro que Baer havia simplesmente seguido as instruções explícitas que recebera, além das regras do boxe. "Segundo a ética do ringue, Baer está completamente limpo" –, disse no *Sacramento Bee* Rudy Hickey, que cobrira a luta, referindo-se ao soco no segundo assalto. "Campbell simplesmente se deixou ficar desprotegido."[32]

Mas o governador C. C. Young nomeou um grupo de cinco membros para investigar o caso e a comissão estadual de atletismo realizou seu próprio inquérito. Na audiência diante da comissão, Irwin afirmou que Baer nada fizera de impróprio. Disse também que encerrara a luta no momento em que ela deveria ser encerrada. Mas a comissão suspendeu Irwin, Baer, Hoffman, Working e os cinco outros homens que estavam nos cantos dos lutadores.

A decisão de suspender Baer foi especialmente tola e provavelmente teve motivação política. A questão era, e continua a ser, que, mesmo na luta mais limpa e mais bem conduzida pelo árbitro, é sempre possível que um dos lutadores morra. A maioria das mortes no ringue não pode ser atribuída à incompetência dos árbitros ou a golpes ilegais. A maior parte das mortes provocadas no ringue aconteceu porque o adversário fez o que fora treinado para fazer.

Baer nada mais fizera do que lutar com toda a agressividade que se esperava dele. Sim, tinha dado um soco em Campbell quando ele estava de costas, mas a obrigação de todo lutador é se proteger em todos os momentos, e Campbell não o fez. E aquele golpe provavelmente nada teve a ver com sua morte, que foi resultado direto dos socos de Baer no quinto assalto.

– Max está inconsolável – disse Lorimer aos jornais. – Não consegue dormir nem comer. Disse-me que não quer mais lutar. – Para maior tristeza de Baer, Elsie Campbell, que fora inesperadamente gentil com ele após a morte de Frankie, perdeu o bebê que estava esperando.[33]

Finalmente, após quatro meses de inquéritos, audiências e manchetes, todas as acusações contra Baer foram retiradas e sua licença de lutador foi restabelecida.

Na época da morte de Frankie Campbell, Baer tinha 21 anos de idade e apenas 18 meses de experiência como profissional. Sentiu-se repentinamente agredido – seu caráter questionado, sua reputação manchada por jornais ansiosos por ligar o nome de alguém aos chamados males do boxe. Não há dúvida de que no tempo de Baer o boxe era mais selvagem do que hoje em dia. Atualmente, a maioria dos árbitros irá parar a luta quando um dos lutadores der mostras de não poder defender-se. Na década de 1930, antes de encerrar uma luta, os árbitros eram capazes de esperar até que um dos dois lutadores perdesse completamente os sentidos – se é que a encerrariam. Hoje, na maioria dos estados a regra é que a luta termina quando um dos lutadores é derrubado três vezes. Na década de 1930, essa regra não existia. As lutas atuais não costumam ter mais do que 12 assaltos. Na década de 1930, a maior parte das disputas de campeonato era feita em 15 assaltos, e algumas eram até mais longas; o próprio Baer lutou duas vezes em combates de vinte assaltos, em Reno. O que talvez seja crucial é que, nos anos 1930, havia poucos regulamentos que obrigassem os promotores de eventos a manter médicos e ambulâncias à disposição para o caso de lesões graves. Além disso, os pugilistas lutavam com freqüência muito maior, às vezes mais de uma vez por semana.

Havia algumas razões fortes para que o grupo Hearst e outros lançassem uma campanha contra o boxe. O esporte precisava de reforma. Mas era injusto atacar Max Baer como inimigo público número um. E prendê-lo foi ridículo.

Para Baer, o escândalo foi um choque. Apesar da potência que sabia terem seus socos, ele jamais tinha pensado na possibilidade de suas mãos serem literalmente armas fatais. O boxe lhe dera sua identidade, assim como vários cheques gordos. Não havia nada de que ele gostasse mais do que calçar as luvas e exibir sua notável força. Mas quando Frankie Campbell morreu, Baer perdeu a paixão pelo boxe. Em vez de lhe trazer alegria, como em seu tempo de aprendiz, as lutas se tornaram um meio para chegar a um objetivo: eram o preço que ele pagava pela riqueza e pela fama. Nenhum outro campeão de pesos pesados tinha expressado publicamente tanta ambivalência em relação ao boxe quanto Baer.

Às vezes, quando um lutador mata um homem, é capaz de aceitar o fato e seguir em frente. Quando Ray Robinson matou Jimmy Doyle, em Cleveland, em 1947, por exemplo, testemunhou num inquérito que investigava as circunstâncias da morte de Doyle. Em certo ponto, perguntaram-lhe em tom acusador:

– O senhor sabia que o tinha colocado em risco?

– Eu sou pago para colocar os adversários em risco – respondeu friamente Robinson.

Mas pelo resto da vida Max Baer teve pesadelos com os acontecimentos de 25 de agosto de 1930. Mais tarde, em sua carreira, ele misteriosamente deixou de usar, em várias ocasiões, a vantagem que tinha sobre adversários feridos. Martelava alguém com a mão direita, em seguida recuava e esperava que o oponente recuperasse os sentidos. Era quase como se ele se certificasse de que o adversário seria capaz de suportar mais um ataque, antes de dar outro soco. Perdeu duas lutas contra Lou Nova, que disse que Baer o teria nocauteado caso não tivesse recuado depois de machucá-lo.

– Nada do que já me aconteceu, nada do que pode me acontecer, me afetou tanto quanto a morte de Frankie Campbell – disse Baer mais tarde. – Só quase uma semana depois da luta foi que eu consegui dormir mais do que uma hora seguida. Cada detalhe, por menor que fosse, me voltava à mente, e eu não conseguia tirar os olhos da cena final: Frankie inconsciente no ringue, seus auxiliares curvados sobre ele. E, depois, a notícia de que ele estava morrendo... morto.

O filho de Baer, Max Junior, que nasceu em 1939, contou que quando ele era criança seu pai muitas vezes chorou pelo que acontecera a Frankie Campbell.

5

ASSOMBRADO PELO FANTASMA

NOVA YORK: 1929

Como a maioria dos ginásios, o de Joe Jeannette, em West Hoboken, era um lugar barulhento e tumultuado. No verão de 1926, quando Joe Gould começou a trabalhar lá com Jim Braddock, a algazarra ficou ainda maior.

– Eis meu plano – disse Gould a Braddock, pouco depois que iniciaram a parceria. – Vamos lutar contra todos que pudermos. Vamos lutar todas as semanas, se pudermos. Vamos construir sua reputação e então vamos disputar o título.

Braddock continuou a socar o pesado saco.

– Precisamos que você ganhe um pouco de peso – disse Gould. – Você está magro demais para lutar como meio-pesado, e é lento demais para lutar como peso médio.

As lições de Gould eram semelhantes às de Barney Doyle e Joe Braddock, mas eram feitas em voz mais alta e com mais convicção.

Como Gould organizava lutas sem parar, Braddock lutou 15 vezes em 1926. Registrou 12 nocautes, um no terceiro assalto, três no segundo e oito no primeiro. Venceu uma luta por pontos dos jurados e duas foram consideradas empates. Não perdeu nenhuma. Após o empate com Al Settle, em abril, sua campanha inicial podia ser considerada um verdadeiro sucesso. Provara ser capaz de vencer como profissional, e seu potencial de nocaute passou a ser atração no norte de Nova Jersey, onde, como em qualquer lugar, os torcedores preferiam a força à finura.

Mas no início de 1927 Gould teve que tomar uma decisão difícil. Braddock precisaria ainda de mais experiência em clubes e arenas pequenas, onde sua reputação estava crescendo, ou já seria tempo de atravessar o Hudson e se aventurar em Manhattan e no Madison Square Garden, a Meca e a Medina do boxe? O agente tem de saber quando preparar e proteger seu lutador e quando deixá-lo arriscar tudo. Por natureza e inclinação, Gould gostava de arriscar. Tinha sede de coisas grandes – as grandes arenas e as grandes lutas. Ao contrário da maioria dos agentes, não se intimidava diante de Tex Rickard e de outros gigantes do mundo do boxe. Pensava, com ou sem razão, ser capaz de enfrentá-los em qualquer negociação. Sua confiança tinha raízes em sua amizade com Benny Leonard, em cuja companhia freqüentara o ápice do esporte. Naturalmente, quando ele acertava uma luta, não era seu queixo que entrava na linha de fogo nem seu o cérebro que se expunha a uma concussão. Mas seu ganha-pão e seu orgulho estavam em jogo.

Gould concluiu que Jim Braddock estava pronto para aparecer e combinou uma luta contra um adversário cujo currículo parecia sugerir que ele venceria facilmente o desconhecido Jim. Jess McMahon, organizador de lutas do Madison Square Garden, braço direito de Rickard, queria uma luta na qual pudesse fazer brilhar George LaRocco, um meio-pesado do Bronx que já ganhara 28 lutas como profissional. LaRocco dava excelente impressão: era um magnífico espécime de lutador. Seus mentores tinham grandes esperanças. Braddock, porém, as despedaçou. Em sua estréia no Madison Square Garden, nocauteou LaRocco no primeiro assalto.

Afirmando que seu lutador tinha sido vítima de um golpe de sorte de Braddock, os agentes de LaRocco exigiram uma revanche. Gould concordou. Braddock e LaRocco não precisavam ter se dado o trabalho. Na segunda luta, o resultado foi um empate sem brilho. Mesmo assim, a honra de LaRocco continuava em jogo e ele insistiu, com êxito, num terceiro combate com Braddock.

O desempate aconteceu em 21 de julho, no Estádio Yankee – a equipe de beisebol dos Yankees estava jogando fora de casa, em meio à histórica temporada de 110 vitórias –, como preliminar à atração principal,

Jack Dempsey contra Jack Sharkey, que cinco anos mais tarde ganharia o campeonato dos pesos pesados. Uma multidão de 80 mil pessoas se juntou no estádio para ver Dempsey em ação pela primeira vez desde que perdera o título para Gene Tunney, no ano anterior.

A fim de ajudar os espectadores a identificar os lutadores, a comissão atlética havia adotado uma nova regra que obrigava os combatentes a usar calções de cores vivas e contrastantes. Em cada uma das seis lutas programadas, um dos lutadores deveria usar calções roxos e o outro, calções vermelhos. Jim Braddock e Jack Sharkey ficaram com os calções roxos. LaRocco e Dempsey usaram os vermelhos. Conseqüentemente, os torcedores – inclusive os das arquibancadas mais afastadas – não tiveram problema em distinguir Braddock de LaRocco durante os seis disputados assaltos.

Com 6,349 quilos a menos, Braddock deleitou a platéia com sua direita, acertando várias vezes o queixo de LaRocco. No segundo assalto, sua direita mandou o adversário à lona. "O golpe foi uma porretada ao estilo de Firpo que se abateu sobre o queixo de LaRocco", relatou o *New York Times* no dia seguinte. "Este último manteve a calma, esperando a contagem de nove para se levantar. O terceiro assalto foi bastante equilibrado, mas no quarto Braddock novamente derrubou o lutador do Bronx com um murro de direita no queixo. LaRocco esperou de novo a contagem de nove, descansando sobre um joelho, antes de retomar a batalha."[1]

Dois assaltos depois, Braddock foi declarado vencedor por decisão unânime. A saga Braddock-LaRocco terminara. Eles não se enfrentariam mais.

Cerca de uma hora depois que Braddock deixou o ringue, foi a vez de Dempsey e Sharkey. Este último, ex-marinheiro, era o peso pesado mais famoso de Boston desde John L. Sullivan, e até o sétimo assalto se manteve à frente de Dempsey em pontos. Dempsey respondeu lutando de perto, acertando vários golpes no corpo e dando alguns socos que poderiam ou não estar atingindo abaixo da cintura. Após um golpe que Sharkey considerou baixo demais, ele se virou para o árbitro e se queixou:

– Ele está dando golpes baixos.

Naquele exato momento, Dempsey lançou um gancho de esquerda contra o queixo desprotegido de Sharkey, acertando-o em cheio. A luta acabou.

Mais tarde, quando Sharkey disse que tinha sido desonesto acertá-lo enquanto ele falava com o juiz, Dempsey retrucou:

– O que ele queria, que eu fizesse? Escrevesse uma carta?[2]

Antes do fim do ano, Braddock enfrentou Joe Monte, de Brockton, Massachusetts, na primeira das três lutas com ele em sua carreira. Malvado e forte, Monte também possuía um crânio muito duro, contra o qual Braddock quebrou a mão direita a caminho de um empate ao fim de dez assaltos. Foi a primeira de muitas lesões na mão, que nunca chegou a sarar completamente. Durante os oito anos seguintes, como a mão direita de Braddock estava, assim estava sua carreira.

Braddock era mais do que resistente diante da dor. Sabia que tinha fraturado a mão, mas se recusou a reconhecer o sofrimento quando bateu com ela. Após o combate contra Monte, lutou mais três vezes sem dizer a Gould o quanto a mão doía. Finalmente, Gould quis saber qual era o problema, por que Braddock sempre fazia uma careta quando dava um soco.

– Seu irlandês idiota – disse ele, quando recebeu a resposta. – Você não pode lutar com a mão quebrada. Precisamos ir a um médico de mãos.

Arrastou Braddock a Manhattan para uma consulta com o dr. Wilfred G. Fralick, que representava para as mãos danificadas o mesmo que Freud para as mentes perturbadas. Entre os clientes de Fralick estavam Jack Dempsey e Gene Tunney. O médico mandou fazer radiografias da mão de Braddock e deu primeiro as más notícias: a mão estava gravemente fraturada e só poderia se regenerar se fosse novamente quebrada e imobilizada. Faria isso com prazer por 1.400 dólares. Não havia boa notícia.

Braddock, naturalmente, não tinha os 1.400 dólares, tampouco Gould, para quem economizar dinheiro era impossível.

– Escute, doutor – disse Braddock a Fralick, com Gould ao lado da mesa de exames. – Eu não conseguiria levantar nem mil dólares nem cem, ainda que minha vida dependesse disso, e se conseguisse, daria o dinheiro a minha mãe. Mas qual é o problema de quebrar de novo a mão numa luta? Não daria no mesmo? Se tem de ser quebrada, por que não contra o queixo de alguém e eu ainda ser pago por isso? Acho que essa é a única maneira, pelo que posso ver.

– Bem – disse Fralick –, acho que isso poderia dar certo. Podemos imobilizá-la quando você a quebrar de novo.

Surpreso ao ouvir o médico concordar em que Braddock quebrasse a própria mão, Gould contratou uma luta contra Jack Darnell. Braddock o nocauteou em quatro assaltos, mas o queixo dele não era suficientemente duro para quebrar sua mão. Em seguida, em 6 de janeiro de 1928, no Madison Square Garden, na preliminar de uma luta pelo campeonato dos meio-pesados entre Tommy Loughran e o desafiante Leo Lomski, Braddock enfrentou Paul Swiderski.

Sem saber por quanto tempo poderia bater com a mão lesionada, Braddock, ao soar o gongo inicial, tratou de atrair o adversário, esperando uma oportunidade de revidar, e acertou uma direita na cabeça dele. O soco deixou Swiderski tonto e estraçalhou a mão de Braddock. Durante os nove assaltos seguintes ele lutou somente com a esquerda, e mesmo assim ganhou por pontos.

Dessa vez a fratura foi imobilizada imediatamente.

Na primavera seguinte, após quatro meses de repouso, Braddock começou a ganhar algumas lutas e perder outras. Enquanto isso, um lutador chamado Tuffy Griffiths irrompeu das planícies como um tornado, arrasando todos os adversários em seu caminho. Nos jornais de Nova York ele era descrito como nada menos do que uma força da natureza. Os cronistas e os torcedores estavam tão ansiosos por acolher um bom batedor que deixaram de lado a razão e proclamaram Griffiths sucessor de Jack Dempsey, que anunciara seu afastamento dos ringues em março. A imprensa da Costa Leste parecia eternamente fascinada por aquilo que acreditava ser a região dos pioneiros americanos. Os lutadores que aprendiam boxe em qualquer lugar a oeste dos Alleghenies eram freqüentemente comparados a monstros mitológicos. Naturalmente, isso se devia em parte ao fato de que nenhum dos jornalistas os havia visto lutar pessoalmente. Os cronistas usavam, nos seus relatos, histórias locais pouco dignas de crédito e os mexericos do mundo do boxe, ainda menos confiáveis.

De qualquer forma, desde que o próprio Dempsey tinha chegado ao leste, nenhum lutador desconhecido como Griffiths vinha recebendo tantos elogios. No oeste, que naquela época significava qualquer lugar a oeste de Pittsburgh, ele vencia todos os adversários, 54 dos quais consecutivamente. Todos os promotores de eventos em todas as cidades grandes o queriam em sua arena. Todos os agentes queriam evitar que seus lutadores enfrentassem o ciclone de Sioux City.

Tex Rickard, em particular, pretendia ganhar dinheiro transformando Tuffy Griffiths no novo Dempsey. Assim como Dempsey, Griffiths era do oeste. Como ele, era uma máquina de nocautear com um único soco. Como ele, servia perfeitamente para o papel de maior durão do planeta. Rickard reuniu todo o seu considerável talento para vender seu protegido à imprensa e aos fãs do boxe.

Mas Pete Latzo não se impressionou com as matérias sobre Griffiths. Latzo, ex-campeão de pesos médios, vinha ganhando peso desde a metade da carreira e passara a lutar como meio-pesado. Em junho disputara o campeonato dessa categoria com Tommy Loughran, o Fantasma da Filadélfia, e perdera por pontos depois de 15 assaltos. Se conseguisse derrotar Griffiths, poderia pedir uma revanche. Achou que não teria problemas com um lutador relativamente novato, por mais forte que fosse seu soco. Rickard ficou satisfeito quando Latzo concordou em enfrentar Griffiths em 30 de novembro, no Madison Square Garden.

Mas antes de entrar no ringue para encarar Griffiths, Latzo resolveu fazer uma espécie de aquecimento. Nada muito difícil, apenas alguns *rounds* de ação real para auxiliar seu *sparring* e as corridas. Primeiro lutou contra Charlie Belanger, em Detroit, em 5 de outubro. Ganhou em dez *rounds*. Depois ele quis James J. Braddock, que não havia participado de nenhuma luta profissional – dando a entender que não poderia lidar com um talento de classe mundial como Latzo, suas lutas recentes não haviam ido muito bem.

Em maio de 1928, Braddock tinha conseguido duas vitórias consecutivas: contra Jack Darnell e, nove dias depois, contra Jimmy Francis, um excelente lutador. Depois, porém, tivera tropeços graves. Durante toda a sua carreira esse padrão se repetiria: uma grande vitória seguida de uma derrota inexplicável, depois outra derrota, em seguida uma vitória e assim por diante. Alguém já disse, com razão, que se a carreira dele fosse traçada em um gráfico, se assemelharia a uma curva do tipo senoidal. No verão de 1928, Braddock deslizava para a parte inferior da curva, e Gould começou a achar que havia apressado demais seu desenvolvimento. Ele estava perdendo ou empatando com lutadores que deveria dominar. Em 7 de junho empatou novamente, com Joe Monte, em dez assaltos (desta vez sem fraturar a mão); em 27 de junho a luta com Billy Vidabeck – futuro policial – acabou sem decisão; em 25 de julho ele decepcionou novamente, empatando com um italiano chamado Nando Tassi; e em 8 de agosto perdeu com uma atuação apagada para Joe Sekyra no Ebbets Field. Pesando 76,203 quilos contra 80,285 de Sekyra, Braddock não impressionou ninguém, muito menos James P. Dawson, do *New York Times*. "Quase exclusivamente um lutador de contragolpe", escreveu Dawson, "ele deu boa impressão no início do combate, quando superou Sekyra no primeiro assalto e acertou um cruzado de direita no queixo, fazendo-o recuar, mas dali em diante mostrou-se pesado, pensando e agindo com lentidão, e completamente desajeitado. Por vezes, ao atacar, errou golpes como um principiante, e outras vezes mostrou-se ridículo."[3]

Pesado. Lento. Ridículo. Ninguém podia dizer que James Parnell Dawson fosse pouco agressivo.

A reputação de Braddock ficou de tal forma prejudicada por seu desempenho que Gould pensou em iniciar uma ação judicial contra Sekyra a fim de obter parte da bolsa, sob a alegação de que ele não respeitara o limite de 79,379 quilos; na realidade, sua intenção era apagar a mancha no currículo de Braddock.

Braddock freqüentemente lutava no nível de seus adversários. Por exemplo, três dias antes de sua terrível apresentação ao lutar com Nando Tassi, treinou no ringue com Tom Heeney, neozelandês que estava se preparando para enfrentar Tunney pelo campeonato de pesos pesados.

Heeney estava em plena forma, treinando ao ar livre em Fairhaven, Nova Jersey, em 22 de julho. Ele era tão impressionante que Jack Dempsey disse aos repórteres:

– Só um super-homem pode derrotá-lo.[4]

Mas Braddock o fez parecer fraco. Atordoou-o com um gancho de esquerda e o manteve na defensiva durante os dois assaltos do treino. "O jovem deu a entender que aquele não era o dia de Heeney", escreveu um jornalista.[5]

Braddock não parecia tão temível para Pete Latzo, que procurava alguém para relaxar antes da luta com Tuffy Griffiths. Enquanto isso, Braddock não conseguia compreender o que estava acontecendo. Seu progresso estagnara e ele não sabia por quê. Nenhum de seus adversários o havia machucado de verdade. Ninguém o nocauteara nem sequer o derrubara. Ele batia com força e com rapidez, mas a lentidão de seu jogo de pernas e a relutância em usar a mão esquerda o tornavam incompleto.

Gould fez o que podia, insistindo com Braddock para que ele aperfeiçoasse o jogo de pernas e a esquerda.

– Vamos, Jim, mostre o *jab* – dizia Gould, que passava os dias com ele no ginásio de Jeannette. – Use a esquerda.

No ginásio, Braddock obedecia, mas quando o gongo soava anunciando o início de uma luta ele voltava aos maus hábitos. Como fazem muitos lutadores que possuem uma boa direita, ele simplesmente ficava esperando uma oportunidade para usá-la. Quando foi proposta a luta com Latzo, Gould e Braddock tinham sérias dúvidas sobre o futuro de Jim no ringue. Com mais uma apresentação negativa, sua carreira poderia se tornar irrecuperável.

Em momentos como aquele, Jim Braddock invariavelmente se superava. A possibilidade de um fracasso definitivo o assustava. Sabia que não queria uma vida comum ou um emprego tradicional. Não tinha diploma nem patrocinador que o amparasse. Para ele, todo o futuro estava em jogo.

Lutando diante de uma platéia de gente conhecida em Newark, em 17 de outubro de 1928, Braddock começou lentamente. Com facilidade e rapidez, Latzo foi acumulando pontos nos três primeiros assaltos.

No canto de Jim, Gould começou a pensar que podia estar vendo o final da carreira dele. Achou que talvez tivesse se precipitado e programado lutas demais. Então, no quarto assalto, Braddock encontrou uma oportunidade. Quando Latzo baixou a guarda por um instante, ele acertou uma direita em seu queixo. Sentiu o osso amarrotar-se sob a bochecha. Com um soco, havia quebrado o maxilar de Latzo em quatro lugares. Como faziam os lutadores em sua época, ele continuou a lutar, mesmo sofrendo muito. No nono assalto, Braddock o surpreendeu com três *uppercuts* consecutivos com a direita. De alguma maneira Latzo conseguiu permanecer de pé e terminou os dez assaltos.

James J. Braddock havia salvado sua carreira e ganhado 300 dólares. Mais uma vez se recuperara de uma fase má.

No vestiário, após a luta, Gould já fazia planos. Disse a Shabazian e a Howard "Poke" Freeman, do *Newark Evening News*, que Braddock merecia uma chance de lutar com Tuffy Griffiths.

– Afinal – disse Gould –, vencemos o cara que Griffiths ia enfrentar.[6]

Como muitos agentes, Gould usava freqüentemente a primeira pessoa do plural ao descrever as façanhas de seus lutadores. Quando perdiam, o *nós* se transformava em *ele*. Porém, mais do que a maioria, Gould se sentia unido a eles. Ao contrário de muitos outros agentes, também tinha sido lutador. Mesmo que, como agente, já não precisasse dar socos, continuava a ser um deles.

Após ser derrotado por Braddock, Latzo naturalmente foi considerado inadequado para enfrentar Griffiths. Mas mesmo que Garden quisesse, ele não teria condições de lutar. Seu maxilar só havia sido recolocado no lugar graças a quase 3 metros de fio metálico. Durante vários meses ele não conseguiu comer alimentos sólidos e lutou apenas uma vez nos 15 meses seguintes.

Como o público exigia uma luta, Rickard procurava um adversário à sua altura, mas não tão à sua altura assim. Primeiro, naturalmente, pensara em Latzo. Em seguida, ele e seu agente, Tom McArdle, tentaram recrutar o ex-campeão de meios-pesados Jack Delaney. Poucos dias depois, cogitaram Jimmy Slattery, um excêntrico meio-pesado de Buffalo que, quarenta anos antes do nascimento de Mike Tyson, gostava de entrar em salões de automóveis vestindo *jeans* surrados e surpreender os espantados vendedores tirando dos bolsos um grosso maço de notas e comprando carrões à vista. Previsivelmente, Gould insistiu com Rickard e McArdle a respeito de Braddock. Depois teimou com os jornalistas, que asseguravam que seus argumentos apareceriam nos jornais.

– Jimmy merece essa luta – dizia Gould, levantando o queixo para quem tivesse um caderno de notas. – Ele quebrou o maxilar de Latzo e fará Tuffy desejar nunca ter saído de Iowa.

Braddock, próximo a ele, em geral assentia com a cabeça. Gostava de deixar Joe falar. Gostava de ver seu amigo argumentar, porque ninguém tinha mais prazer num bate-boca do que Joe Gould.

Finalmente, Rickard cedeu. Imaginava que o outro arrasaria Braddock. Essa era a opinião geral. Quando a luta – marcada para 30 de novembro – foi anunciada, as apostas eram feitas contra Braddock, e a proporção foi crescendo até chegar a sete para um.

Griffiths era muito mais do que uma invenção da mente de Rickard. Na verdade, era espetacular. Em setembro, ele nocauteou o ex-campeão dos meio-pesados Mike McTigue no primeiro assalto. Em novembro, nas três semanas anteriores à luta com Braddock, nocauteou três adversários. Oito dias antes do combate, pôs Jack Williams a nocaute no primeiro assalto em Davenport, Iowa.

Ao chegar a Nova York, em 27 de novembro, foi recebido como um herói. Foi diretamente ao ginásio de Stillman, onde recebeu todas as honras normalmente reservadas aos campeões reinantes. Lou Stillman fez com que se sentisse bem-vindo, e assim também agiram os cronistas, que estavam tão ansiosos quanto Rickard para encontrar o novo Dempsey. Em cinco assaltos, Griffiths espancou dois parceiros de treinamento, Gene McCue e Jimmy Moore.[7]

Em 1928, Braddock havia trocado o ginásio de Joe Jeannette pelo de Stillman, que na época ficava no número 919 da Oitava Avenida, entre as ruas 54 e 55, onde permaneceu ainda alguns anos, até o início da década de 1930. Sua proximidade com o Madison Square Garden o tornava *o* local para treinos, como ficou evidente pela presença de Tuffy Griffiths nos dias anteriores à sua estréia em Nova York, ansiosamente aguardada.

O Stillman era enorme, com 36 metros de comprimento e 15 de largura. Tinha dois ringues no pavimento principal, ao qual se chegava por um lance de escada. Durante três dias Griffiths monopolizou um deles, rodeado por repórteres que registravam devidamente todos seus movimentos. Parceiros de treinamento eram atirados para ele como carne fresca. Pisavam hesitantes na lona, sentiam a força de sua ira e então eram carregados para fora.

Em certa ocasião, em poucos minutos Griffiths deixou dois deles inconscientes sem nem mesmo começar a suar. Até os veteranos – treinadores e assessores que não se impressionavam com nada desde John L. Sullivan – se aproximavam para vê-lo.

Quando os *sparrings* foram carregados para fora, inconscientes, Braddock estava a poucos metros de distância, batendo num saco de areia, com Joe Gould e seu treinador, Doc Robb. Robb havia passado a maior parte da manhã massageando e colocando ataduras no tornozelo direito de Braddock, que ele torcera treinando. Ninguém, a não ser ele próprio, Gould e Robb sabiam da gravidade da lesão. Braddock, como de costume, não deu atenção, porque se ela fosse descoberta a luta poderia ser adiada ou cancelada.

Naquele tempo, somente Robb cuidava dos ferimentos de Braddock. Aos 23 anos, o lutador ainda era solteiro. Pelos costumes da época, já era solteirão, mas, pelos padrões do pugilismo, estava seguindo o caminho certo. Os jovens boxeadores em geral não tinham lugar em suas vidas para esposas, que, pelo que se pensava, só serviriam para afastá-los de seus deveres. A maioria dos grandes campeões de pesos pesados era solteira quando chegou ao auge. Esperava-se que tivessem relações com o sexo oposto, mas não que se casassem. Na vida dos pugilistas, havia algo de monástico, não apenas nos dias ou semanas anteriores a uma grande luta, e sim em todos os instantes. Sem dúvida, houve notáveis exceções: *playboys* – como os grandes campeões de pesos médios Stanley Ketchel e Harry Greb, por exemplo. E houve ocasiões em que nem os jovens mais virtuosos resistiam – talvez até Gene Tunney, o pudico fuzileiro naval.

Segundo todos os relatos, James J. Braddock era um homem cujo único vício era a cerveja que ele tomava de vez em quando com os amigos Howard Fox e Marty McGann (o mesmo com quem ele fugira de casa, aos 11 anos). Era tímido com as mulheres, especialmente com as que achava atraentes, como a irmã de Howard, Mae.

Mae costumava ficar em casa quando Howard convidava os amigos. Trabalhava como telefonista em Manhattan, mas na década de 1920 as mulheres que moravam sozinhas eram vistas com desconfiança, e por isso ela vivia com o irmão, em Nova Jersey. Cuidava da casa e cozinhava para Howard, e quando os amigos dele apareciam, cozinhava para eles também. Mas por mais que ela alimentasse Jim Braddock, ele não ganhava peso.

Aos poucos, o relacionamento entre Jim Braddock e Mae Fox se expandiu além do domínio culinário. Tudo, porém, aconteceu muito devagar. Com Tuffy Griffiths ocupando seus pensamentos, Braddock não tinha tempo para romance.

Griffiths foi a atração do principal evento da sexta-feira, 30 de novembro de 1928. O anúncio no *Times* dizia o seguinte:

Madison Square Garden
Sexta-feira, 30 de novembro
LUTA PRINCIPAL – 10 ASSALTOS
TUFFY GRIFFITHS
JAMES J. BRADDOCK

SEMIFINAL – 10 ASSALTOS
Kid Chocolate *vs.* Joe Scalfaro
Vince Dundee *vs.* Izzy Grove, 10 assaltos
Terry Roth *vs.* Al Beauregard, 6 assaltos
Al. McGillory *vs.* Al. Gafner, 4 assaltos
Preços: $ 1, $ 2, $ 3, $ 4,40 e $ 5,40
TODOS OS IMPOSTOS INCLUÍDOS

Era uma noite de boxe mais ou menos típica no Garden, a não ser pelo fato de que as arquibancadas estavam ocupadas por mais de 19 mil torcedores, todos loucos para conhecer a nova sensação vinda do oeste, que, de acordo com o que tinham lido nos jornais, iria acabar com Braddock.

Esperaram ansiosamente o fim das lutas preliminares, que incluíram um empate de Kid Chocolate, a sensação cubana. Braddock e Gould aguardavam no vestiário, o primeiro em silêncio, refletindo sobre significado daquele momento, e o outro falando sem parar, descarregando seu nervosismo pela boca. Braddock estava confiante. Até os pugilistas mais competentes ficam nervosos nos minutos que antecedem uma luta importante, mas Braddock normalmente não era assim. Nenhum dos adversários que ele já enfrentara o havia intimidado. Nenhuma situação o assustara. Achava que seu destino era lutar em grandes combates contra gente como Tuffy Griffiths.

Com um trevo estampado no calção, Braddock finalmente atravessou as cordas, por volta das 11 da noite. Ouviu as instruções do árbitro, Kid McPartland, que recordou aos dois lutadores que não usassem golpes baixos e que se retirassem para um canto neutro caso um deles fosse derrubado, e em seguida voltou a seu canto. Quando o gongo soou, Braddock foi ao encontro de seu elogiado adversário e imediatamente recebeu um soco no estômago. Isso não o machucou. Qualquer vestígio de incerteza que ainda tivesse se dissipou instantaneamente. Tuffy Griffiths não era Dempsey.

Griffiths se concentrou no corpo de Braddock, desferindo esquerdas e direitas em suas costelas, mas ele desviou facilmente da maioria dos golpes. Griffiths rosnava e atacava como um touro; Braddock estava calmo e seguro. Este procurou conter o ímpeto do adversário, esperando que ele se cansasse. Quase ao final do assalto, Braddock já dominava a luta.

Os espectadores, naturalmente, não podiam sentir os socos de Griffiths, por isso não poderiam saber o que Braddock já sabia: que era uma questão de tempo até que o outro cometesse um erro e caísse. Acharam que iriam assistir a uma briga. O que viram foi um massacre.

No segundo assalto, Griffiths atacou outra vez, ao saltar de seu canto, golpeando Braddock descontroladamente. Este esperou uma esquerda mal dada – uma oportunidade. Logo a conseguiu. Quando Griffiths baixou a guarda, expondo o rosto, Braddock recuou ligeiramente, armou o braço e desferiu uma direita devastadora que atingiu o alvo em cheio. Griffiths desabou na lona. Atordoado, conseguiu se levantar quando a contagem estava no três, em vez de esperar para recuperar o controle sobre os próprios sentidos. Braddock esperou pacientemente outra oportunidade, encontrou-a e deu mais uma direita, que fez Griffiths cair de novo. Novamente ele se levantou à contagem de três, cambaleando. O Garden agora estava imerso num rugido ensurdecedor – o som de 19 mil torcedores que deixavam de acreditar em Tuffy Griffiths.

Na área reservada à imprensa, Shabazian se admirava com a coragem de Griffiths. "Ninguém que tenha presenciado esta luta poderá negar a bravura de Tuffy Griffiths", escreveu ele. "Em meio a um estrépito que sacudia o Garden até os alicerces, Griffiths cambaleava pelo ringue como um marujo bêbado, com os braços caídos, absolutamente indefeso, enquanto Braddock, avançando, lançava um constante e mortal bombardeio contra seu queixo."[8]

Como Griffiths cambaleava diante dele, Braddock mirava um alvo em movimento – mas lento. Acertou outra direita e o adversário caiu novamente. Desorientado, o lutador do oeste se ergueu com dificuldade, mais uma vez sem esperar a contagem. Braddock recuou o braço e com toda sua força desferiu outro direto, que explodiu no queixo de Griffiths, derrubando-o pela quarta vez. Finalmente, McPartland interveio e encerrou a luta.

Braddock, que praticamente não se aquecera, sorriu e ergueu o punho. Gould saltava de alegria. Ao lado do ringue, Tex Rickard e Tom McArdle enterravam o rosto nas mãos. Braddock matara a galinha dos ovos de ouro. Tudo o que podiam fazer era aceitar a nova galinha, para quem imediatamente contrataram uma luta com Leo Lomski, um meio-pesado conhecido pelo pitoresco apelido de Assassino de Aberdeen. O vencedor enfrentaria Tommy Loughran, campeão mundial dos meio-pesados. De repente, Jim Braddock se via a duas vitórias do título.

* * *

A inesperada vitória de Braddock causou sensação no mundo do boxe. Não tinha vencido apenas uma luta – ganhara milhares de novos admiradores, inclusive William Muldoon, "o Homem Firme", comissário de boxe do estado de Nova York, de 83 anos, ex-halterofilista que meio século antes tinha sido um dos assessores mais próximos de John L. Sullivan.

Poucos dias depois da luta, Muldoon convocou Braddock e Gould a seu escritório.

– Meu jovem – disse ele, apontando o dedo para Gould –, você vai ser o responsável pelo desenvolvimento desse lutador. Na outra noite eu o vi nocautear Griffiths e gostei da luta. Se ele ganhar um pouco de peso, prevejo que algum dia será o campeão mundial dos pesos pessados. Mas não deve ir depressa demais.[9]

Braddock e Gould nunca esqueceram o encontro com Muldoon nem sua previsão. Gene Tunney também se impressionou com seu companheiro irlando-americano. Em um de seus freqüentes comentários nos jornais, também ele previu que Braddock algum dia conquistaria o campeonato mundial.

Enquanto Muldoon e Tunney falavam de seu futuro como peso pesado, o próprio Braddock ainda se esforçava para engordar como meio-pesado. Gould se espantava com as enormes quantidades de comida que ele consumia, mas as calorias desapareciam no Stillman. Ele era ainda meio-pesado, lutando bem abaixo do limite de 79,379 quilos, e Leo Lomski era a única coisa que o separava do título.

O total da bolsa que coube a Braddock pela luta com Griffiths foi de 8.860 dólares, mais do que suficientes para resgatar a hipoteca da casa dos pais e pintá-la, que foi a primeira coisa que ele fez. Continuava dedicado a seu clã familiar, que acompanhava com atenção sua carreira. Pouco depois de haver derrotado Tuffy Griffiths, apareceu um artigo na *Ring* intitulado "A mãe de Braddock é responsável por sua surpreendente ascensão".

A manchete era pelo menos um pouco enganosa. A matéria era mais uma recapitulação da carreira de Braddock até aquele momento do que um texto sobre Elizabeth O'Toole Braddock. Francis Albertanti, autor do artigo, fazia um bico como cronista de boxe, profissão que em geral não privilegia a verdade. A tese de Albertanti era que a maioria das mães de boxeadores detesta ver o sangue de seus filhos ser derramado.

Citou o exemplo de Minnie Leiner, mãe de Benny Leonard – conhecida por sua sensibilidade –, que, segundo se dizia, convencera o filho a abandonar prematuramente os ringues, embora na opinião geral ele fosse o maior peso-leve de todos os tempos. Ela pode ter sido o estereótipo original da mãe judia.

Elizabeth Braddock, ao contrário, se entusiamava com a visão do filho no ringue. Naturalmente, tinha muitas oportunidades de ver Joe Junior lutar, e mais tarde o irmão mais moço, Alfred, também se tornaria boxeador pugilista. Numa família de lutadores, não há lugar para os fracos de coração.

Quando Jimmy disse à mãe que queria ser pugilista, ela não tentou desviá-lo para a advocacia ou para o sacerdócio. Em vez disso, pelo que se conta, ela lhe disse:

– Fico contente em saber que você decidiu ganhar a vida lutando boxe. Posso saber muito pouco sobre essa profissão, mas sei que para ter êxito você terá de levar uma vida muito regrada, treinar duramente, ouvir seu agente e, o que é mais importante, economizar o que ganhar.[10]

Antes da luta de Braddock contra Tuffy Griffiths, ela disse:

– Parece que já estão preparando seu enterro. Não deixe que isso o perturbe. Entre lá e trate de derrubá-lo com o primeiro soco.[11]

Era exatamente isso o que James J. Braddock sempre tentava fazer.

Tal como Tuffy Griffiths, Leo Lomski também vinha do oeste, e em seu caso do verdadeiro oeste, pois era de Aberdeen, Washington. Lomski se fortalecera derrubando árvores nas florestas do noroeste. Durante um século os lutadores se acostumaram a posar para fotos segurando um machado; Lomski era um dos poucos que realmente sabiam como usá-lo, e treinava para as lutas abatendo árvores indefesas.

– Ninguém corta lenha – disse o lendário treinador Ray Arcel em 1982. – O único que chegou perto disso foi Leo Lomski, funcionário de um viveiro na década de 1920 que derrubava árvores para se exercitar.[12]

Dois anos mais velho do que Braddock, Lomski aprendera a lutar na Marinha e por volta de 1927 já atuava nas grandes arenas da Califórnia e de Nova York. Naquele ano, teve nove vitórias, um empate e uma derrota, vencendo dois lutadores que faziam parte do Hall da Fama:

Tiger Flowers e Maxie Rosenbloom. Deliciava os torcedores com seu estilo agressivo.

Em 6 de janeiro de 1928, na luta principal da noite em que James J. Braddock quebrara a mão na cabeça de Paul Swiderski, Lomski tinha enfrentado Loughran na disputa do título dos meio-pesados no Madison Square Garden. No primeiro assalto, derrubou duas vezes o Fantasma da Filadélfia, mas foi superado no restante da luta perdendo por pontos no décimo quinto assalto. Nos meses seguintes, ele e Braddock lutaram contra os mesmos adversários.

Lomski era um batedor, muito mais do que Braddock. Na verdade, à medida que se aproximava o dia da luta, Braddock era apontado, ao contrário de Lomski, como o pugilista clássico, coisa que na verdade não era. No primeiro artigo substancioso sobre Braddock na *Ring*, Albertanti escreveu: "Em vários aspectos Braddock recorda a alguns veteranos a similaridade entre seu estilo de luta e o de Jim Corbett [*sic*]. É um prazer vê-lo em ação. Revida os golpes com grande categoria e bate com precisão mortal. Quando quer lutar ao estilo clássico, não existe outro meio-pesado – com a possível exceção do campeão, Tommy Loughran – que seja capaz de fazer melhor."[13]

Nesse tempo, depois das vitórias contra Latzo e Griffiths, Braddcok se transformou num astro. Quando entrava nos bares em North Bergen, era o centro das atenções. Quando ele treinava no Stillman, lutadores, treinadores e agentes se aproximavam para observá-lo. Todos queriam apertar a mão que derrubara o poderoso Tuffy Griffiths.

Poucos dias antes da luta contra Lomski, Gould se mostrou petulante como de costume. Enquanto Braddock fazia boxe-sombra atrás dele, Gould dizia aos repórteres reunidos no Stillman:

– As lutas com Latzo e Griffiths foram aquelas em que James J. Braddock se encontrou. Já era melhor do que a média antes desses dois combates, e o fato de ter nocauteado os dois apenas lhe deu a confiança de que necessitava.

Nenhum dos jornalistas se preocupou em corrigi-lo quando ele disse que Braddock nocauteara Latzo. Gould estava com a corda toda e eles o deixaram falar.

– Lomski é vulnerável a um soco de direita – prosseguiu ele. – Essa é uma de suas fraquezas. E James J. sabe bater com a direita. É um de seus pontos fortes, como Latzo e Griffiths poderão confirmar. Ele vai nocautear Lomski na sexta-feira à noite e continuará até que conquiste o campeonato mundial dos meio-pesados.[14]

Com essas palavras, Gould se virou para olhar Braddock, que ouvia tudo mas se mantinha calado. Gould ficou pensando como era possível que alguém falasse tão pouco.

A luta, marcada para 18 de janeiro de 1929, seria em dez assaltos. Braddock pesou 77,977 quilos e Lomski, 78,240. Mais de 18 mil pessoas, quase todos homens, encheram o Garden para ver se Jersey Jim era mesmo durão. Mesmo assim, a maioria acreditava que ele seria derrotado por Lomski, favorito nas apostas na proporção de dois para um. Para os torcedores das arquibancadas mais distantes, seria difícil distinguir Braddock, se não fosse por sua palidez característica. Ele era mais branco do que seus calções brancos.

No primeiro assalto, Braddock lutou com mestria e feriu Lomski com ganchos de esquerda e diretos de direita. Na verdade, dominou completamente os três primeiros assaltos. Mas depois começou a ficar cansado. Nos três meses anteriores havia passado menos de cinco minutos no ringue, contra Tuffy Griffiths. Não estava acostumado à inatividade comum aos lutadores que começam a se destacar. O combate contra Lomski era o 45º de sua carreira como profissional, mas apenas o primeiro em sete semanas. Estava acostumado a lutar duas ou três vezes por mês.

Lomski acerta Braddock com golpes no corpo, diminuindo-lhe o ímpeto e reduzindo seu espírito de combate. Assumiu o controle da luta no quarto assalto, martelando Braddock com *jabs* e mais socos no corpo. De repente, Braddock ficou lento. As pernas começaram a tremer e seus socos não acertavam o alvo. Quando acertavam, Lomski sentia, mas Braddock não conseguia prosseguir. Estava fatigado demais; sua agressividade o esgotara. Perdeu o quarto, o quinto e o sexto assaltos.

"O problema de Braddock nessa parte da luta foi sua falta de consistência", escreveu James P. Dawson no *New York Times*. "Parecia estar se guardando, batendo com a direita apenas eventualmente. Por três vezes, no sexto assalto, pegou de raspão o queixo de Lomski com sua direita, mas seus socos não conseguiram em nenhum momento deter o ímpeto do adversário."[15]

Braddock venceu o oitavo e o nono assaltos, mas Lomski ficou com o décimo. Um dos juízes, Charles F. Mathison, considerou a luta empatada. Mas o outro, Tom Flynn, e o árbitro, Arthur Donovan, deram a vitória a Lomski.

Braddock ficou desapontado. Gould estava fora de si. Tinha sido a luta mais importante da carreira de Braddock, e ele a desperdiçara. Não fora uma desgraça, pois a diferença tinha sido pequena. Mas perdera a chance de disputar o campeonato dos meio-pesados.

Braddock passou a noite com Gould em Nova York, tomando bebidas contrabandeadas.

– Não se preocupe, Jim – disse Gould, tentando mostrar-se animado. – Você ainda está entre os primeiros.

– Mas agora Lomski vai ter outra oportunidade – rebateu Braddock.

– Você vai ter a sua – disse Gould.

Um bom agente tem de ser um bom psicólogo. Após uma derrota, tem de convencer seu lutador de que ela não aconteceu e ao mesmo tempo explicar como fazer para que não volte a acontecer.

Voltando a seus hábitos anteriores, Braddock entrou novamente em atividade. Duas semanas após a derrota para Lomski, nocauteou George Gemas em um assalto. Cinco semanas depois disso, enfrentou Jimmy Slattery, o lutador que gostava de comprar carros com maços de dinheiro.

Slattery era um dos boxeadores de maior destaque da época. Apelidado de Adonis de Buffalo, era divertido e excêntrico ou tinha sérios problemas, dependendo do ponto de vista. Era também um talentoso lutador, o preferido do cavalheiro Jim Corbett. "Era um boxeador brilhante" escreveu Shabazian, "uma bola de fogo reluzente que, quando era bom, era muito, muito bom."[16]

Em 7 de março, quatro dias antes da luta, enquando Braddock treinava no Stillman, Slattery ainda estava em casa em Buffalo. "Os relatos daqui afirmam que ele está em plena forma e prevêem grandes dificuldades para Braddock quando os dois se encontrarem", um jornal de Nova York afirmava.[17]

Na noite de 11 de março, os habitantes de Manhattan tinham diversas opções de entretenimento. Al Jolson era o astro de *The Singing Fool*, no Teatro Sam Harris. Cento e cinqüenta "encantadoras recepcionistas" estavam disponíveis para dançar no Roseland. E na principal atração do Madison Square Garden, dois meio-pesados irlandeses chamados Jimmy iam se enfrentar. Mais de 12 mil pessoas compareceram à luta, e Braddock, com as apostas contra ele na proporção de oito para cinco, venceu facilmente por nocaute técnico no nono assalto, quando o árbitro Lou Magnolia encerrou o combate. Slattery não conseguiu chegar nem perto de machucar Braddock, e este o castigou com uma série de golpes contra o corpo e a cabeça.

Como de hábito, as reportagens sobre a luta se concentraram menos em Braddock do que em Slattery, cuja graciosidade vendia muito mais do que a resistência de Braddock. No *New York Times*, ao lado de uma foto de Braddock – bonito em seus 23 anos, com um chumaço de cabelos negros ondulados moldados pelas orelhas proeminentes –, James P. Dawson começou seu artigo assim: "Ontem à noite, no Madison Square Garden, James J. Braddock deu mais um passo em sua jornada em direção ao título do campeonato dos meio-pesados e decretou o fim da carreira de Jimmy Slattery, lutador de Buffalo. (...) Slattery teve somente lampejos da forma que há tempos o fez ser elogiado como sucessor de James J. Corbett."[18] Com essa vitória, somente Leo Lomski estava colocado à frente de Braddock como aspirante ao título, em poder de Tommy Loughran.

Dawson também escreveu sobre o resultado de uma luta preliminar em dez *rounds*, entre Maxie Rosenbloom e Osk Till. Rosenbloom venceu por pontos. Sete dias depois, na Filadélfia, Rosenbloom voltou ao ringue, agora para enfrentar Lomski pela terceira vez. Após perder duas vezes para o Assassino de Aberdeen, Maxie "Bofetada" – considerado azarão nessa luta – ficou a noite inteira fora do alcance de Lomski e agüentou firme, ganhando por pontos. Lomski agora tinha ficado atrás de Braddock na corrida para o título, apesar de tê-lo vencido em janeiro.

Apenas dez dias depois, esforçando-se para retomar o lugar de principal desafiante, Lomski lutou outra vez, em Chicago, contra ninguém menos do que Tuffy Griffiths. Tuffy foi novamente de valor inestimável para Jim Braddock, ganhando por pontos em uma decisão controvertida. Dali em diante, Lomski ficou fora do páreo.

Foi por essa época que Braddock sofreu o primeiro dentre diversos reveses financeiros devastadores. Ele havia economizado seus ganhos, cerca de 20 mil dólares, depositando-os no Banco dos Estados Unidos. Seis meses antes da quebra da Bolsa, que mergulhou o país na Depressão, os bancos já tinham começado a falir. Com a falência do Banco dos Estados Unidos, Braddock perdeu suas economias. Naturalmente, naquela época não havia seguro para os depositantes.

Braddock aceitou a perda com dignidade. Afinal, era o principal desafiante ao título de campeão dos meio-pesados e tinha somente 23 anos. Um campeão poderia ganhar 20 mil dólares por mês, se quisesse.

No dia 14 de maio, três semanas antes de completar 24 anos, Jimmy Braddock assinou um contrato para lutar com Tommy Loughran em disputa pelo título mundial dos meio-pesados. Gould resolveu que Braddock treinaria em Saratoga Springs, longe da agitação e das distrações do Stillman e de Manhattan. O campo de treinamento foi um sucesso. Os cronistas que foram ao norte do estado para vê-lo treinar ficaram impressionados com sua forma física e com sua disposição. Mesmo assim, somente três anos haviam passado desde sua primeira luta como profissional. Apesar das vitórias contra Pete Latzo, Tuffy Griffiths e Jimmy Slattery, Braddock era considerado relativamente novato. Joe Gould poderia discordar dessa avaliação, mas estaria equivocado.

Entusiasmado com sua vitória contra Slattery, Braddock se esqueceu como Leo Lomski tinha encontrado uma maneira de derrotá-lo. A caminho da luta com Loughran, encheu-se de arrogância e ignorância juvenis. Desta vez o adversário não lutava fora de sua categoria de peso, como fizera Latzo, nem era superestimado, como Griffiths. Tampouco era louco, como Slattery. Contra Tommy Loughran, Braddock enfrentava pela primeira vez em sua vida um verdadeiro grande lutador – mais do que um campeão mundial, um futuro membro do Hall da Fama.

Apenas três anos mais velho do que Braddock, Loughran já era uma lenda. Havia lutado seis vezes contra o feroz e perigoso – e, em breve, morto – Harry Greb. Os resultados foram os seguintes: duas vitórias de Greb, uma de Loughran e três lutas ficaram sem decisão. (Só o fato de entrar no ringue seis vezes para lutar contra o instável Greb confirma o raro valor de Loughran. Gene Tunney dizia que Greb era o lutador mais sujo contra o qual lutara.) Loughran havia vencido Slattery, Latzo, Lomski e o grande campeão dos pesos médios Mickey Walker. Chegara a empatar com Tunney. E em 7 de outubro de 1927 Loughran havia arrancado de Mike McTigue o título mundial dos meio-pesados.

Conhecido como o Fantasma da Filadélfia, Loughran era tão ágil que dificilmente era atingido. Como disse Braddock mais tarde:

– Ele era um cara que a gente nunca conseguia acertar com um soco de verdade.[19]

Se Loughran tivesse lutado com um urso-polar, teria saído do ringue sem um arranhão. A única coisa que ele não sabia fazer era bater. Nas 227 lutas de sua carreira, nocauteou apenas 18 adversários. O fato de ele ter uma dor crônica nas mãos também não ajudava. Por diversos motivos, muitos observadores apostavam que haveria um novo campeão. O mais importante: Loughran, com 1,72 metros, se esforçava para baixar o peso ao limite de 79,379 quilos. Até mesmo nos dias imediatamente anteriores à luta, ele treinava com pesados suéteres a fim de derreter o excesso de peso. Era uma corrida desesperada, pois se ele pesasse um grama além do limite, a luta não seria mais considerada uma defesa de título e Braddock teria o direito de desistir. Gould disse aos jornalistas que, se Loughran não conseguisse chegar ao peso certo, ele exigiria uma porcentagem maior da renda. No contrato, Loughran ficaria com 37,5% e Braddock com 12,5%.

Loughran pagou um preço pela dieta e transpiração constantes. No treinamento, logo antes da luta, ele se mostrou estranhamente lento e fraco. John Kieran, por exemplo, já estava preparando seu enterro. "Se os registros estão corretos, ele só vai fazer 27 anos em novembro", escreveu ele no dia anterior ao combate, "mas já vem lutando há bastante tempo e os observadores atentos dizem que não tem melhorado ultimamente. Em dez anos, lutou aproximadamente 120 vezes, o que dá uma média de uma luta por mês. Talvez só seja possível a um atleta manter o ritmo durante certo número de anos, e Tommy já vem de longe. Pode ser que tenha de diminuir o ritmo."[20]

Mesmo assim, algumas vozes prudentes advertiam que não se podia considerá-lo derrotado de antemão. Joe Williams escreveu no *New York World-Telegram*: "Um cavalheiro que não se importa em receber golpes não é o melhor alvo conhecido de homem, mulher ou bicho."[21]

Enquanto isso, Jim Braddock parecia estar no auge de sua forma física – até alguns dias antes da luta. Seu problema era oposto ao de Loughran. Por mais que comesse, não ganhava peso. Nos dias anteriores ao combate, perdeu 1,200 quilo. Chegou a 77,620 quilos. Gould e Robb ficaram preocupados.

Nesse ponto da carreira, Braddock ainda não tinha experiência suficiente para respeitar um lutador com as raras habilidades de Loughran.

– Esse cara vai ser uma barbada – disse ele a Mae, sua namorada. – Ele só sabe fazer aquele *jab* com a esquerda e não é capaz de matar uma mosca com a direita. Você vai ver.[22]

Braddock pensava: *Se ele não é capaz de me acertar, não tenho como perder*. Era a mentalidade de um batedor.

Joe Gould e Doc Robb deveriam ter tirado essas idéias de superioridade da cabeça dele, mas não o fizeram. "Braddock é a imagem da confiança", relatou o *Times* dois dias antes da luta. "Tem mais certeza agora de que conquistará a coroa dos meio-pesados por nocaute antes de dez assaltos do que em qualquer outro estágio de seu treinamento."[23]

Em 18 de julho de 1929, no estádio Yankee, Braddock entrou no ringue para enfrentar Loughran. Mostrando-se mais arrogante do que nervoso, saltitava esperando o gongo. Quando ele soou, avançou para Loughran e acertou uma direita curta na cabeça do campeão. O soco não apenas atingiu o alvo, como abriu um rasgo profundo acima do olho do adversário. "A luta mal havia começado", escreveu Shabazian, "e o sangue já jorrava do olho de Loughran como água de um hidrante!" escreveu Lud Shabazian. "Um nocaute técnico parecia próximo."[24]

– Bata no olho dele, Jimmy! – gritava Gould, no canto de Braddock.

Ansioso por aproveitar a vantagem, Braddock continuou tentando acertar direitas no olho de Loughran, esperando acabar com ele antes que recuperasse o controle e conseguisse estancar o sangue que lhe escorria pelo rosto. Loughran, no entanto, não entrou em pânico. Fez o que pôde para se manter fora do alcance de Braddock, – fintando, abaixando-se, esquivando-se da direita dele. Por sua vez, Braddock continuou a usar a direita, mas a cada erro o braço ficava mais pesado e sua frustração aumentava.

Quando finalmente o primeiro assalto terminou, Loughran estava ensangüentado, mas ainda de pé. Enquanto seus auxiliares faziam o curativo no olho, fica claro para ele. Braddock perdera a iniciativa.

– Use mais a esquerda – disse Gould. – Não bata só com a direita.

Mas o desafiante não seguiu os conselhos de seu agente. Usando apenas a direita, ganhou somente mais um *round*. Passou a maior parte do resto da luta perseguindo Loughran pelo ringue, tropeçando, cambaleando, batendo de posições difíceis, tentando desesperadamente reabrir o corte acima do olho do adversário. Era como se os cordões de seus sapatos estivessem amarrados juntos, enquanto Loughran se aproximava dançando, lançava uma rápida saraivada de direitas e esquerdas e depois escapava do alcance daquela mão direita enorme que quase o cegara.

– Por que não está usando a esquerda? – perguntou Gould a Braddock no intervalo do quinto para o sexto assalto.

– A esquerda? – disse Braddock. – Não consigo acertá-lo com a direita!

Mas no sétimo assalto Braddock finalmente acertou Loughran de novo. Desta vez a direita atingiu em cheio o meio da testa do campeão. O sangue esguichou novamente. Loughran, porém, revidou com um ataque. Deu talvez o soco mais forte de sua carreira – desafiando aqueles que tinham zombado de seu soco –, e acertou em cheio o queixo de Braddock. Por um momento o desafiante deu a impressão de que ia cair. Seu corpo ficou flácido. Toda a exaustão que sentia pareceu dominá-lo. Mas permaneceu de pé, o assalto terminou e ele voltou a seu canto.

O resto da luta não teve maiores incidentes. Loughran era simplesmente arisco demais. Como Braddock percebeu que sua oportunidade de conquistar o título ia se evaporando na noite, começou a falar com Loughran, atiçando-o, desafiando-o a ficar parado e lutar. Naturalmente, o adversário era muito esperto para cair naquele tipo de provocação.

– Ele não conseguia me acertar de jeito nenhum – disse Loughran, anos mais tarde –, e pobre Jimmy, começou a me xingar. Eu me aproximei dele e disse: "Você diz essas coisas para sua mãe?" "Que diabos você quer dizer com isso?", ele perguntou. "Exatamente o que eu disse. Sou tão bom quanto sua mãe e você não devia falar assim comigo." Acertei um gancho de esquerda que cortou a língua dele, ele me agarrou e disse: "Está bem." Respondi: "É melhor você ficar calado." Eu estava por cima e não queria nocauteá-lo, porque ele era jovem, tinha muita gente torcendo para ele, e eu achei que não valia a pena.[25]

Em certo momento durante a luta, um torcedor de Braddock sentado próximo ao ringue gritou:

– Bata nele com a direita!

Braddock voltou-se para ele e disse:

– Venha para cá e bata nele com a *sua* direita![26]

James P. Dawson, do *Times*, foi um dos que se decepcionaram com o desempenho de Braddock. "No 14º assalto, sentindo que o inimigo estava cansado, ouviu as súplicas de seus treinadores e avançou sem cautela, desesperadamente", escreveu ele. "Bateu no corpo dele com as duas mãos e por duas vezes pegou o queixo de raspão com a direita, obrigando Loughran a abraçá-lo. E durante todo o tempo Braddock o desafiou, em vão, a deixar de lado seu magnífico boxe."[27]

Damon Runyon estava entre os poucos observadores que se concentraram mais na habilidade de Loughran do que na incompetência de Braddock. "Do jeito que lutou na noite passada", escreveu ele no *New York American*, "Loughran provavelmente venceria qualquer um."[28]

Quem visse os dois pugilistas em seus modestos vestiários após a luta pensaria que ambos haviam perdido.

– Jimmy parecia ter passado por uma moedeira – disse a futura Mae Braddock. – Aquele *jab* de esquerda de Tommy arrancou um pedaço do rosto dele.[29]

O rosto de Loughran também ficou temporariamente desfigurado pelos cortes acima do olho e na testa.

Burris Jenkins, caricaturista em tempo integral e às vezes repórter do *New York Evening World*, entrevistou Loughran depois da luta. Quis saber somente o que ele sentira ao levar um soco de direita de Braddock.

– Ele acertou uma direita firme apenas uma vez, e foi no meu ombro – respondeu ele. Em seguida, apontando para os ferimentos, acrescentou: – Estes foram feitos com a esquerda. O menino tem uma boa esquerda. Só precisa aprender a lutar boxe.[30]

Na ocasião, Braddock não poderia saber, mas estava acabado como meio-pesado. A derrota para Loughran, com a idade de 24 anos, foi o início de seu declínio. Já havia perdido antes, mas nunca tinha sido dominado daquela forma. "Foi uma noite muito ruim para Jim, e mexeu com ele", escreveu mais tarde Frank Graham.[31] Sem dúvida, o Fantasma da Filadélfia o tinha assustado. Dominado em sua primeira luta contra um campeão mundial, Braddock duvidou que tivesse futuro no esporte ao qual dedicara toda a sua energia.

Provavelmente, Gould não questionou sua decisão de fazer Braddock enfrentar um lutador tão completo, mas deveria tê-lo feito. A maneira como ele guiou a carreira de Braddock tem sido elogiada muitas vezes como o talento máximo de um agente. "Nenhum lutador jamais teve um agente melhor ou mais fiel", escreveu Graham, "e nunca houve laço de amizade mais forte entre lutador e agente do que o de Braddock e Gould."[32]

No entanto, Joe Williams, colunista do *World-Telegram*, discordou. "Sempre me pareceu que, se Gould tivesse sido melhor agente", escreveu ele, "a carreira de Braddock teria sido menos difícil e irregular."[33]

Mas é bem possível que nenhum outro agente o tivesse defendido com tanta lealdade contra os promotores de eventos e a imprensa, muito depois que Braddock já parecia estar acabado.

Fosse como fosse, Braddock estava arrasado pela derrota. Sua confiança estava em frangalhos. Sentia-se envergonhado. Ficou em casa, carrancudo, durante dias, evitando contato com outras pessoas. Todos os que ele viu quiseram oferecer palavras de incentivo; ele não queria ouvir.

Antes da luta, tivera futuro. Se tivesse conquistado o campeonato, sua fortuna estaria assegurada. Pela maneira como perdeu, tornou-se alvo de chacota. No *New York Times*, John Kieran disse que o desempenho de Braddock fora uma das coisas mais ridículas que já tinha visto no ringue:

> Foi um interlúdio cômico que deixou a platéia sem fôlego de tanto rir. Durante dez assaltos, James J. vagou pelo ringue, tentando achar aquele tal de Loughran. Sua visão estava um tanto prejudicada porque a luva esquerda de Loughran lhe cobria os olhos durante metade do tempo. Mesmo assim, James partia em todas as direções, tentando encontrar Loughran e acertá-lo, ainda que por acaso. Isso não aconteceu. Desorientado, James acertou um gancho de esquerda no árbitro e uma direita num dos postes do ringue. Os espectadores tentaram ajudar, gritando conselhos. "Ele está ali!", "Vire à esquerda!", "Olhe por cima do ombro, Braddock." "Cuidado, Braddock, ele está vindo pelo outro lado." Todo mundo se divertiu bastante, menos James J., de Jersey.[34]

6

O GREAT WHITE WAY*

CIDADE DE NOVA YORK: OUTONO DE 1930

Depois da morte de Frankie Campbell, Ancil Hoffman decidiu que Max Baer precisava mudar de ares. Baer concordou.

– O que eu queria era sair da Califórnia, ir para qualquer lugar e tentar esquecer – disse ele.

Naquele tempo, Baer era proprietário de dois terços dos direitos sobre si mesmo – o outro terço ele vendera a Lorimer. Agora Lorimer lhe dizia que, se quisesse ganhar dinheiro rápido, deveria vender uma parte a Hoffman, e foi o que ele fez. Por 5 mil dólares, Hoffman obteve um sexto do valor de Baer.

Baer pegou o dinheiro e foi para Reno, Nevada, que era um paraíso dos farristas uma geração antes de Las Vegas surgir do deserto.

– Este foi um modo de escapar temporariamente de meus problemas – disse ele.

Mas em Reno encontrou outro problema.

– Aquele dinheiro só durou uma semana – explicou – e então eu voltei à Califórnia.[1]

Voltou apaixonado. A maior parte do dinheiro que gastara em Reno tinha sido despejada sobre uma mulher bonita e sofisticada chamada Dorothy Dunbar, sete anos mais velha do que ele. "Ela possuía o tipo de

---

* Apelido da Broadway, "grande caminho branco", por causa das luzes dos teatros. (N. do E.)

magnetismo feminino que ele nunca tinha visto na vida", escreveu Nat Fleischer.[2] Poucos homens tinham visto algo assim. Elegante, mundana e talentosa, Dunbar era uma heroína digna de Hemingway. Era temperamental e independente. Obviamente não era de Livermore. Ao contrário de todas as garçonetes que Baer conhecera, Dunbar tinha opções: recusou seu pedido de casamento. Era uma decisão razoável, considerando que eles tinham se conhecido poucos dias antes e ela acabara de se casar com um homem chamado Jaime S. De Gerson y Baretto.

Num período de apenas alguns meses, o *New York Times* apresentou Baretto de diversas maneiras: como diplomata espanhol, milionário sul-americano e diplomata francês adido à Embaixada em Londres. Talvez ele fosse tudo isso. Dorothy se casou com ele em Londres após a morte do primeiro marido, o milionário de Minneapolis Bucklin Wells II, em 1928. Wells contraíra malária quando ele e Dorothy moravam na Libéria, na África ocidental, cuidando de uma plantação de borracha. Morreu nos braços dela, no navio que os trazia de volta.

Antes de se casar com Wells, Dorothy havia sido estrela de vários filmes mudos, inclusive *The Amateur Gentleman* (O gentleman amador), *The Flaming Crisis* (A crise flamejante) e *The Masquerade Bandit* (O bandido mascarado). Era mais conhecida, no entanto, como Jane, a namorada de Tarzan, papel que representara em 1926 em *Tarzan e o Leão de Ouro.* Johnny Weissmuller ainda não envergara sua tanga; James Pierce representou o rei das selvas. Pierce, aliás, casou-se com a filha do criador de Tarzan, Edgar Rice Burroughs, e conseguiu evitar o casamento com Dorothy Dunbar. Mas sete outros homens não.

Quando Baer e Dunbar se conheceram, ela, que tinha nascido Edith Augusta Dunbar, em Cripple Creek, Colorado, em 28 de maio de 1902, já era famosa, tinha vivido no exterior e despertara o desejo dos homens. Max Baer nunca soube o que lhe acontecera. A coisa estava errada desde o início. Ancil Hoffman a viu uma vez e soube que seu lutador não teria chance contra adversária tão formidável. Ela brincava com os homens da mesma forma que Baer brincava com os lutadores menos favorecidos. Mantinha-o a distância, mas perto o bastante. Sua frieza, naturalmente, só o fazia desejá-la ainda mais.

Consumido por sua paixão pela atriz e ainda se sentindo culpado a respeito de Campbell, Baer não estava ansioso por voltar à Califórnia. A volta o convenceu de que era hora de dizer adeus à região da baía de São Francisco e ao tormento da caça às bruxas após aquela luta. Assim, Hoffman e ele foram para o leste – até o extremo leste, para Nova York.

Ao deixar a Califórnia, Baer visivelmente já não era o mesmo jovem cheio de energia que Hoffman conhecera antes da luta com Campbell, o moço cujo entusiasmo pelo boxe sempre fora tão palpável que ele queria mostrar a todos a potência de seu soco. Agora tinha dificuldade para dormir e se tornou propenso ao silêncio. Começara a fumar, mau hábito que nunca abandonou. Quando Hoffman falou animadamente sobre seu futuro como lutador, Baer o surpreendeu dizendo não ter certeza de que desejava voltar a lutar. Às vezes, ainda se mostrava alegre como antes, fazendo palhaçadas, rindo e contando piadas. Mas depois seus pensamentos voltavam à noite de 25 de agosto e à luta no Recreation Park. No meio de uma frase parava de repente, olhando para o nada e balançando a cabeça. Frankie Campbell o assombrava.

Levou algum tempo, mas ao fim de várias semanas Hoffman finalmente conseguiu persuadi-lo de que a morte de Campbell não tinha sido culpa dele.

– Podia ter sido você – disse Hoffman. – Você fez apenas o que tinha de fazer.

Procurou fazer com que Baer acreditasse que o boxe era sua verdadeira vocação e que Deus não teria lhe abençoado com esse talento se não quisesse que ele o usasse.

No percurso ferroviário sobre as montanhas Rochosas e depois atravessando o Meio-Oeste, Baer começou a melhorar lentamente. A culpa e a tristeza diminuíram. Hoffman também incentivava a fama que Baer começara a criar. Sendo o homem que tinha matado Frankie Campbell, sua importância como lutador e como atração de bilheteria havia crescido. Um matador era uma atração, especialmente alguém como Baer, cuja aparência não enganava, com sua pele morena e seus músculos torneados. De repente, todos queriam ver o Carniceiro de Livermore lutar.

Todos os jornais haviam noticiado a morte de Campbell e a investigação que ela acarretou. Na maioria das reportagens, Baer era descrito como um vilão tenebroso, de soco devastador, um brigão fora-da-lei vindo de além da razão dos pioneiros americanos do Meio-Oeste. Em geral, os pesos pesados do oeste como Dempsey e Baer – eram mistificados pelos cronistas do leste, que gostavam de retratá-los mais como pistoleiros do que como lutadores. Ao matar Campbell, Baer atiçara o interesse deles mais do que qualquer outro desde Dempsey, e agora eles clamavam por uma oportunidade de vê-lo lutar pessoalmente.

Baer não deixou de perceber a ironia da situação. A pior coisa que já fizera tinha se transformado em uma vantagem involuntária. Para aliviar a angústia que ainda sentia, prometeu a si mesmo que assim que se tornasse famoso organizaria uma luta em benefício da viúva e do filho de Campbell.

Quando o trem que levava Baer entrou na estação Pensilvânia, no lado oeste de Manhattan, em novembro de 1930, apenas 13 meses depois da quebra da Bolsa e mergulhada na Depressão, a cidade precisava desesperadamente se divertir. Ansioso por começar de novo, Baer estava pronto a agradá-la.

Com o dinheiro que ganhara vendendo os direitos sobre si mesmo a mais de uma dúzia de investidores só antes de deixar a Califórnia, hospedou-se no Plaza no Central Park South, que era naquela época, como ainda é hoje, um dos melhores hotéis da cidade. Acompanhavam-no dez baús de roupas, com trinta ternos feitos sob medida, entre outros artigos. Naturalmente, o que não fosse sob medida não serviria para Baer, cujos ombros eram tão largos que o faziam instintivamente caminhar de lado quando atravessava uma porta; mas mesmo que servisse, ele só compraria por encomenda.

Seu consumo exagerado contrastava fortemente com a situação nas ruas, onde as filas para a sopa cresciam a cada dia. Em dezembro de 1930, uma média de 50 mil refeições gratuitas eram distribuídas todos os dias na cidade de Nova York, a maioria para homens sem-teto. Com efeito, o governo federal afirmou que a situação estava apresentando aos visitantes da cidade "uma impressão errada da extensão do sofrimento humano em todo o país" e tratou de cadastrar os que recebiam sopa e pão gratuitos.[3] A taxa nacional de desemprego crescia a 25%, mas Baer vivia como os milionários Astor e Vanderbilt. Vagando dos restaurantes da moda para as boates de luxo em roupas a rigor, ele desconhecia totalmente a situação cada vez pior de seus compatriotas. Para ele, parecia que o colapso da Bolsa jamais acontecera.

Não por coincidência, Nova York era o lugar onde Dorothy Dunbar passara a residir. Ainda enfeitiçado por ela, Baer procurou elevar-se a seu nível em matéria de cultura e etiqueta. Contratou uma secretária, que tinha a função de lhe ensinar o significado de duas palavras difíceis por dia. Fazia serões, mas não no saco de areia, e sim junto a garçons e *sommeliers*, aprendendo que garfo devia ser usado com cada prato e com que colher se devia comer a gelatina. Tentou com empenho tornar-se um cavalheiro no sentido europeu. (Por natureza, era realmente um cavalheiro.) Procurava, impressionar Dorothy. Todas as manhãs, corria no Central Park, suficientemente longe das vistas de Hoffman, sentava-se debaixo de uma árvore, tirava do bolso o manual de etiqueta de Emily Post e lia. (Outras vezes, deve-se dizer, trocava Emily Post por gibis.)

Levado por um motorista por toda a cidade num enorme Cadillac, assessorado por secretárias e empregados, e acompanhado pela elegante Dorothy Dunbar, Baer causou sensação imediata. Suas façanhas noturnas eram devidamente registradas nas colunas de fofocas, que jamais deixavam de mencionar que ele matara um homem no ringue.

Os jornalistas esportivos de Nova York descobriram nele uma fonte inesgotável de citações e anedotas dignas de nota. Um deles, por gratidão, compôs um duplo *limerick** em homenagem ao Madcap (doido) Maxie:

---

* O *limerick* é uma composição típica da língua inglesa, de métrica, aliterações e esquema de rimas característicos, e de tradução praticamente impossível em português sem que seu sabor se perca. O tradutor tentou uma versão rimada, que evidentemente fica muito aquém do original:

> There was a young scrapper named Baer
> Who had the most beautiful hair
> He could flirt, he could fight,
> He could dance all the night
> That fantastic fast puncher, Max Baer!

Max Baer era um jovem lutador
Tinha cabelos de formosa cor
Namorava e batia
Até o raiar do dia
Ele era Max Baer, um grande lutador![4]

Dando socos, Max Baer era ligeiro
As mulheres se encantavam com seu cheiro
A todas namorava
E depois escapava
Assim era Max Baer, esmurrador feiticeiro.

No dia seguinte ao de sua chegada a Nova York, Hoffman e Lorimer o levaram ao Madison Square Garden para uma coletiva de imprensa. Juntos subiram as escadas para o segundo andar, onde ficava o escritório de Francis Albertanti. Baer sentou-se em uma das cadeiras bambas de Albertanti, que imediatamente desabou sob seus mais de 90 quilos. Alguém trouxe outra cadeira e Baer se sentou novamente.

– Qual é seu nome completo? – perguntou um dos repórteres.

– Max Adelbert Baer – respondeu ele.

– Não é Maximilian?

– Ainda não – ainda preciso ganhar o milhão.*

Baer era um piadista, como se dizia na época. Os jornalistas acharam que o homem perseguido por sua última e fatal apresentação no ringue já não existia.

That frivolous fighter named Baer
Had the ladies all up in the air,
He would love 'em and leave 'em,
And blithely deceive 'em,
That bewitching young biffer, Max Baer!

* O trocadilho feito por Baer utiliza o som da parte final de seu primeiro nome (Maximilian) e a pronúncia da palavra *million* (milhão), que se assemelham. (N. do T.)

– Para mim, a luta de boxe é o seguinte – prosseguiu Baer. – Sou um batedor. Posso derrubar qualquer um com ambas as mãos. Creio que mesmo o mais esperto vai acabar se descuidando uma vez durante dez assaltos. É tudo que quero. Basta um descuido e eu o pego. Também agüento apanhar. Meus joelhos se dobraram mais de uma vez, mas sempre se levantaram de novo.[6]

Vestido de casaca e gravata branca, Baer era uma figura elegante na sociedade de Nova York. Todos o amavam – menos Dorothy Dunbar, que continuava recusando suas propostas diárias de casamento.

"Formavam um belo casal, muito atraente", escreveu Fleischer, "a Broadway se acostumou com aquele espetáculo ao vê-los passar pelo Great White Way no carro de 16 cilindros de Max; ele vestido a rigor, com cartola, e sua amiga uma visão de beleza, vestida com esmero e coberta de diamantes."

Embora a afeição de Baer por Dorothy fosse genuína, a fidelidade não era seu ponto forte. Não muitos homens conseguiam resistir às tentações que lhe eram oferecidas. Max Baer era um deles. Era bonito, rico, famoso, encantador, fisicamente forte e tinha 21 anos de idade. As mulheres de Nova York reagiram de acordo com isso. Ele se envolveu com coristas e debutantes, garçonetes e atrizes. Tal como Harry Greb, o grande campeão de pesos médios da década anterior, Max Baer passava mais tempo procurando, namorando e levando mulheres para a cama do que treinando. Solto no maior parque de diversões do mundo, raramente parava para respirar.

Ninguém sabe se essa era sua maneira de lidar com a tristeza que sentiu depois de matar Frankie Campbell. Ele certamente não parecia estar de luto, mas Baer era um *showman*. Sabia como se promover. Queria ser uma estrela. O sorriso que o público via era em grande parte uma máscara. As palhaçadas eram um mecanismo de defesa. Ele estava dizendo ao mundo: "Estão vendo como me divirto?" Na verdade, estava profundamente perturbado.

* * *

Antes de seguir para o leste, Hoffman tentara contratar uma luta para Baer em Nova York. Em vez de lançá-lo no ringue contra um adversário famoso, queria que ele experimentasse o combate com um lutador menos temível em sua primeira luta após a morte de Frankie Campbell. Na verdade, queria que lutasse com James J. Braddock. Mas os jornais relataram que a comissão atlética do estado de Nova York considerara Braddock um adversário inadequado para Baer.

Assim, em vez de enfrentá-lo, Baer faria sua estréia em Nova York contra Ernie Schaaf, um competente peso pesado canhoto, que fora campeão das Forças Armadas quando servira na Marinha. As duas vitórias mais importantes de Schaaf tinham sido à custa de Tommy Loughran, que era canhoto como ele e um lutador mais clássico do que batedor. Schaaf era o favorito contra Baer, por seis a cinco, e era 1,37 quilo mais pesado, com 92,27 quilos contra 90,9.

A luta foi no dia 19 de dezembro de 1930, no Madison Square Garden. O estimado W.O. McGeehan estava entre os repórteres e colunistas que foram ver Baer em seu vestiário antes da luta. Baer disse a McGeehan que jamais se contundira gravemente numa luta e, para demonstrar a dureza de seu crânio, bateu com a cabeça no aquecedor.

Shaaf ignorou qualquer mensagem que Baer estivesse tentando passar e fez picadinho dele. No *New York Times*, James P. Dawson escreveu: "No Madison Square Garden, num combate em dez assaltos repleto de ação, Ernie Shaaf, peso pesado de Elizabeth (NJ), destroçou ontem à noite a ilusão de que Max Baer, jovem californiano, seja uma ameaça ou pretendente ao título mundial. Nunca um lutador foi tão surrado em uma luta decidida por pontos quanto o invasor da Costa Oeste, num combate de pesos pesados como há muito não se via por aqui."[8] Com duas frases, Dawson enterrara Max Baer.

Durante toda a noite Baer vagara pelo ringue perseguindo Schaaf, lançando direitas que raramente acertavam o alvo. Pacientemente, Schaaf desferia esquerda atrás de esquerda no rosto do adversário, que estava irreconhecível ao fim do oitavo assalto. Mas Baer mostrou coragem. Ficou de pé e lutou até o fim – não iria abandonar a luta com Dorothy na platéia, ao lado do ringue. A multidão de 10 mil pessoas admirou sua valentia, ainda que não sua competência. Os fãs de boxe de Nova York, conhecedores do esporte e normalmente pouco generosos nos elogios, aplaudiram-no, ainda que os cronistas não o fizessem. Gostaram de seu estilo pouco comum, que era ao mesmo tempo vistoso e feroz. Sua estréia na Costa Leste foi com derrota, mas virou sucesso.

Os temores de Hoffman se dissiparam. Baer não perdera a vontade de lutar. É verdade que nada fizera contra Schaaf, mas lutara com afinco e parecia estar concentrado. O objetivo de Hoffman passou a ser conseguir outro adversário o mais rápido possível – era a única forma de manter Baer longe das boates e fora do alcance de Dorothy e seus diamantes. A boa notícia era que Baer bebia muito pouco. Mas, para um abstêmio, ele sem dúvida apreciava a vida noturna.

Hoffman não teve dificuldade em conseguir outra luta para seu peso pesado que agradara à platéia do Garden, para dali a quatro semanas, contra Tom Heeney, o neozelandês lembrado por ter sido o último adversário de Gene Tunney. Ao contrário de Schaaf, ele nada tinha de artístico. Era um batedor puro e simples. Ao avançar diretamente contra Max Baer, que daquela vez se deu o trabalho de treinar para a luta, foi nocauteado no terceiro assalto.

Hoffman agora se sentiu estimulado – não entusiasmado, e sim estimulado. Embora já com certa idade, Tom Heeney era um adversário à altura. Em dois anos, Baer percorrera um longo caminho desde a luta com o Chefe Caribu. "Mantenha-o em atividade" era o lema.

Mas Baer ainda estava emocionalmente confuso –, e enfeitiçado. Em 27 de janeiro de 1931, duas semanas após a vitória contra Heeney, o *New York Times* relatou que Dorothy Dunbar partira de avião na véspera, de Newark para Reno, "a fim de tratar da ação de divórcio que move contra seu atual marido". Todos os que leram o jornal sabiam por que Dunbar estava se divorciando de De Gerson y Baretto.

Na noite de 6 de fevereiro, Dorothy estava de volta a Nova York, quando Baer entrou no ringue do Madison Square Garden pela terceira vez, a fim de enfrentar Tommy Loughran. Para Hoffman, a luta seria vantajosa indepedentemente do resultado. Seria ótimo se Baer conseguisse vencer, mas se perdesse aprenderia uma valiosa lição nas mãos de um dos lutadores mais talentosos.

Loughran, que passara a competir na categoria de pesos pesados, já não era o mesmo lutador de 19 meses antes, quando humilhara James J. Braddock. De fato, os cronistas esportivos, que o admiravam muito, insistiam para que se aposentasse antes que sua lembrança ficasse obscurecida. Mesmo assim, ele era mais esperto do que Baer.

Este não estava convencido de que um homem cerca de 6,5 quilos mais leve do que ele e que os jornais diziam já ter passado da idade pudesse suportar a fúria de seu ataque. Dava menos atenção ao adversário do que o árbitro – seu herói, Jack Dempsey. Para decepção de seus auxiliares, Baer tentou lutar com o estilo clássico de Loughran.

– A cada assalto eu implorava para que ele parasse de lutar daquele jeito, para que se aproximasse dele e batesse, dizendo que era sua única chance – disse o veterano treinador Gus Wilson. – Já próximo ao final da luta, ele finalmente prometeu fazer o que eu pedia. Saiu do canto e deu uns bons murros em Loughran. "É isso mesmo, Max", disse eu, quando ele voltou ao canto. "Continue lutando assim e no próximo assalto você vai derrubá-lo." Que acha que ele fez? Riu, e me deu um soco de brincadeira, enquanto estava sentado no banco. "Você não quer mesmo que eu o nocauteie, não é, Gus?", disse e riu. E no assalto seguinte continuou a lutar ao estilo de Loughran.[9]

Assim como frustrara Braddock, Loughran também frustrou Baer.

– Era como se eu estivesse lutando contra uma sombra – disse Baer. Loughran dançava, lançava *jabs*, entrava e saía do raio de alcance de Baer e evitava a todo custo um golpe decisivo do adversário.

– Lutamos durante dez assaltos e Max não me acertou um soco sequer – disse Loughran certa vez. Depois, pensando melhor, acrescentou: – Bem, acertou sim. Um soco, no segundo assalto. Pensei que tinha quebrado todas as minhas costelas. Ele tinha um soco fantástico.[10]

A experiência de Baer ao enfrentar o Fantasma da Filadélfia foi idêntica à de Jim Braddock. Mas sua reação à derrota foi fundamentalmente diferente e influenciou o rumo do restante de sua carreira. Após sua derrota para Loughran, Braddock ficara mal-humorado. Mas Baer, depois da *sua* derrota, foi ao vestiário de Loughran.

– Tommy – disse ele –, sei que você não me deve nada, mas eu quero me dar bem nesse esporte e quero que você me diga o que eu estou fazendo de errado.

– Claro, Max, eu adoraria ajudar.

Loughran e Baer, vencedor e vencido, combinaram um almoço no dia seguinte. Baer voltou então para o Plaza e para Dorothy. Na manhã seguinte, Baer saiu do Plaza, virou à direita e seguiu para oeste, para a rua 58, dobrou à esquerda na Sexta Avenida e caminhou quatro quarteirões até o Hotel Warwick. Ia tomar o café-da-manhã com Jack Dempsey e com o colunista Grantland Rice. Seu rosto estava inchado mas ainda assim, bonito.[11]

– Passei a noite vendo *jabs* de esquerda – disse ele, tomando o café, ansioso por ouvir o que Dempsey e Rice tinham a dizer. – Esquerdas... esquerdas... esquerdas... foi só o que vi!

– O mais engraçado – disse Dempsey – é que você poderia ter parado aquele canhoto no primeiro assalto.

– Como? – perguntou Baer.

– Tire o casaco – disse Dempsey.

Baer tirou o casaco, levantou-se e ficou diante de Dempsey, que também se levantara. Todos os clientes do restaurante estavam olhando.

– Agora comece com a esquerda, como fez Loughran – disse Dempsey. Baer fez o que ele mandou, e ao avançar o braço esquerdo, Dempsey deu-lhe um soco de direita no bíceps esquerdo.

Baer gritou de dor.

– Você quebrou meu braço! – disse ele.

Rice tinha já começado a tomar notas em seu caderninho.

– Vou lhe mostrar outro soco – disse Dempsey. Fez Baer dar meia-volta, como se estivessem dançando, e lhe deu um murro do lado.

– Não pode fazer isso – disse Baer. – É proibido.

– Da primeira vez o árbitro só adverte – respondeu Dempsey, sorrindo. Baer então se sentou e terminou o café.

Poucas horas depois, numa lanchonete próxima ao Garden, Baer recebeu outra aula. Para surpresa dos demais clientes –, alguns dos quais tinham assistido à luta na noite anterior, Tommy Loughran e Baer almoçavam juntos, a convite do primeiro. Conversando amigavelmente, Baer disse a Loughran que Bob McAllister tinha tentado ensinar a ele um *jab* eficaz, mas que não estava dando certo.

– Um dos motivos para isso – disse Loughran – foi que você não estava realmente interessado. Você vinha vencendo com seu próprio estilo e não achava necessário mudar. Agora já sabe que não pode acertar todo mundo com essa direita, e então tem que aprender a bater com a esquerda. Vai acabar aprendendo. Se continuar a treinar, de repente vai ser tão natural quanto o que faz hoje. E já que pediu minha opinião, você poderia pensar em dar socos mais curtos. Sua técnica não é boa nessa parte, porque você telegrafa os golpes. E como eu disse antes, a prática é tudo. É o velho *slogan*: – "Não pare de bater." Dá trabalho, mas vale a pena.[12]

Ao saírem da mesa, Baer e Loughran seguiram para o ginásio. Ali o mestre (mais) idoso demonstrou o que tinha dito no almoço. Baer provou ser um bom aluno. Daquele dia em diante tornou-se um lutador mais científico e habilidoso. Tal como imaginara Hoffman, perder para Tommy Loughran poderia ser uma vitória.

7

O DESASTRE E A URUCUBACA

NORTH BERGEN: OUTUBRO DE 1929

Em 29 de outubro de 1929, a Bolsa de Valores quebrou.

No ano anterior, no verão de 1928, o ex-secretário de Comércio Herbert Hoover, que excursionava pelo país em sua campanha presidencial, tinha dito: "Nos Estados Unidos de hoje estamos mais próximos do triunfo final sobre a pobreza do que em qualquer outro momento na história de qualquer país. O asilo de indigentes está desaparecendo entre nós. Ainda não atingimos o objetivo, mas, dadas as possibilidades de progresso com as políticas adotadas nos últimos oito anos, em breve, com a ajuda de Deus, veremos o dia em que a pobreza será banida desta nação."[1] Hoover ganhou a eleição de forma esmagadora, derrotando o candidato democrata, o ex-governador de Nova York Al Smith, com 58% dos votos. Smith, o primeiro católico a ser candidato à Presidência por um dos grandes partidos e adversário da Lei Seca, recebeu somente 41%.

A campanha de Hoover prometia que a prosperidade que florescera nos frenéticos anos 1920 não terminaria. Em 1923 o volume de negócios na Bolsa de Nova York tinha sido de 236 milhões de ações. Por volta de 1929 era já superior a 1 bilhão.[2] Nas semanas imediatamente anteriores à crise, a maioria dos peritos em finanças mais respeitados do país, inclusive os financistas Charles E. Mitchell e Bernard M. Baruch, previa crescimento ilimitado. O comentarista Roger W. Babson foi um dos poucos a perceber que a bolha estava prestes a estourar. "Mais cedo ou mais tarde vai haver um colapso, e vai ser tremendo", escreveu ele. "As fábricas vão fechar (...). Os trabalhadores perderão os empregos (...) e o resultado será uma grave depressão nos negócios."[3] Wall Street achou que Babson estava louco.

Em 29 de outubro, após quase dois meses de pequenas quedas, o valor total da Bolsa caiu 11,5%. Esse dia ficou conhecido como Terça-feira Negra. Mesmo assim, a cegueira permanecia. No dia seguinte, por todo o país, os jornais – fonte primordial de notícias para os norte-americanos – afirmavam aos leitores que não havia motivo para pânico. "O que se pode dizer, e isso precisa ser dito", declarou o *New York World* em sua edição de 30 de outubro, "é que por mais amargas que as coisas possam parecer para os indivíduos neste momento, o país não sofreu uma catástrofe. Haverá muitos casos de dificuldades individuais, mas nada que não seja normal em outros países."[4] O *Daily News* foi ainda mais otimista: "A queda nos preços das ações não destruiu nenhuma fábrica, não arrasou nenhuma fazenda nem nenhum loteamento urbano, nem reduziu o potencial produtivo de nenhum trabalhador ou máquina nos Estados Unidos. Todas essas coisas ainda estão de pé, e quando elas são essencialmente saudáveis, como é o caso do país, se recuperarão de maneira magnífica." O *Baltimore Sun* também se mostrou róseo: "Evidentemente, a quebra da Bolsa é resultado de muitas forças, a maior parte das quais transitória, e todas juntas são incapazes de abalar a firme base de prosperidade." Da mesma forma, o *Chicago Herald and Examiner* instava seus leitores a comprar, comprar, comprar: "A Bolsa de Valores se tornou o mercado mais barato do mundo. É difícil imaginar que os clientes financeiros neste país e no exterior não aproveitem os preços baixos pelos quais os melhores papéis estão sendo vendidos."

Milhões de norte-americanos, a maioria otimista por natureza, e por causa da experiência da década anterior, cometeram o erro de acreditar no que liam nos jornais. Jim Braddock foi um deles. Tendo crescido em meio à pobreza, não gostava de banqueiros. Nunca confiou nos corretores de Wall Street que conheceu. Sabia que se não fosse lutador de boxe eles não dariam nada por ele, um irlandês-americano que nem sequer concluíra o ensino médio. Não tinha aspirações sociais, ao contrário, por exemplo, de Gene Tunney, irlandês de Nova York que se casou com uma moça da sociedade e mudou-se para Greenwich, Connecticut, a fim de viver uma vida de aristocrata branco, anglo-saxão e protestante. Mas Braddock tinha dinheiro. Em apenas três anos de profissionalismo, tinha conseguido ganhar quase 30 mil dólares, importância significativa no final da década de 1920, equivalente a cerca de meio milhão em dólares de 2004. Seu amigo Owney Madden, o conhecido chefe de quadrilha de Hell's Kitchen, foi provavelmente quem o aconselhou a investir parte de suas economias numa companhia de táxis. Além de suas atividades de contrabandista de bebidas e proprietário de boates, Madden controlava o ramo de táxis. Assim, Braddock investiu em táxis depois de perder as economias depositadas no Banco dos Estados Unidos.

Nos meses imediatamente anteriores à quebra da Bolsa, após a derrota para Tommy Loughran, Braddock havia começado a concentrar suas energias nos negócios, enquanto Gould procurava levá-lo de volta ao ginásio.

– Jim, você tem de esquecer isso – disse-lhe Gould certo dia, no verão de 1929. – Não pode ficar se remoendo por mais tempo. Tem de voltar ao ginásio. Você vai ter outra oportunidade.

Braddock já tinha ouvido antes as palavras de estímulo de Gould.

– Joe – disse ele –, não sei, não. Depois de casar com Mae, acho que vou abandonar o boxe. Fiz o melhor que pude, e não foi o bastante.

Braddock havia pedido Mae em casamento logo após o combate contra Loughran, e ela aceitara sem hesitar. Pensavam em casar-se em janeiro de 1930.

– Ouça, Jim, confie em mim – disse Gould. – Loughran não conseguirá manter o peso por muito mais tempo. Ele já está acabado como meio-pesado. Quando ele mudar de categoria, você terá uma chance de disputar o título.

Ganhar o título significaria o mesmo de sempre: mais dinheiro do que Braddock jamais precisaria, segurança e respeito. Ele respondeu que iria pensar.

Enquanto meditava sobre seu futuro no ringue, Braddock abriu uma boate na esquina da rua 33 com o *boulevard* Hudson, em North Bergen.

– Era um clube agradável, num lugar agradável – diria mais tarde Mae Braddock.[5]

Mas ele violou a regra áurea dos bares: vendia fiado. Em poucos meses a boate faliu. Mas, antes disso, ele já tinha voltado ao ringue.

Em agosto, poucas semanas antes da derrota contra Loughran, Braddock lutou pela primeira vez fora da área de Nova York. Foi de trem com Gould até Los Angeles para enfrentar Yale Okun, meio-pesado judeu que vinha do Lower East Side. A estada na Califórnia foi curta e inócua. Okun ganhou por pontos após dez assaltos. Mais uma vez Braddock se mostrou lento e canhestro. Era claro que a derrota para Loughran lhe roubara grande parte da autoconfiança. Gould passou muito tempo na viagem de volta procurando pensar no que ele e seu lutador deveriam fazer em seguida. Braddock se mostrava indiferente. Já praticamente desistira de tentar descobrir por que era tão irregular. O agente achou melhor um descanso, dar a Braddock tempo para treinar no ginásio, recuperar a concentração e voltar a trabalhar no outono.

Gould tinha razão: Loughran passara dos limites de meio-pesado, pois não conseguia mais manter o peso nem perto do limite de 79,379 quilos e a coroa da categoria não tinha dono. Um dos principais pretendentes ao título, com Braddock, Lomski e Slattery, era Maxie Rosenbloom, o Arlequim do Harlem.

Com a possível exceção de Max Baer, Rosenbloom era o lutador mais pitoresco de seu tempo. Assim como Baer, quando estava no ringue passava tanto tempo fazendo palhaçadas para a platéia quanto trocando socos com seu adversário. Tinha sido descoberto pelo astro de cinema George Raft, famoso por sua amizade com os gângsteres judeus e sicilianos do crime organizado. Certo dia, caminhando pelo Harlem, Raft vira o alto e esguio Maxie Rosenbloom brigando com um dos vizinhos. Destro e forte, deteve o adversário com alguns socos rápidos e vistosos. Segundo a lenda, Raft lhe disse:

– Escute, menino, você sabe se defender com os punhos. Já pensou em uma carreira de pugilista?

Com o auxílio do artista, Rosenbloom rapidamente se firmou como um dos melhores lutadores da cidade, e portanto do mundo. Desde Benny Leonard o Harlem não havia produzido um lutador com tanto poder de atração.

Em 21 de outubro de 1929, Rosenbloom estava nas manchetes graças a um acontecimento extraordinário no Madison Square Garden. Os jornais diziam ser um dos maiores espetáculos promovidos para fins beneficentes: dez pugilistas lutariam em cinco encontros de cinco assaltos cada, em prol dos "judeus flagelados da Palestina". Em cada luta havia um pugilista judeu: Al Singer, Jack Berg, Ruby Goldstein, Yale Okun (que acabara de vencer Braddock) e Rosenbloom. O espetáculo angariou mais de 100 mil dólares, dos quais 75 mil foram destinados ao Fundo de Emergência da Palestina. O promotor do evento foi Samuel Rosoff, que fizera fortuna construindo o metrô de Nova York, que começara a funcionar em 1904. O prefeito Jimmy Walker e o presidente da comissão de boxe, James A. Farley, também participaram da junta que preparou o programa de lutas. Centenas de políticos assistiram ao espetáculo, a maioria irlandeses, todos ostensivamente apoiando uma causa judaica e ao mesmo tempo culpando os britânicos, que na época ocupavam a Terra Santa.

Naturalmente, Joe Gould lá estava, vestido a rigor, cumprimentando pessoas e falando sem parar. Foi visitar seu velho amigo Maxie Rosenbloom no vestiário. Ambos conversaram sobre conhecidos mútuos do antigo bairro, concordaram em que a causa para a qual estavam levantando dinheiro era meritória e em seguida passaram a tratar de negócios.

Gould e Rosenbloom acharam boa idéia uma luta deste último com Braddock no Garden, em 15 de novembro. Braddock ganhara peso nos dois meses posteriores à luta com Okun e não conseguiria voltar ao limite dos meio-pesados; era um "irlandês que custava a amadurecer", como ele mesmo se descreveu, e finalmente começava a engordar. Maxie respondeu que não haveria problema; lutariam na categoria de pesos pesados. Gould lhe desejou boa sorte, mas não o suficiente para vencer Braddock.

Gould anunciou a luta aos jornalistas próximos ao ringue.

– Esta será a primeira luta de Jimmy como peso pesado – disse ele. – No ano que vem ele vai disputar o campeonato.

Resolvera de repente que já estava na hora de Braddock lutar na nova categoria. Seu plano agora era que ele primeiro conquistasse o título dos meio-pesados e depois o dos pesos pesados.

Suas palavras foram acolhidas com olhares de dúvida e profundo ceticismo. Em uma de suas costumeiras críticas a Braddock, John Kieran escreveu:

> Há outra coisa que se pode dizer sobre Braddock. Ele não consegue resolver se deseja ser campeão dos meio-pesados ou dos pesos pesados. Pelo que se sabe ultimamente, não será nenhuma das duas coisas. Ele agora acha que é peso pesado, mas a única coisa que tem a seu favor é a balança. Pelo que demonstrou até agora, não tem competência para ombrear-se com Jack Sharkey ou com Max Schmeling. Mas Braddock é jovem e sabe bater. Tem possibilidade de melhorar e progredir. As possibilidades são grandes porque há muito espaço para melhoria.[6]

Kieran era o rei dos elogios ambíguos.

Duas semanas após a quebra da Bolsa, Braddock entrou no ringue com o peso de 82,553 quilos, principalmente porque estivera treinando apenas esporadicamente, a fim de enfrentar Maxie Rosenbloom, que pesava 78,079 quilos. Nas apostas, Braddock pagava dois e meio contra um, mas lutou como se fosse um principiante. Rosenbloom o dominou, perdendo somente o quinto assalto. Mas o irlandês não foi apenas derrotado; lutando contra um mestre do boxe clássico, novamente fez papel ridículo. Do lado de fora do ringue, Lud Shabazian assistia, incrédulo. Tinha ficado contente ao ver Braddock lutando novamente. Mas seu prazer não durara muito. A surra que Braddock levou foi de tal ordem que Shabazian achou que ele deveria abandonar o boxe. Braddock se mostrou lamentavelmente canhestro e insuportavelmente lento. Enquanto preparava sua reportagem sobre a luta, Shabazian estava certo de que seus colegas estavam escrevendo o "obituário pugilístico" de Braddock, como o chamou.

Mae tinha ido assistir à luta, e Shabazian disse que ela ficou tão aflita ao ver a surra que seu noivo estava levando que "fugiu do estádio muito antes do último assalto".[7]

– Logo que eles começaram a lutar, comecei a me sentir mal – disse Mae. – Não suportei ver Jim, que na época era meu namorado, apanhar tanto.[8]

Gould disse a Braddock que deixasse de lado as críticas dos jornais, mas ele se sentia muito magoado. Por duas vezes nos últimos quatro meses fizera papel ridículo no ringue, e os críticos eram impiedosos. Começou a pensar que talvez tivessem razão. Novamente obrigado a reavaliar seu valor como lutador de boxe, sentiu-se incompetente. Era uma constatação dolorosa.

– Estou cansado disso tudo – disse ele a Mae, poucos dias depois da luta. – A gente se casa e eu mudo de vida. Vou me dedicar à firma de táxis.[9]

O casamento foi marcado para o sábado, 18 de janeiro de 1930. Mas Gould tinha outros planos para Braddock. Cerca de dez dias depois daquela luta, ele lhe disse que havia contratado uma revanche contra Leo Lomski para o dia 17 de janeiro, em Chicago. Jack Dempsey oferecia a Braddock 6 mil dólares por uma noite de atividade.

– É dinheiro demais para recusar – disse Gould, afirmando o óbvio. – Você pode voltar de avião logo depois da luta. Nem precisa adiar o casamento.

– *O.K., O.K.*, vamos ver o que Mae acha – disse Braddock.

Ele sabia que se vencesse Lomski teria outra oportunidade de disputar o título. Mesmo assim, tinha receio de dar a notícia a Mae. Quando finalmente reuniu a coragem necessária e sugeriu voltar de avião depois da luta, ela começou a balançar negativamente a cabeça.

– Nada disso – protestou. – E se você voltar com um olho roxo? Acha que eu quero sair do altar com um noivo de olho roxo?

O casamento foi adiado por uma semana, o que estava bem para Gould, que queria Braddock concentrado na luta.

Em Chicago, Braddock se deu melhor do que na primeira luta contra o Assassino de Aberdeen. Não perdeu, mas tambem não venceu. A luta terminou empatada. A platéia, no entanto, não concordou. A maioria achou que Lomski havia vencido, e durante vários minutos após o anúncio do empate houve uma forte vaia. Braddock e Gould voltaram no dia seguinte, de trem e não de avião, com 6 mil dólares no bolso, mas com outra mancha no currículo do lutador.

Braddock, que geralmente se mortificava após um desempenho decepcionante, conseguiu esquecer o empate à medida que o dia do casamento se aproximava. Gould resistiu à tentação de marcar outra luta para a véspera da cerimônia. Em 26 de janeiro, James J. Braddock se casou com Mae Fox. Pouco depois da bênção final do sacerdote, tomaram um trem para Miami Beach.

Na época anterior à era do jato, para os habitantes do nordeste dos Estados Unidos viajar a Miami era o mesmo que ir ao outro lado do sistema solar. Mae nunca tinha visto palmeiras na vida. Os hotéis *art déco* e as casas de estuque pintadas de cores pastel eram muito diferentes da insipidez de Nova Jersey. Nem bem os noivos começavam a aclimatar-se, a comissão de boxe do estado de Illinois fez um anúncio de surpresa. Preocupada com a declaração de empate que em sua opinião tirara de Lomski uma vitória clara, a comissão reviu a pontuação da luta e concluiu que o árbitro, Dave Miller, somara incorretamente as notas dos juízes. "Embora o ato da comissão tenha sido simplesmente rotineiro", declararou o *New York Times*, "causou grande consternação nos meios da jogatina."[10] Miller não aceitou a responsabilidade pelo anúncio, e culpou o locutor do ringue, Al Smith (não o candidato a presidente).

– O locutor Smith pegou minha lista de notas antes que eu pudesse confirmar a soma – disse ele.[11]

Ao mudar o resultado da luta, a comissão do estado de Illinois se tornou alvo de chacota dos meios pugilísticos do leste, que ainda prestavam atenção nas lutas de Jim Braddock. No *Times*, John Kieran dedicou uma coluna inteira às travessuras de Illinois: "O público pode esperar a qualquer momento um boletim nos seguintes termos: 'Tribunal de

Appomattox – O espólio do general Robert E. Lee, C.S.A., fica informado pela presente de que uma recontagem indica que o general Lee venceu por pontos contra o general U.S. Grant. Quaisquer documentos oficiais erroneamente firmados ficam declarados sem valor, e todos os esforços serão feitos para reparar o engano.'"[12]

Com razão, Gould ficou furioso. Sua resposta por escrito à comissão era em parte feita de justa indignação e em parte de sarcasmo mordaz: "Recebi hoje dos senhores uma carta notificando-me que Lomski foi declarado vencedor de Braddock, dez dias depois da luta. Permitam-me agradecer esse presente de núpcias em nome de Braddock, que acaba de se casar. Podemos esperar a qualquer momento a declaração de que a contagem da luta de Gene Tunney contra Jack Dempsey finalmente foi retificada."[13]

Essa frase final era um golpe baixo. A "Longa Contagem" tinha ocorrido em Chicago, sob os auspícios da comissão de boxe do estado de Illinois. A pena de Gould era afiada como sua língua.

Por mais que tentasse, a comissão não conseguiu estragar a lua-de-mel de Braddock. O calor o acalmou, ainda que o sol o tenha transformado num verdadeiro camarão. Pela primeira vez em sua vida adulta, o boxe já não parecia tão importante.

– Tudo parecia cor-de-rosa, muito cor-de-rosa, logo depois de nosso casamento – disse Mae Braddock ao *Daily Mirror* em 1935. – Jim tinha cerca de 20 mil dólares no banco, que recebera nas derrotas contra Leo Lomski e Maxie Rosenbloom. Bem, com todo aquele dinheiro guardado, Jim já tinha resolvido deixar de lutar. Acredite, eu estava inteiramente de acordo. E para mim, que nunca tinha visto mais dinheiro do que os 25 dólares por semana que ganhava como telefonista, 20 mil pareciam 1 bilhão.[14]

Braddock já não queria saber do boxe. Com bastante dinheiro para investir, achou que poderia ganhar um pouco mais no mercado de ações, lutar mais algumas vezes e depois concentrar-se nos negócios. Àquela altura, quando já estava claro que a quebra da Bolsa não era uma anomalia, a maioria dos norte-americanos desconfiava do mercado. Mas Braddock venceu a desconfiança a conselho de um amigo e investiu pesado. Em pouco tempo perdeu novamente a maior parte de suas economias. O que não perdeu na Bolsa, despejou na firma de táxis, à beira da falência. Todo o dinheiro que ganhara ia desaparecendo.[15]

Braddock lutou pela primeira vez depois de casado em 7 de abril, na Filadélfia, contra Billy Jones, pugilista de pouco renome. Braddock pesou 83,073 quilos e lutou bravamente durante dez assaltos, mas Jones venceu por pontos. Dessa vez os espectadores vaiaram porque acharam que Braddock merecia pelo menos o empate. A derrota foi amarga, pois o eliminava da lista de pretendentes ao título da categoria de meio-pesados. Com essa, ele já perdera cinco das seis lutas mais recentes. Estava acabado. Mas Gould continuou a descobrir adversários.

O colapso da Bolsa também afetou muito a Gould. O dinheiro que ganhara como agente de Braddock em diversas lutas importantes desaparecera, a maior parte em forma de contribuições a diversos bares, restaurantes e lojas de roupas finas. Mas Gould manteve as aparências. Continuava a se vestir bem. Morava no elegante Central Park West. Comia bifes e ostras. Sabia desfrutar a vida, e uma coisa tão banal como uma depressão mundial não iria impedir seu prazer. Como a maioria daqueles que sabem descobrir as oportunidades, ele nunca esperava ficar sem dinheiro por muito tempo.

A fim de levantar a confiança de Braddock, Gould contratou uma luta com Harold Mays, no dia 5 de junho, em West New York. Braddock precisava vencer – Mays nada mais era do que "um adversário qualquer" –, mas somente conseguiu que não houvesse decisão após dez *rounds*. Quatro semanas depois, Braddock e Gould foram de trem a Boston, palco das três lutas seguintes. Em 2 de junho enfrentou Joe Monte pela terceira vez, agora no terreno inimigo. Em vez de empatar, como acontecera nas duas primeiras vezes, Braddock ganhou com facilidade por pontos, dominando a luta desde o início até o fim. Parecia estar voltando à forma. Um mês depois, voltou a Boston, para enfrentar Babe Hunt. Foi uma "batalha sensacional em dez assaltos", como disse a Associated Press.[16] Braddock perdeu por pontos.

Novamente sentiu nojo do mundo do boxe. Nada aborrece mais um lutador do que perder por uma decisão apertada. A essa altura

Braddock já perdera várias lutas assim. Gostaria de prosseguir com seus planos de abandonar o esporte, mas em 1930 os Estados Unidos não eram um lugar em que as pessoas abandonassem voluntariamente seu ganha-pão. Por isso continuava a lutar, ainda mais porque Mae estava grávida do primeiro filho. No máximo, porém, era pugilista a contragosto. Pela primeira vez achou inúteis os sacrifícios que fizera como lutador. No tempo em que estivera em ascensão, o boxe lhe parecera enobrecedor. Agora, já não tinha certeza. "Não há profissão mais perigosa do que o boxe, e nenhuma nos obriga a tanto sacrifício", disse ele a Francis Albertanti, da revista *Ring*.

> Não é um esporte para covardes, e os que sobrevivem merecem o que ganham. Pagaram por isso com a juventude perdida, desperdiçada em ginásios abafados e salas suarentas. Pagaram por isso em festas a que não puderam comparecer, doces que não puderam comer, água que não puderam beber. É um esporte duro. Quando chegamos ao Madison Square Garden e o vemos lotado até o teto, pensamos que os lutadores da disputa principal são gente de muita sorte. Da próxima vez em que pensar assim, lembre-se de que ninguém chega ao Garden do dia para a noite. O lutador atravessou um caminho longo, difícil e desanimador. O espectador somente vê o fim desse caminho, mas está longe demais para ver as montanhas que foi preciso galgar a fim de chegar a uma luta principal numa arena importante.[17]

Poucos anos depois, Gould resumiu o mal-estar de Braddock de forma mais sucinta, numa conversa com Frank Graham, do *Sun*:

– Ele se casou em 1930, ficou preguiçoso e começou a perder lutas que deveria ter vencido. Fazia uma boa apresentação e logo depois outra ruim, e todos acharam que ele estava acabado.[18]

Somente Gould – e a Depressão – impediu que Braddock abandonasse o boxe em 1930.

– Vamos vencer essa má fase – disse Gould certo dia quando dividia um sanduíche com Braddock no Stillman. – E quando você começar a vencer, vai continuar vencendo.

– Sei disso – respondeu Braddock. – É só conseguir as lutas.

Lentamente, Braddock voltou a abraçar o esporte. Treinar e lutar eram sua terapia, tanto quanto sua profissão. Encontrava alívio e conforto nos ritmos do ginásio, na fácil camaradagem e nos rituais conhecidos. Ali ele sabia o que se esperava dele e como realizá-lo. Era lá fora, onde as cordas desapareciam, que tinha dificuldade em compreender as coisas e pisar chão firme.

Em 19 de setembro, em Boston, Braddock nocauteou Phil Mercurio no segundo assalto. Foi uma vitória cabal, não suficiente para apagar as derrotas recentes, mas mesmo assim uma boa vitória. Gould via agora uma oportunidade, quando antes não havia nenhuma. Um lutador da Califórnia chamado Max Baer estava prestes a estrear em Nova York. A única coisa que Gould sabia sobre Baer era que ele tinha matado no ringue o último adversário, um lutador bastante competente chamado Frankie Campbell. Mas Gould não se assustava com facilidade, pelo menos não quando Braddock lutava. Achou que Braddock daria as boas-vindas a Baer em Nova York da mesma maneira como acolhera Tuffy Griffiths, outro artista do nocaute vindo de além das Alleghenies. Apesar da recente mediocridade de Braddock, Gould era quase cego para suas debilidades, como um pai orgulhoso. Acreditava nele sem qualquer sombra de dúvida, especialmente quando enfrentava batedores fortes, mais do que boxeadores artísticos.

Mas a comissão de boxe, o mesmo grupo onde dois anos antes William Muldoon previra que Braddock algum dia venceria o campeonato dos pesos pesados, não permitiu que Braddock enfrentasse Baer. De acordo com os jornais, a comissão estabeleceu que Braddock não era um adversário adequado. Afirmou-se que a comissão temia por sua segurança num encontro com um matador conhecido, como Baer. Joe Gould argumentou em favor de Braddock numa audiência especial, sem sucesso. A comissão manteve a decisão.

Com efeito, a ata da reunião da comissão de boxe no dia 18 de novembro de 1930, afirma:

> O agente Tom McArdle compareceu em conexão com a proposta de luta entre Max Baer e Jimmy Braddock em sua arena no dia 19 de dezembro de 1930. Foi informado de que esse encontro não será aprovado pela comissão tendo em vista as alegações de complexas alianças existentes entre os representantes de Baer no leste e os atuais agentes de Braddock, reconhecidos ou não. Foi sugerido a McArdle que voltasse na sexta-feira 21 de novembro e apresentasse outro adversário para Baer. Ao dar essa informação a McArdle, a comissão deseja enfatizar que ela de forma alguma desabona a honestidade tanto de Braddock quanto de Baer.

Três dias depois, McArdle voltou aos escritórios da comissão na rua Lafayette. Bert Sand, secretário da comissão, registrou na ata: "Tom McArdle, agente do Madison Square Garden S.C., compareceu a fim de solicitar permissão para organizar uma luta em seu estádio entre Ernie Schaff [*sic*] e Max Baer, no dia 19 de dezembro. Aprovado."

Gould se irritou, mas nada podia fazer a não ser arranjar outro adversário para Braddock. Um mês depois que Schaaf derrotou Baer – amplamente –, seria ele esse lutador. Braddock vinha de uma inatividade de quatro meses e Schaaf pesava quase 13 quilos mais do que ele, porém a comissão não o considerou adversário inadequado para Schaaf, o que dá a entender que sua capacidade física não era o verdadeiro motivo da recusa em permitir a luta com Baer.

A perspectiva de lutar novamente no Madison Square Garden, contra qualquer adversário, mexeu com os brios de Braddock. Já fazia mais de um ano que ele não lutava na cidade de Nova York; os encontros com Lomski, Jones, Mays, Monte, Hunt e Mercurio haviam sido em outras cidades. A idéia de apresentar-se novamente em seu terreno, voltar a sentir o caldeirão de sons produzido por uma grande multidão no Garden reacendeu seu desejo de lutar.

Apesar disso, mostrando-se lento como de costume, Braddock perdeu a luta numa decisão em que os juízes se dividiram. Mas James P. Dawson escreveu no *New York Times* que Schaaf "novamente deixou de impressionar os espectadores como uma promessa capaz de desenvolver-se a ponto de se tornar candidato significativo a pretendente ao título dos pesos pesados". Considerando que no espaço de poucas semanas Schaaf derrotara Baer e Braddock, dois futuros campeões, é razoável duvidar da inteligência dos espectadores que se impressionaram tão pouco. "A maioria da reduzida platéia discordou da decisão, que não foi unânime", escreveu Dawson, "e demonstrou de forma incontestável esse desacordo quando o lutador da Nova Inglaterra [Schaaf era de Boston] foi declarado vencedor. Mas as objeções à decisão não eram justificadas, pois Schaaf mostrou merecer a vitória ao vencer seis assaltos contra quatro de Braddock."[19]

Mais uma vez John Kieran, do *Times*, desembainhou o sabre para alfinetar Braddock: "Após observar James J. Braddock em sua luta com Ernie Schaaf, cresce mais do que nunca a impressão de que James J. seria um excelente jogador de xadrez. Ele possui toda a velocidade necessária a esse jogo." Disse mais: "Braddock tem disposição constante e queixo resistente", continuou Kieran, "mas assim como o grande relógio do Metropolitan Tower, ele bate somente a cada quarto de hora, o que em geral não é suficiente para os objetivos do pugilismo."[20]

Inacreditavelmente, cinco dias mais tarde, na edição de 30 de janeiro do *Times*, Braddock foi novamente o tema da coluna de Kieran. "James J. Braddock é um expoente do estilo de ataque retardado", escreveu Kieran. "Ele dirige seus golpes mais letais contra o ponto ocupado cerca de trinta segundos antes pelo queixo ou costelas do adversário. Raramente erra por mais de um metro ou um metro e meio. Seria ótimo observar Braddock numa noite morna de verão. Ele produz uma bela brisa com seus golpes."[21]

É verdade que nessa época Braddock se esforçava por recuperar a forma, mas as críticas de Kieran iam além do que seria normal e indicam a maneira soberba pela qual a imprensa zombava e ridicularizava alvos fáceis, o que era exatamente o que Braddock se tornara durante os 18 meses decorridos desde sua derrota para Tommy Loughran. Mas pelo menos, em 1931, ele ainda era assunto. Em dezembro, Kieran outra vez zombou dele: "Era patética a maneira pela qual o confuso James J. ficava de pé sem saber de onde vinham os golpes e quem era o vilão invisível que o atacava" – referência à luta com Loughran, mas até mesmo Kieran achou que não deveria menosprezar alguém que iria cair tão baixo quanto Braddock em 1932 e 1933.[22] Kieran somente voltou a mencionar seu nome em 1935.

A derrota para Schaaf seria o ponto mais importante da carreira de Braddock no ano de 1931. Em março ele venceu duas lutas, contra Jack Roper, em Miami, e Jack Kelly, em New Haven, Connecticut, mas nenhuma das duas vitórias teve grande significado porque os adversários eram relativamente obscuros. A situação financeira de Braddock piorou mais ainda. A companhia de táxis fechou as portas – as pessoas simplesmente já não tinham dinheiro para andar de táxi – e Braddock, que não havia feito seguro suficiente para proteger seu investimento, passou a ser devedor.

Braddock sentiu o golpe, mas Mae ficou inconsolável.

– Chorei, chorei muito, até que meus olhos pareciam estar pegando fogo – disse ela, mais tarde.[23]

– Não importa, querida – disse-lhe Braddock, pouco depois da falência. – Vou voltar ao ringue e vamos recuperar tudo com juros. Não se preocupe. E já sabemos o que fazer da próxima vez que tivermos dinheiro.[24]

Naturalmente, ele não poderia imaginar que ainda se passariam anos até que conseguisse juntar outra vez uma importância considerável.

Em outubro, Braddock enfrentou Joe Sekyra no Madison Square Garden. Somente 4 mil pessoas foram vê-lo lutar, sem brilho, durante nove dos dez assaltos. Mais uma vez perdeu por pontos.

Em novembro, com dinheiro contado, foi até Minneapolis para enfrentar Maxie Rosenbloom pela segunda vez. Rosenbloom era agora o campeão dos meio-pesados, mas a luta não valia o título: James J. Braddock já não pertencia mais a essa categoria. Agora lutava com o peso entre 81,600 e 83,900 quilos. Braddock e Rosenbloom se davam bem e provavelmente estavam pouco interessados em darem o máximo de si no que era pouco mais do que uma luta de exibição numa cidade menos significativa para o boxe. Durante a maior parte de dois *rounds* eles se limitaram a dar alguns socos fracos e rodar pelo ringue. Braddock disse mais tarde que suas mãos doíam durante a luta, o que era comum àquela altura. Mas a platéia não gostou da demonstração amadorística.

O árbitro tampouco. No segundo assalto, levantou os braços e expulsou do ringue os dois lutadores. Declarou "falta de combatividade", sob a alegação de que nem Braddock nem Rosenbloom se mostravam dispostos a bater. A comissão deu a cada um 350 dólares para cobrir as depesas mas doou a quota de Rosenbloom, de 1.195 dólares, e a de Braddock, de 996, a uma instituição de caridade. "Em troca da promessa de não iniciar ação judicial para recuperar a importância total, a comissão concordou em não suspendê-los nem solicitar sua suspensão em outros estados", informou a Associated Press. Braddock e Gould mal puderam comprar a passagem de trem de regresso.[25]

Braddock, que era bastante supersticioso, começou a achar que estava azarado. A estranha maneira pela qual vinha perdendo lutas, as derrotas apertadas, as decisões questionáveis, a mudança do resultado contra Lomski, o que acontecera na luta com Rosenbloom – tudo isso o intrigava. A única explicação que encontrou era que estava numa maré de azar, e disse isso a Mae.[26]

Mesmo assim, continuou a treinar e lutar. Freqüentava o Stillman com Gould, tentando reencontrar o que quer que tivesse desaparecido na noite em que perdera para Tommy Loughran. Nos dias em que Braddock se apresentava mal, mesmo contra amadores, Gould o estimulava. No almoço dividiam um prato de ervilhas ou um hambúrguer; estavam sempre com fome.[27] Braddock disse várias vezes a Gould que compreenderia se ele o deixasse de lado e tratasse de encontrar outro lutador para agenciar. Mas Gould continuou a acreditar em Braddock. Via nele o mesmo lutador que havia feito Harry Galfund de tolo e nocauteara o grande Tuffy Griffiths. Gould sabia que no íntimo de Braddock havia um campeão, e mesmo que a maioria das pessoas o considerasse acabado, Gould o tratava com o mesmo respeito de sempre.

Muitas vezes ele pensava que se a mão de Braddock se curasse adequadamente, ele seria novamente um lutador respeitado. Mas a lesão era crônica, como a da maioria dos lutadores, porém em maior grau. (Na época os boxeadores usavam luvas de 180 gramas, que na verdade eram pouco mais do que luvas comuns, e não era raro quebrarem as mãos. As luvas não tinham câmaras internas, e assim o lutador podia afastar das falanges o pouco enchimento que havia – geralmente crina de cavalo – a fim de maximizar o impacto de cada golpe. O resultado era um maior dano tanto ao que dava o soco quanto ao que o recebia. Hoje em dia as luvas são mais pesadas – 240 ou 300 gramas – e possuem câmaras internas, para manter o enchimento no lugar.)[28] Cada vez que Braddock batia no saco de areia, fazia uma careta. Cada vez que acertava um soco, uma onda de dor corria por sua espinha.

Gould continuou a promover Braddock para Jimmy Johnston, que substituíra Tom McArdle no Madison Square Garden, e na maioria das vezes Johnston cedia, proporcionando a Braddock uma luta que ele provavelmente não mereceria com base em seu currículo recente. Muitas vezes, porém, Gould e Braddock eram obrigados a sair de Nova York para arranjar lutas. Em 18 de março de 1932, em Chicago, um lutador relativamente desconhecido chamado Baxter Calmes, de Oklahoma City, venceu facilmente Braddock por pontos, mostrando que ele não tinha sorte nem mesmo no dia seguinte à festa de S. Patrício.*

Três meses depois, no Madison Square Garden Bowl – onde em geral lutava bem –, Braddock apareceu na preliminar da luta pelo campeonato de pesos pesados entre Max Schmeling e o desafiante Jack Sharkey, e venceu por pontos Vincent Parille, um argentino. Parrille, que pesava 92 quilos, contra 82,266 de Braddock, tinha reputação razoável, e a vitória de Braddock deveria ter-lhe dado certo ânimo. Pelo menos impressionou Johnston, que o contratou para outra luta cinco semanas mais tarde.[29]

Braddock treinou com afinco, com parceiros no ringue e tentando melhorar o jogo de pernas e a noção de tempo. Gould e Doc Robb estavam convencidos de que ele voltara à forma, apesar da dor na mão direita. Mas na manhã de 7 de julho Braddock machucou novamente a mão – não no ringue, mas na delegacia de North Bergen.

O irmão mais moço de Braddock, Alfred, que trabalhava nas barcas que atravessavam o Hudson, passou a noite de 6 de julho bebendo com

* São Patrício é o padroeiro da Irlanda, e atrai grande devoção dos irlandeses. (N. do T.)

seus amigos Jeff Bostwick e Henry Werner. De madrugada continuaram a beber. Perto das quatro da manhã, Al Braddock e Bostwick acharam que seria ótima idéia visitar a amiga Anna Quinlan. Bateram à porta dela, mas a moça, com grande sensatez, recusou-se a deixá-los entrar. Al e Jeff começaram então a quebrar diversas janelas da casa dela com pedras. Quinlan chamou a polícia. O capitão Louis Bachman, o sargento Thomas Neggia e dois patrulheiros atenderam, ouviram o que ela tinha a dizer e suspeitando de que a noitada dos desordeiros ainda não tinha acabado, chegaram pouco depois a um bar na Avenida Fisher. O instinto do policial estava correto. Prenderam Braddock, Bostwick e Werner, embora esse último não tivesse ido à casa de Quinlan, e os levaram à delegacia, onde a moça identificou Braddock e Bostwick como os apedrejadores. No momento em que eles estavam sendo formalmente denunciados por conduta desordeira, Jim Braddock apareceu, procurando obter sua liberação (um escrivão ligou para ele falando que Al tinha sido preso).[30]

Segundo a edição daquela tarde do *Jersey Journal*, Jim insultou um homem que acompanhara Quinlan à delegacia. O capitão Bachman o mandou calar-se e acrescentou um palavrão dirigido a Al. Braddock fez o que sempre fazia quando ele ou alguém da família era insultado. Acertou em cheio o nariz de Bachman, quebrando-o e derrubando o capitão, que caiu sem sentidos. Era o primeiro nocaute em vários meses. Dar um soco num capitão da polícia já era uma estupidez. Fazê-lo dentro da delegacia era algo de imbelicidade quase transcendental. Num instante Braddock foi agarrado por três sargentos, um detetive, três patrulheiros e o motorista do carro de polícia. Braddock reagiu, com ajuda simbólica de seu irmão, Werner e Bostwick. Durante alguns segundos parecia que Braddock nocautearia todo o destacamento policial de North Bergen. Mas um dos sargentos apertou o pescoço dele com um cassetete, outro o agarrou pelas pernas e a briga acabou. Jim Braddock e Werner, que precisou de quatro pontos para fechar um corte na testa, foram presos sob acusação de agressão com fiança de 2 mil dólares. Dois policiais, aparentemente simpatizantes dos Braddock, foram investigados por deixar de ajudar os colegas.[31]

A reportagem do *Jersey Journal* apareceu com destaque na primeira página. O que mais envergonhou Braddock foi que o repórter descrevia com certa precisão o estágio atual de sua carreira. "Braddock já esteve cotado entre os principais pesos pesados do país vários anos atrás", dizia ele, "mas ultimamente tem estado mais ou menos inativo. Figurou em várias lutas locais e finalmente foi recompensado em setembro de 1929 [na verdade, fora em julho] com a possibilidade de disputar o título dos meio-pesados, na época em poder de Tommy Loughran. A alta qualidade do boxe do lutador da Filadélfia foi demais para o do Hudson, que sofreu uma derrota fragorosa. Desde então suas aparições no ringue têm sido distantes e espaçadas. Nunca mais atingiu as alturas a que chegara antes de enfrentar Loughran."[32]

O jornal de sua terra natal, literalmente, o considerara acabado.

Mesmo antes que Gould chegasse à delegacia naquela tarde, os amigos de Braddock já haviam conseguido libertá-lo. Harry Buesser, um dos cinco membros da junta de Administração da cidade e chefe da segurança pública municipal era quem, dez anos antes, havia promovido a primeira luta profissional de Braddock, quando ele lutara com o nome de Jimmy Ryan. Buesser passara da promoção de eventos à política, o que nos diz tudo o que precisamos saber sobre a política no norte de Nova Jersey. Em algumas cidades, agredir um policial poderia levar alguém a ser morto. Em North Bergen, sendo o atacante Jim Braddock – mesmo um Jim Braddock acabado –, o assunto foi tratado em grande parte como uma briguinha de rapazes malcomportados. Embora Braddock acabasse condenado a noventa dias de prisão por usar linguagem obscena no tribunal, a sentença foi suspensa e a acusação reduzida de crime para delito leve. Mesmo assim, demonstrando grande falta de consideração, o nariz do capitão Bachman danificou a mão direita de Braddock, que não era o que Gould queria ouvir.

– Você ficou louco? – disse Gould, olhando as ataduras na mão de Braddock. – Bater num capitão da polícia? Você não podia pelo menos usar a esquerda?

Para Braddock, a explicação era simples.

– Ele insultou Al – respondeu.

Duas semanas depois, Braddock, que fora libertado sob fiança, e sua mão direita lesionada estavam de volta ao Madison Square Garden

Bowl, a fim de enfrentar Tony Schucco na preliminar da luta entre Ernie Schaaf e Paulino Uzcudan. Schaaf venceu, e também Schucco, com facilidade. Braddock havia vencido 43 de suas primeiras 46 lutas como profissional, de 1926 a 1929; seu currículo posterior, a partir da luta contra Loughram, foi de sete vitórias, 11 derrotas, um empate e uma "falta de combatividade". Durante três anos ele estivera péssimo. Finalmente, mesmo com o empenho de Gould, já não havia mais lutas para ele em Nova York. Ninguém queria pagar para ver Jim Braddock no ringue.

Braddock não tinha escolha. Deixando Mae e os filhos pequenos – Mae tinha dado à luz Jay em janeiro de 1931 e Howard no mês de dezembro seguinte –, seguiu para o oeste com Gould, novamente para a Califórnia. As brisas do Pacífico não mudaram sua sorte. Em agosto venceu em San Diego por pontos, em dez assaltos, contra Dinamite Jackson. Mas em setembro, em São Francisco, sofreu nova derrota, desta vez contra um promissor meio-pesado negro chamado John Henry Lewis, que chegaria a conquistar o campeonato mundial. Um mês depois, em Los Angeles, Braddock perdeu novamente, contra Tom Patrick, que abriu um profundo corte em seu supercílio.

Menos de três semanas mais tarde, completamente sem dinheiro e precisando desesperadamente conseguir o suficiente para a passagem de trem de volta, Braddock regressou a São Francisco para enfrentar Lou Scozza. Enquanto ele e Gould viajavam subindo a costa da Califórnia em 8 de novembro – a luta foi combinada de supetão, quando o adversário original de Scozza desistiu –, o país estava indo às urnas. O governador de Nova York, Franklin D. Roosevelt, venceu com folga o presidente em exercício, Herbert Hoover, conquistando 42 dos 48 estados. Mais ou menos no momento em que Gould e Braddock desembarcavam na Union Station de São Francisco, Hoover reconhecia a derrota em sua fazenda em Palo Alto, a menos de 50 quilômetros dali. Na noite seguinte Braddock lutou contra Scozza, que quase imediatamente reabriu o corte no supercílio, cegando-o temporariamente. No sexto *round*, o árbitro encerrou a luta e declarou Scozza vencedor por nocaute técnico. Era o primeiro nocaute de Braddock.

Finalmente, após quase quatro meses na Costa Oeste, Braddock e Gould voltaram a casa. Passaram horas no trem, vendo a paisagem desfilar diante de seus olhos. Nada parecia bonito. O panorama sofrera com a seca e a poeira. Quando o trem parava numa estação, eles saíam para esticar as pernas. As pessoas que encontravam estavam famintas e maltrapilhas. Alguns mendigavam pedindo dinheiro, outros comida. Os pensamentos de Braddock voltaram ao tempo em que ele pegara carona nos trens para Chicago. Na época, dez anos antes, cada apito nas paradas prenunciava aventura e potencial prosperidade. Ele agora percebia que tudo fora uma ilusão. Em sua avaliação, era impotente contra o destino, que o havia tratado mal durante os três anos anteriores. A visão dos pobres era um aviso constante do que podia lhe acontecer. Ele não possuía escolaridade na qual se apoiar, e nenhum ofício a não ser o boxe. Se ele e Gould tinham de passar o futuro previsível viajando de trem em busca de lutas para sobreviver, então era isso o que fariam. Não existia ainda o auxílio-desemprego, nem a seguridade social; o New Deal era ainda apenas uma idéia. Juntos, Braddock e Gould tinham somente alguns dólares no bolso. Subsistiam pricipalmente com sanduíches e maçãs. A viagem de volta foi longa.

De volta a North Bergen, Braddock passou os feriados na tranqüilidade do lar, com Mae e as crianças. O olho tinha sarado, mas a mão ainda doía bastante. No entanto, ia ao ginásio todos os dias, porque entre os Braddock e a pobreza somente existia o boxe. Tinha de lutar para alimentar a família. Quase todas as manhãs tomava a barca para Manhattan e caminhava até o Stillman, onde Gould o esperava. Às vezes com um treinador, outras sozinho, os dois passavam as horas juntos, enquanto Braddock se exercitava e transpirava. Os jornalistas iam e vinham todos os dias. Antes de suas lutas importantes – contra Griffiths, Lomski e Loughran, por exemplo – eles procuravam Braddock e Gould. Agora não os ignoravam; ambos simplesmente tinham se tornado invisíveis. Estavam vivos, mas suas carreiras haviam morrido.

Shabazian aparecia a cada duas ou três semanas, e os três dividiam alguns sanduíches de má qualidade das lanchonetes do Stillman. Mas em geral Gould e Braddock ficavam juntos e praticamente a sós. Imaginavam estratégias e sonhavam com grandes lutas e grandes recompensas financeiras. Gould estimulava Braddock e este animava o amigo. Enquanto isso, observavam os astros do esporte que entravam e saíam do Stillman com seus séquitos. Sharkey, Schmeling, Carnera, Baer, Ross, Rosenbloom e Loughran encabeçavam a procissão. Braddock e Gould notaram que nenhum deles parecia estar com fome. Todos pareciam ter acabado de chegar de Miami Beach.

Logo antes do Natal, Gould procurou Braddock para uma luta em Chicago, no dia 13 de janeiro. Mais uma vez Braddock estava sendo oferecido como coadjuvante para um jovem artista do nocaute, Martin Levandowski, de Grand Rapids, Michigan. Naturalmente, a comissão de boxe do estado de Illinois, a mesma que na opinião de Braddock lhe roubara um empate com Lomski, temeu pela segurança dele contra uma fera como Levandowski e exigiu provas de sua aptidão para permitir a realização da luta. Braddock teria de apresentar-se no ringue com um parceiro, sob as vistas dos comissários, num ginásio de Chicago. Submetido a mais uma humilhação, ele sobrepujou a dor na mão direita – Gould queria que ele tomasse uma injeção de novocaína, mas ele preferia a dor à insensibilidade – e massacrou em seus dois *sparrings*. Os comissários não tiveram alternativa e autorizaram a luta.

Assim como fora o caso de Tuffy Griffiths, Martin Levandowski havia construído a temível reputação de nocautear praticamente todos os adversários que enfrentara. Tal como Griffiths, ao soar o gongo ele saltou de seu canto como um touro. Tentou atingir com golpes violentos a cabeça de Braddock. Este esperou que o adversário perdesse o equilíbrio, e quando isso aconteceu, acertou-lhe uma direita no rosto. Fazendo uma careta de dor com a força do golpe, viu-o desabar na lona com um baque surdo. Levandowski se ergueu devagar. Mais tarde, caiu novamente. Durante os dez assaltos, Braddock o havia derrubado cinco vezes. Ganhou por decisão unânime.

Enquanto Gould aplicava gelo em sua mão, Braddock, que na vitória esquecia as dores, comentou:

– Essa sensação de dar um nocaute é que me alimenta.[33]

Sete dias depois já estava de novo no ringue, lutando no Madison Square Garden pela primeira vez desde outubro de 1931. Seu adversário, o alemão Hans Birkie, que pesou 90,790 quilos contra os 82,517 de Braddock, havia lutado apenas quatro dias antes, na arena St. Nicholas, no West Side. (Na década de 1930 não era incomum para os pugilistas lutar mais de uma vez por semana. Até mesmo os atletas profissionais de categoria superior eram obrigados a trabalhar muito recebendo pouco durante a Depressão.) A menor platéia da história do Garden, tanto o novo quanto o antigo, cerca de 3.500 pessoas, viu Braddock e Birkie agirem como dois atletas que lutavam pela segunda vez na mesma semana. Essa desculpa não pareceu suficiente para James P. Dawson, que qualificou a luta de "um filme em câmera lenta de uma briga no ringue entre dois pesos pesados medíocres".[34] Braddock foi mais medíocre do que Birkie, ganhando somente dois dos dez assaltos e sendo derrotado por pontos. Dezessete meses se passariam antes que ele lutasse outra vez em Nova York.

Poucos dias depois de perder para Birkie, Braddock ia de automóvel por North Bergen com alguns amigos e bateu em outro carro. Ninguém se machucou gravemente, a não ser ele próprio, que quebrou várias costelas. Mais uma vez ele pensou em sua maré de má sorte, que sem dúvida o perseguia. Outras provas surgiram. Tinha uma luta marcada com Al Ettore na Filadélfia, em 1º de março, e nem ele nem Gould podiam se dar ao luxo de adiá-la. No Stillman, Gould tratou de enfaixar bem as costelas de Braddock, mas quando ele entrou no ringue para a luta com Ettore, tanto as costelas quanto a mão doíam muito. Primeiro, Ettore o atingiu no tórax, e depois Braddock o acertou com a direita, quase despedaçando a mão. Depois disso, ele ficou inutilizado. Tropeçava pelo ringue. A platéia o vaiou sem cessar enquanto ele se esquivava dos golpes de Ettore e tentava sem sucesso alcançá-lo com sua débil esquerda. A essa altura Braddock já deveria ter se acostumado a fazer papel de palhaço, mas em vez disso se enfurecia cada vez que algo assim acontecia. Poderia ter encontrado uma forma de abandonar a batalha, mas em vez disso preferiu continuar com dignidade. No quarto *round*, entretanto, o árbitro Joe McGuigan achou que já era o bastante. Sem saber que Braddock tinha as costelas e a mão fraturadas, expulsou-o do ringue e declarou que ele lutara "sem combatividade". Juntando o insulto à ignomínia, a comissão de boxe da Pensilvânia suspendeu Braddock e Gould devido ao que considerou "conduta não profissional".

Braddock e Gould não se deixaram abater. Vinte dias depois daquele desastre, e apesar das lesões de Braddock, foram a St. Louis para enfrentar Al Stillman, outro batedor da tradição de Tuffy Griffiths e Martin Levandowski. Braddock o nocauteou no décimo assalto. Ele gostava de St. Louis. Três semanas depois, lutou novamente na cidade, contra Levandowski, que dessa vez o venceu por pontos após dez *rounds*. Seis semanas mais tarde, de acordo com o que se tornara o padrão, enfrentou Stillman numa revanche e perdeu por pontos em dez assaltos, outra vez em St. Louis. Havendo esgotado sua capacidade de atrair espectadores na Costa Leste e na Costa Oeste, passava agora a ser igualmente indesejado no Meio-Oeste. Estava acabado em três dos fusos horários do país – e não havia arenas importantes no quarto. Pela primeira vez desde 1927, que fora seu segundo ano como profissional, Braddock seria forçado a lutar em pequenos clubes e arenas de porte médio.

Na década de 1920, ele ganhava milhares de dólares por luta. Agora recebia duas centenas, ou menos. A situação do país piorava. Com dificuldade, ele conseguia pagar o aluguel e as contas básicas. Mas continuava a treinar e lutar. Suas esperanças de algum dia ganhar o campeonato há muito haviam desvanecido; no curso de apenas alguns anos, ele se transformara num adversário profissional.

Mesmo assim, ainda encontrava alegria nos rituais simples do boxe. Os que o viam no ginásio sempre se impressionavam com a intensidade de seus esforços no treinamento e com a seriedade com que encarava a profissão. Braddock poderia facilmente ter ficado cínico a respeito do boxe, que às vezes o tratara com crueldade. Mesmo quando, três anos antes, pensara em deixar definitivamente o esporte, não poderia ter se afastado por muito tempo. Lutar era para ele tão essencial quanto respirar. Se o esporte parecia injusto, ele conservava um contínuo respeito por ele, e estava decidido a comportar-se de forma honrada apesar das decisões negativas e das lesões crônicas que sofrera.

No final do verão de 1933, Braddock e Gould ainda passavam os dias no Stillman, na rua 57 oeste. Braddock ia ficando mais pesado com os anos. Sua estrutura óssea continha agora facilmente 83,980 quilos, sem gordura. Na verdade, estava ficando mais forte. Sua mão direita, no entanto, era sempre problemática e prejudicava o treinamento. O maior peso também afetava sua agilidade, que passou de ruim a péssima.

A Depressão mudara a atmosfera do Stillman. Seus ringues, antes ensopados com o suor dos esperançosos, estavam agora escurecidos com o dos desesperados e derrotados. O boxe era sua única esperança; não havia empregos melhores em nenhum lugar. Na década de 1920, os pugilistas lutavam por prazer ou porque eram competentes. Na de 1930, lutavam por necessidade. Braddock precisava lutar. Em 25 de setembro enfrentaria Abe Feldman no Memorial Stadium, em Mount Vernon, ao norte do Bronx.

Aos 20 anos, Feldman tinha oito menos do que Braddock mas já lutara vinte vezes como profissional, com 19 vitórias e uma derrota. Em agosto vencera Hans Birkie, contra quem Braddock perdera em janeiro. No início de setembro ganhara de Pietro Corri. Acreditava-se que Feldman tivesse futuro, e Braddock era considerado acabado. Mesmo assim, Gould achava que ele derrotaria Feldman com facilidade e que uma vitória o faria voltar ao Madison Square Garden, abandonando as arenas de Jersey City, West New York e Mount Vernon.

Braddock, Gould e Robb foram ao local da luta no velho Ford de Gould. No vestiário, antes da luta, Braddock estava mais taciturno do que de costume. Estava devendo o aluguel e as contas. A mão doía, o que significava que não poderia dar o melhor de si. Sentia-se deprimido pelo ambiente: o vestiário modesto, a platéia pouco numerosa, o ar suburbano. Pensou consigo: como foi que vim acabar aqui, lutando nesses buracos, contra algum menino que estava no colégio primário quando eu já disputava campeonatos? Mas não havia alternativa. Ninguém exigia novas lutas de Braddock no Garden. Nenhum promotor de eventos de Chicago ou de Los Angeles o chamava para as preliminares. Mais de quatro anos após sua única disputa de campeonato, ele estava somente segurando as pontas. Os jornais estavam cheios de reportagens sobre Primo Carnera, o novo campeão dos pesos pesados, e Max Baer, o principal desafiante. Braddock fora esquecido.

Era uma tarde fresca de início de outono, e apenas poucas centenas de espectadores estavam nas arquibancadas. No primeiro assalto, Braddock e Feldman deram o ritmo da luta – algumas saraivadas aqui, algumas combinações ali. Estavam se estudando. No intervalo, Braddock se sentiu bem; dera alguns socos que o animaram. Disse a Gould que não se preocupasse, que iriam sair vencedores. No segundo assalto, encontrou uma oportunidade quando Feldman baixou a guarda. Com sua direita sempre precisa, acertou o adversário em cheio no queixo. Mas quem sofreu com o soco foi o próprio Braddock. A mão direita se quebrou em três lugares, com as falanges afundadas sob a pele. Feldman agora podia avançar impunemente. Apesar de todos os seus problemas com a mão direita, Braddock ainda não tinha aprendido a usar a esquerda. No terceiro, quarto e quinto assaltos ele ainda tentou montar algum tipo de ataque, manter-se de pé, como fizera com Al Ettore na Filadélfia.

Abandonar o ringue jamais fora uma opção para Braddock, que em oitenta lutas profissionais nunca sofrera um nocaute, a não ser contra Lou Scozza, por motivos técnicos. Mas a inutilidade de seus esforços contra Feldman foi recebida com vaias pela platéia, que não tinha como saber que ele estava lutando com a mão quebrada.

No sexto *round* Braddock continuava a tentar bater, sem sucesso. Rodava pelo ringue, lento demais para alcançar Feldman, e seu orgulho o impedia de jogar a toalha. Finalmente, com as vaias aumentando, o árbitro agitou os braços acima da cabeça, encerrando a luta, outra vez por falta de combatividade. No currículo de um lutador, um caso de falta de combatividade era suficiente para encerrar a carreira; três seria imperdoável.

Braddock voltou ao vestiário e chorou, como confessou mais tarde. Tomou então a decisão de abandonar o ringue.[35]

No caminho de volta a Nova Jersey deu a notícia a Gould.

– Acho que desta vez estou acabado – disse ele, quando se afastavam de Mount Vernon. – Acho que devo desistir. Não quero mais passar vergonha.

Automaticamente, Gould tentou fazê-lo mudar de idéia.

– Escute, Jim, quando sua mão ficar boa, você vai ser melhor do que nunca – disse ele. – Você só teve um pouco de azar. Ainda pode vencer.

– Ninguém mais quer me ver lutar. E com razão.

– E o que você vai fazer? – disse Gould. – Não parece ter muitas opções.

Mas mesmo enquanto falava, Gould ficou pensando se realmente Braddock deveria voltar a lutar. Até mesmo ele começava a achar que o amigo deveria abandonar os ringues. Afinal, tinha 28 anos e estava perdendo mais do que ganhando. A mão estava cronicamente lesada. Jimmy Johnston admirava sua bravura, mas havia pelo menos uma dúzia de pesos pesados mais promissores e mais rentáveis. O futuro de Braddock como lutador provavelmente estaria cheio de noites em pequenos ringues e clubes privados em cidades pequenas. Gould não queria vê-lo ainda mais rebaixado. Mas a carreira de Braddock era a única coisa que ainda os mantinha fora da indigência.

– Vamos engessar essa mão direita, deixá-la sarar, e depois a gente conversa – disse Gould, enquanto atravessavam a noite escura.

O restante da viagem transcorreu num silêncio pouco comum.

Assim como sua correspondente na Pensilvânia, os membros da comissão estadual de boxe decidiram reter a bolsa de Braddock até que fosse possível verificar o motivo que o levara a lutar tão mal contra Feldman. Em 3 de outubro, na audiência, os comissários ouviram o laudo do dr. Vincent Nardiello, que examinara Braddock após a luta e mostrava que ele havia realmente fraturado a mão. O relatório de Nardiello provava que ele lutara com bravura, não com indiferença. A bolsa foi paga, no valor de 250 dólares.

Saindo da rua Lafayette, Braddock e Gould combinaram encontrar-se mais tarde, naquela semana, a fim de debater que decisão tomariam, se é que a tomariam.

– A mão vai demorar meses para sarar – disse Braddock, quando atravessavam a rua.

– Espere até ela ficar boa – disse Gould.

Em algum lugar em seu íntimo, ambos estavam achando que depois de mais de sete anos juntos a parceria estava acabada. Sem o boxe, Braddock teria de encontrar outra profissão. Sem Braddock, Gould teria de arranjar outro parceiro.

Separaram-se na estação do metrô, cada qual levando 125 dólares. Demorariam muito para voltar a ver tanto dinheiro.

8

O REI DAS SELVAS

RENO, NEVADA: PRIMAVERA DE 1931

Enquanto Jim Braddock se esforçava para regressar às manchetes dos jornais de Nova York, Baer e Hoffman já se sentiam cansados da cidade, pelo menos por enquanto. A experiência de ambos na Costa Leste havia sido apenas parcialmente bem-sucedida. Pelo final de fevereiro de 1931, Baer já havia conhecido quase tudo o que Nova York tinha a oferecer e perdera duas de três lutas, contra Schaaf e Loughran. Havia progredido, graças a Emily Post. Sabia qual era o garfo da salada e qual o da sobremesa, e sob a tutela de dois campeões mundiais compreendera que ainda poderia melhorar muito como boxeador. Passeando pelo convés do navio que o levou de volta à Costa Oeste através do canal do Panamá, sentia-se satisfeito e apaixonado. Apesar das derrotas, os fãs nova-iorquinos gostavam dele devido à encenação que fazia, e Dorothy estava prestes a se divorciar. Baer achava que a cidade o amava. Pretendia regressar. Agora, só de vez em quando seus pensamentos voltavam a Frankie Campbell.

Hoffman percebia que lidava com uma psique frágil e que a inatividade era um veneno. Era importante colocar Baer novamente no ringue, com um adversário que ele pudesse dominar. Em 7 de abril, em Portland, Oregon, Baer enfrentou Ernie Owens e o nocauteou no segundo *round.*

Hoffman contratou então uma luta com Johnny Risko em Cleveland. Conhecido como o Homem de Borracha, porque ficava sempre saltitando nas pontas dos pés enquanto dava voltas pelo ringue, Risko tinha tido seu momento de glória ao derrotar surpreendentemente Jack Sharkey, em 12 de março de 1928, na época em que Sharkey estava sendo preparado por Tex Rickard para suceder Gene Tunney como campeão mundial dos pesos pesados. Rickard chamou Risko de "desmancha-prazeres das ambições ao título". Em meio a mais de 7 mil espectadores, Max Schmeling, o campeão reinante, assistiu à luta, que Risko venceu com folga por pontos após dez *rounds* quando inexplicavelmente Baer parou de lutar e começou a fazer pose. Exibindo-se para a platéia, preparava seus socos com o braço bem atrás da cabeça e em seguida se detinha. Fingia ter sido atingido por um golpe e logo entrava novamente em ação. Levantando o calção a todo instante, exibia-se mais do que batia.

– O que você queria provar no ringue? – perguntou Hoffman, quando a luta acabou.

– Eu queria que eles se divertissem – respondeu Baer.

De mau humor por haver frustrado Hoffman e entregado a luta, Baer voltou ao hotel e telefonou para Dorothy, que estava em Oakland. Mais tarde, o *Oakland Post-Enquirer* revelou que a chamada custara 132 dólares.[1]

Baer já havia perdido três de cinco lutas desde a morte de Frankie Campbell. Bastariam mais duas ou três apresentações desastradas para que fosse considerado acabado, embora mal tivesse completado 22 anos. Evidentemente, esforçava-se por absorver as lições que Dempsey e Loughran lhe haviam ensinado.

Em meados de maio, Baer e Hoffman voltaram a Oakland. Para considerável consternação de Hoffman, Dorothy Dunbar estava à espera. Hoffman seria capaz de apresentar um ultimato a Baer – "ou eu ou ela" –, caso não achasse que ele a preferiria. Quando percebeu que Dorothy não iria se afastar, estimulou Baer a casar-se com ela, raciocinando que a única forma de curar a paixão é o casamento. Mas quando Baer novamente lhe propôs matrimônio, ela outra vez recusou. Aquilo o confundiu de vez.

No verão de 1931, Jack Dempsey se esforçava por firmar-se como promotor de lutas. Desejava quebrar o monopólio do Madison Square Garden, mas mesmo depois da morte de Rickard o Garden era um adversário temível. Resolveu organizar um grande espetáculo pugilístico em Reno em 4 de julho, com Max Baer na luta principal, que teria vinte *rounds* – contentando aqueles que tinham saudades dos tempos em que os combates não terminavam antes do 15º assalto. Durante os poucos meses de convivência com Baer, Dempsey passara a nutrir grande afeto pelo jovem pugilista, em quem deve ter visto muito de si mesmo. Tal como muitos dos que conheceram Baer, Dempsey deu uma olhada para seus ombros, mãos e tórax e viu o campeonato mundial em seu futuro. Havia sentido o poderio da mão direita de Baer. Mas Dempsey, que foi um dos lutadores mais ferozes de todos os tempos, não entendia a suavidade de Baer. Odiava a relutância do jovem em empenhar-se duramente o tempo todo. Queria que Baer fosse como ele – uma máquina perpétua de combate que continuava a bater até que o adversário caísse.

É possível que Baer também quisesse, em grande parte, agradar Dempsey, seu herói, mas provavelmente se ressentia do velho guerreiro, que era como um pai que jamais ficava satisfeito. Afinal, Dempsey não conseguiu influenciá-lo, como tampouco outras pessoas: ninguém podia dizer a Baer o que fazer.

– Max é imprevisível – disse Dempsey em 1933. – Se saímos juntos, a única maneira de ter certeza que ele não vai arranjar alguma encrenca é colocar uma corrente em seu pescoço e exibi-lo como um urso de circo. Mesmo assim ainda é preciso ter cuidado.[2]

Superficialmente, Dempsey e Baer tinham muita coisa em comum. Ambos vinham do oeste. Ambos eram carismáticos. Ambos tinham um quarto de sangue judeu, ambos tinham aparência de Adônis, os socos de ambos tinham força lendária e ambos eram temidos. Mas na verdade não poderiam ser mais diferentes. Dempsey era duro e Baer, suave. Dempsey era constante; Baer, indolente. Dempsey gostava de ser considerado o homem mais malvado do planeta; Baer preferia brincar de palhaço. Dempsey era um homem admirado pelos homens, e Baer, pelas mulheres. Como o príncipe de Maquiavel, Dempsey preferia ser temido a ser amado. Baer precisava de amor, que foi o que encontrou em Dempsey, ainda que não em Dorothy Dunbar.

Como a maioria dos agentes, Ancil Hoffman preferia que seus lutadores fossem solteiros. Segundo a sabedoria convencional, as mulheres eram pouco menos perigosas do que as armas de fogo para o futuro dos boxeadores. Sam Langford, talentoso peso pesado do início do século XX, resumiu a questão melhor do que ninguém: "É possível se livrar da cerveja e do uísque, mas é impossível se livrar das mulheres."[3] E o fantasma de Stanley Ketchel, que por uma vez foi adversário de Langford, assombrava todos os romances dos boxeadores. Ketchel, lendário campeão de meio-pesados da primeira década do século, que vencera Langford na Filadélfia em 27 de abril de 1910, pagou o preço mais elevado por seus amores. "Stanley Ketchel tinha 24 anos de idade", escreveu John Lardner, num *lead* imortal, "quando recebeu um tiro fatal nas costas, dado pelo companheiro da mulher que estava preparando seu café-da-manhã."[4]

Resignando-se com a presença de Dunbar na vida de Baer, Hoffman e Lorimer, que ainda se interessava por Baer mas que estava sendo lentamente afastado dele, aceitaram a luta em Reno. Hoffman esperava que uma viagem de volta ao freqüente refúgio de ambos na Sierra Nevada clareasse as idéias de Baer e que a presença de Dempsey o obrigasse a abandonar seus maus hábitos. Em vez disso, Dunbar os acompanhou. Juntos, ela e Baer saíam todas as noites, dançando embora ele não bebesse, e ficavam na rua até tarde.

Exasperado, Dempsey mandou lacrar a caixa de câmbio do carro de Baer, e para garantir, trancou-o – naturalmente, era uma limusine – numa garagem em Reno. Mas Baer sempre podia tomar um táxi.

Dunbar regressou a Oakland, mas Baer sentia sua falta. Ao perceberem que talvez ela acatasse a seus pedidos e voltasse a Nevada, Dempsey e Lorimer escreveram uma carta a ela pedindo que ficasse longe de Baer, para que ele pudesse se concentrar em seu treinamento. Ela não atendeu.

Certa noite, muito antes da luta, Baer tentou mais uma vez convencê-la a casar-se com ele. Num restaurante cheio de gente, com uma banda tocando alto por trás deles, ele se ajoelhou, tirou do bolso um diamante e disse:

– Dorothy, quer se casar comigo?

Dessa vez, para sua grande surpresa, ela aceitou. Baer comemorou mandando servir champanhe a todos os clientes do restaurante.

Tarzan conquistara sua Jane.

Mostrando sensatez pouco característica, Max e Dorothy concordaram que seria precipitado celebrar a cerimônia antes da luta. Max derrotaria Paulino Uzcudan em Reno e em seguida eles trocariam seus votos.

Uzcudan, mais conhecido como o Basco Combativo, era um lutador muito esperto e o melhor peso pesado que já saíra da península Ibérica. Curvava-se de maneira exagerada quando lutava, oferecendo aos adversários o menor alvo possível. Apesar de seu outro apelido – o Lenhador Espanhol –, não era um grande batedor, mas era competente o bastante para enfrentar praticamente todos os lutadores da categoria dos pesos pesados nas décadas de 1920 e 1930. Para um promotor de lutas como Dempsey, Uzcudan dava bom lucro. Todos sabiam quem ele era, mas ao mesmo tempo não custava tanto dinheiro quanto Schmeling, Sharkey e Carnera.

Com o iminente casamento ocupando a maior parte de seus pensamentos, Baer lutou bem, porém não de forma brilhante, contra Uzcudan. Após vinte assaltos, tanto ele quanto o oponente ainda estavam de pé, e portanto a decisão ficava nas mãos do árbitro – Jack Dempsey. Apesar de seu afeto por Baer, Dempsey tomou a decisão que lhe parecia correta: em favor de Uzcudan. Quatro dias depois, Max Baer casou-se com Dorothy Dunbar em Reno, "sob os olhos de convidados elegantes e enquanto a raiva do agente do lutador diminuía", segundo o repórter da Associated Press que testemunhou a troca de votos nupciais.[5]

Em Livermore, a mãe de Baer reclamou amargamente com a imprensa que o filho estava cometendo um erro enorme.

Durante os seis meses seguintes, até o fim de 1931, enquanto Jim Braddock afundava cada vez mais nas profundezas da Depressão, Baer esteve em prolongada lua-de-mel. Ele e Dorothy montaram casa em Oakland, e de acordo com a maioria dos relatos somente saíam do quarto quando era necessário. Baer estava também aprendendo alguns truques novos no ginásio. A derrota para Uzcudan tinha sido a quarta nas seis lutas posteriores à morte de Frankie Campbell. Mas a partir da vitória contra Jack Van Noy em 23 de setembro, em Oakland, ele iniciou uma das mais espetaculares séries de vitórias consecutivas de todos os tempos, que durou quase quatro anos.

Lutando exclusivamente na região da baía de São Francisco, Baer derrotou Van Noy, Jose Santa, Johnny Risko (empatando em um a um os encontros entre ambos), Les Kennedy (com idêntico resultado de um a um) e Arthur DeKuh, tudo isso num período de três meses no final de 1931. Vitórias no ringue e felicidade no lar; para Baer era uma sensação estranha.

Em janeiro, Baer e Hoffman resolveram tentar novamente a sorte em Nova York. A cidade o recebeu de braços abertos, e carteiras também. Já fartos do campeão Schmeling, e do lutador que em breve o sucederia, Jack Sharkey, os fãs do boxe estavam loucos para se divertirem. Já fazia um ano desde que haviam visto Baer pela última vez, mas sabiam que na vitória ou na derrota ele proporcionaria um espetáculo interessante. "Por isso, detestavam a melancolia", escreveu John Kieran no *Times*. "As lutas vêm sendo conduzidas de maneira solene demais. Agora vai haver um intervalo alegre. Max, da irrequieta família Baer da Califórnia, vai enfrentar no ringue Harry Levinsky, também chamado o Peixe Grande de Chicago."[6]

Levinsky, o Peixe Grande, ex-comerciante de peixes da rua Maxwell, era um dos lutadores mais excêntricos da época. Entre suas muitas peculiaridades estava a de cantar para a platéia enquanto o árbitro fazia a contagem na queda de um adversário. Não se dava muito bem com Max Baer, porque ambos adoravam entreter os fãs e não gostavam de rivais.

O casamento de Baer começou a azedar justamente na época de sua ida a Nova York para lutar com Levinsky. Depois de seis meses em que tiveram tempo de saciar o apetite sexual, Max e Dorothy se olharam nos olhos e perceberam que não havia nada de sólido para sustentar o relacionamento, o que dito de outra maneira significa que Max não desejava limitar-se ao leito de uma só mulher. Começava a compreender que tudo o que Dorothy lhe ensinara e tudo o que aprendera para tornar-se mais atraente para ela o haviam tornado também mais atraente para outras mulheres. Mais do que nunca, elas vinham aos montes.

Pela primeira vez, mas não pela última, Max e Dorothy se separaram.

Para um homem de 22 anos com dinheiro, Manhattan em 1932 era um maravilhoso parque de diversões, caso fosse possível esquecer os mendigos. Nos estertores da Lei Seca, a cidade ainda sentia os efeitos colaterais da frenética década de 1920. Os bares e boates ainda exigiam que os clientes se vestissem a rigor. As mulheres flertavam mais com o sexo oposto do que nas décadas de 1940 e 1950. E muitas flertavam com Baer, inclusive a bela candidata a estrela do cinema June Knight. O caso entre os dois serviu de munição para todas as colunas de fofocas.

Mas, em seu regresso a Nova York, Baer não teve êxito somente com coristas, atrizes, garçonetes de boate e mulheres da sociedade. Dominou Levinsky, ganhando sete dos dez *rounds* da luta. A vitória foi produto de sua força. Baer atacou o corpo de Levinsky com uma sucessão de golpes, sem se preocupar em visar a cabeça. O gongo que marcava o final de cada assalto em geral não fazia com que os dois parassem de lutar. Mais de 11 mil pessoas assistiram à luta no Madison Square Garden, e para a maioria ficou evidente que Max Baer havia melhorado muito em relação ao pugilista que deixara a cidade após a derrota para Tommy Loughran na mesma arena.

No dia 4 de julho, Baer voltou a Reno para outra luta de vinte assaltos promovida por Dempsey. Desta vez era uma revanche com Levinsky, que achava Baer descuidado e disse à imprensa que o considerava um cachorro.

– Vou fazê-lo saltar por cima das cordas para fugir de mim – disse o Peixe Grande, segundo os relatos.[7]

Esse comentário chegou aos ouvidos de Baer, que retrucou:

– Por causa disso, vou lhe dar a maior surra da vida.

Levinsky atordoou Baer no início da luta com um direto no queixo. Dali em diante, entretanto, Baer assumiu o controle. Parecia que o resultado seria um fácil nocaute. Mas no quinto assalto, quando os dois estavam em *clinch*, Baer disse ao adversário:

– Não se preocupe, vou deixar você ficar em pé e só darei o nocaute no último *round.*

Durante os 15 assaltos seguintes ele brincou com Levinsky, atingindo-o com sua manopla porém jamais explodindo-a no rosto dele. Tom Mix e Wallace Beery eram alguns dos astros do cinema que haviam comparecido, e Baer lutou muito melhor do que da primeira vez contra Levinsky. Não conseguiu o nocaute final que prometera, mas ganhou facilmente por pontos.

Àquela altura a autoconfiança de Baer crescera bastante. Levinsky era um dos quatro ou cinco melhores pesos pesados do mundo, e Baer teve suficiente segurança, ou temeridade, para deixá-lo continuar de pé, e potencialmente desferir um golpe nocauteador, somente para castigá-lo. Se Baer ainda pensava em Frankie Campbell, isso não transparecia. Ele se divertiu maltratando Levinsky.

No mês seguinte foi a Chicago, lutar novamente contra Ernie Schaaf. Já havia se passado dois anos desde a noite em que, no Garden, Schaaf resistira aos ataques de Baer e ganhara por pontos. Na mesma medida que um melhorara, o outro estagnara. Schaaf ainda era bom pugilista e tinha somente 23 anos, mas Baer havia progredido. Dominou a luta, e próximo ao fim do décimo e derradeiro assalto desferiu um furioso ataque, procurando nocautear o adversário. Logo antes do soar do gongo, acertou uma poderosa direita, mandando Schaaf à lona. Salvo pelo gongo, ficou inconsciente durante vários minutos.[8] Todos concordaram que ele tinha sido massacrado.

Pouco a pouco Baer percebeu que quase tinha matado um homem – pela segunda vez. Ficou enojado ao pensar no que fizera. Quando Schaaf acordou, Baer suspirou de alívio, e o mesmo fizeram Hoffman e Mike Cantwell, seu treinador. Ambos achavam que Baer não teria condições emocionais se fosse responsável por outra morte. Por mais jovialmente que ele encarasse o esporte, aquele foi um dos momentos em que a realidade do boxe, seu potencial homicida, o atropelou. Daquela vez não conseguiu despertar risos entre os espectadores, o que de qualquer forma era sempre uma máscara.

Depois daquela noite, Schaaf nunca mais foi o mesmo. Lutou poucas semanas mais tarde e ganhou por pontos, mas sem brilho. Em seguida, em 10 de fevereiro de 1933, quase seis meses depois da luta com Baer, enfrentou Primo Carnera, que se preparava para disputar o título de campeão, em poder de Sharkey. No 11º assalto, Carnera acertou um soco considerado leve no queixo de Schaaf, que mesmo assim foi à lona. Ficou inconsciente, e daquela vez não acordou.

Na cobertura de imprensa da morte dele, todos os jornalistas chegaram à conclusão, não apoiada pelos médicos, de que Schaaf tinha sido morto por Baer. Os golpes que sofrera naquela ocasião, ao que se afirmava, haviam causado danos permanentes ao cérebro, porém não diagnosticados. Como poderia somente o leve soco de Carnera tirar-lhe a vida? Baer foi novamente atacado, por ter batido em Schaaf até que ele perdesse os sentidos, quando a luta já estava vencida, e foi caricaturado como matador. Mas, outra vez, a morte nada fez senão ampliar sua estatura no mundo das lutas.

Baer estava na primeira fila da platéia na luta entre Schaaf e Carnera. Vira Schaaf cair e compreendeu que aquele soco não poderia tê-lo matado. Leu as colunas que o culpavam pela fatalidade e em parte acreditou nelas. Mais do que nunca, o boxe o revoltou.

Após vencer Schaaf em agosto, Baer lutou somente uma vez mais antes do fim do ano. Em 26 de setembro, em Chicago, nocauteou Tuffy Griffiths, ainda considerado adversário perigoso quatro anos depois do nocaute efetuado por James J. Braddock.

Depois da luta com Griffiths, Baer se colocou em posição de enfrentar um dos principais candidatos ao título, senão o próprio Sharkey. O que conseguiu foi um combate com Max Schmeling, o Uhlan Negro, ex-campeão e provavelmente o mais perigoso lutador do mundo.

9

ESTRELA-DE-DAVI

CIDADE DE NOVA YORK: PRIMAVERA DE 1933

Uma das duradouras ironias do boxe no século XX é o fato de Max Schmeling ter se tornado um símbolo universal do nazismo. Embora fosse exaltado pelos nazistas como super-homem e explorado com objetivos propagandísticos, especialmente após o nocaute infligido a Joe Louis em 1936, Schmeling nunca fora nazista. Ao contrário, era ostensivamente antinazista. Resistiu a pressões para despedir seu agente, Joe Jacobs, que era judeu. Em 1938, nos distúrbios nazistas conhecidos como *Kristallnacht*, durante os quais centenas de sinagogas, casas e lojas foram destruídas e milhares de judeus assassinados, espancados e aterrorizados, Schmeling, que estava em Berlim na ocasião, escondeu dois rapazes judeus em seu quarto de hotel. Nunca entrou para o partido nazista e freqüentemente censurou, ainda que sem estardalhaço, a liderança nazista.

Mas em 1933, logo após a ascensão de Hitler ao poder, Schmeling era exibido pelos nazistas como a personificação das virtudes teutônicas. Para Ancil Hoffman, que era judeu, e Max Baer, que procurava ser judeu, isso foi o bastante. Para J. Edgar Hoover e seus G-men, John Dillinger podia ser o inimigo público número um. Para Hoffman e Baer, era Schmeling.

Durante mais de setenta anos tem-se debatido a questão do judaísmo de Baer. Os que negavam que descendesse de Moisés afirmam que Hoffman o circuncidou, ao menos metaforicamente, para que ele se tornasse mais atraente aos fãs judeus do boxe em Nova York e para dar mais publicidade à luta contra Schmeling. Num país que às vezes parecia menos um caldeirão racial do que um amálgama de etnias distintas, muitos se perguntavam: se Baer vencesse, seria ele o primeiro judeu campeão do mundo dos pesos pesados?

Paul Gallico tentou responder no *New Yorker*: "Ele era considerado nada mais do que um judeu sintético, um hebreu construído repentinamente para ser atração de bilheteria; já havia sido irlandês, tcheco da Boêmia e membro da etnia Litvak. Sua mãe, de 1,80m e mais de 90 quilos, descendente de escoceses e irlandeses, nascera Dora Bales na cidade de Abel, em Iowa. O pai, Jacob Baer, era natural de Michigan, mas o avô era um judeu da Alsácia-Lorena."[1] Assim, ao que parecia, ficava respondida a questão da verdadeira ascendência hebraica de Baer, mas isso não contentava os céticos.

Nat Fleischer, rei dos cronistas de boxe, fundador e por muito tempo editor da revista *Ring*, não aceitava que Baer fosse judeu. (Talvez empregasse uma interpretação estritamente talmúdica, segundo a qual a etnia judaica é determinada pela linhagem da mãe.) Mas o ceticismo dos jornalistas do leste perturbava Dora Baer. "Digam a essa gente de Nova York", afirmou ela, "que Maxie tem o pai judeu, e que se isso não é suficiente para convencê-los, não sei o que vai convencer."[2]

Por sua vez, Ray Arcel, treinador que chegou ao Hall da Fama e que conhecia bem Baer, tomou firmemente o partido dos descrentes. Afirmava que para arquitetar sua dissimulação não muito elaborada, Hoffman havia ensinado a Baer algumas expressões em iídiche – *Oy vey* e *schmuck*, entre outras pérolas – e o estimulou a freqüentar a sinagoga.

As histórias de Arcel não provam que Baer não fosse judeu. Criado numa comunidade de gentios, é possível que conhecesse muito pouco os costumes hebreus, ainda que fosse 100% judeu. O que é claro é que enquanto Fleischer, Arcel e outros não o aceitavam como membro da raça eleita, os nazistas sem dúvida o fizeram. A fim de preservar a honra da raça germânica, necessitavam de uma vitória de Schmeling contra Baer.

* * *

Schmeling alcançara preeminência no boxe como cidadão da República de Weimar, muito antes que os nazistas chegassem ao poder. Espremida entre o reinado do cáiser Guilherme II e o Terceiro Reich de Hitler, Weimar tem sido romanticamente considerada um paraíso de artistas e libertinos; na verdade, sob a República, a Alemanha era um lugar sombrio, pobre e extraordinariamente violento, um caldo de cultura no qual todas as bactérias que se transformariam no nazismo puderam multiplicar-se. Era também o lugar onde Max Schmeling aprendera a lutar boxe.

Max Siegfried Adolf Otto Schmeling, o primeiro campeão mundial de pesos pesados cuja língua nativa não era o inglês, nascera em 28 de setembro de 1905. Em 1919, ano seguinte ao fim da Primeira Guerra Mundial com o Tratado de Versalhes, Schmeling, que era poucos meses mais novo do que Jim Braddock, saiu da escola para procurar trabalho. Percorreu o país destroçado, trabalhando como peão de fazenda, datilógrafo, pedreiro, operário siderúrgico e mineiro, tudo isso antes dos 17 anos. Finalmente estabeleceu-se em Colônia, onde fez alguns serviços braçais e de algum modo se aproximou do Esporte Clube Colônia. Em 1925, prestes a completar 20 anos, teve também seu momento de Dempsey, assim como acontecera com Braddock em 1919, ao ouvir a narração da luta de Willard nas ruas de Union City.

O Marreta de Manassa estava na Europa ganhando dinheiro fácil em lutas aqui e ali com adversários locais, distribuindo simpatia e alguns socos menos duros. Certo dia, em Colônia, exibiu-se numa arena da cidade e deu aos fãs a oportunidade de admirar seus músculos. Já se havia passado dois anos desde que defendera seu título, contra Firpo. Estava marcando passo até que Rickard e Kearns encontrassem um desafiante contra o qual valesse a pena arriscar o cinturão. Naturalmente, os alemães não adoravam Dempsey, como na época fazia a maioria dos norte-americanos, mas ele era admirado. O fato de que os germânicos achassem que ele havia escapado do serviço militar durante a guerra não o prejudicava. Na Alemanha, ao contrário de outros países, haver driblado o serviço militar era na verdade uma atração extra.

Enquanto Dempsey esperava sua vez de entrar no ringue, observava os lutadores locais se digladiarem, a maioria ansiosa por exibir-se para o homem mais durão do mundo. Quando Max Schmeling passou pelas cordas, Dempsey se impressionou. Schmeling tinha praticamente a mesma altura e peso que ele, além de cabelos e sobrancelhas negros como azeviche, era um sósia quase perfeito do campeão mundial. Anos mais tarde, um artigo no *New York Times* começava assim: "A característica mais apreciada de Max Schmeling é sua notável semelhança física com Jack Dempsey, ex-campeão mundial dos pesos pesados."[3] Schmeling também lutava de forma semelhante à de Dempsey, não com a mesma fúria, nem com o mesmo brilho, mas com idêntica aplicação. Dempsey não poderia deixar de notar as similaridades. Voltou-se para os jornalistas que haviam viajado à Europa com ele e observou:

– Aquele menino sabe lutar.

Quando Schmeling acabou de derrotar o adversário, Dempsey o chamou.

– Quer treinar uns *rounds* comigo? – perguntou, por meio do intérprete. No fim do treino, Dempsey disse: – Ouça, menino, não deixe ninguém dizer que você não sabe lutar. Treine o máximo que puder e talvez um dia você seja o campeão mundial dos pesos pesados.[4]

Mais tarde Schmeling confessou que em certos momentos essas palavras foram o que o impediu de abandonar o esporte. Três anos depois, na primavera de 1928, ele zarpou para Nova York (no navio a vapor *New York*). Já havia conquistado o campeonato alemão dos pesos pesados, mas ao chegar aos Estados Unidos foi recebido sem entusiasmo. Treinando solitariamente em Nova Jersey durante seis meses, somente no outono lutou pela primeira vez. Dali em diante, em rápida fileira, derrotou sucessivamente Joe Monte, Joe Sekyra, Pietro Corri e Johnny Risko. Ao nocautear Risko, o Homem de Borracha de Cleveland, que já ganhara de Sharkey e de Paulino Uzcudan, o Basco Combativo, Schmeling se qualificou para tentar o título dos pesos pesados que Tunney deixara vago.

Em 1930, Schmeling e Sharkey lutaram em disputa do campeonato. O alemão foi derrubado no quarto assalto. Seu agente, Joe Jacobs, protestou que Sharkey acertara um golpe baixo, e não fora o primeiro. Após vários minutos de confusão – o árbitro não vira o soco –, Sharkey foi desclassificado e Schmeling tornou-se o único ganhador do título mundial dos pesos pesados em decorrência de uma infração técnica.

Por toda parte, exceto na Alemanha, ele não foi um campeão muito querido. A forma pela qual havia conquistado o título manchava sua façanha. Ficou conhecido nos Estados Unidos como o Uhlan Negro do Reno, devido a sua fisionomia e sua aparência que denotavam seriedade. (Os Uhlans eram lanceiros do Exército alemão; em linguagem coloquial, a palavra *uhlan* significava simplesmente qualquer soldado alemão.) Em 1931, defendeu com êxito o título contra o veterano Young Stribling. No ano seguinte enfrentou novamente Sharkey, no Madison Square Garden Bowl. Schmeling massacrou Sharkey durante todo o combate, dissecando metodicamente o Louco do Báltico, apelido de Sharkey, que era de origem lituana. Mas não conseguiu um nocaute, e somente esse resultado lhe permitiria conservar o título de campeão mundial. Foi essa a decisão que provocou a exclamação de Jacobs, "Nóis fumo roubados!". Sharkey realmente roubara o título, mas na derrota Schmeling se transformou num astro mais brilhante do que nunca. Quando Max Baer assinou o contrato para lutar contra ele, estava convencido de que o adversário era o melhor peso pesado do mundo.

Na tarde de 18 de abril de 1933, Baer, seu treinador Mike Cantwell e Sam Taub, relações-públicas de Jack Dempsey, entraram na redação do *New York Sun* e foram diretamente ao escritório de Wilbur Wood, o veterano editor de esportes do jornal. A fim de despertar interesse por sua próxima luta com Schmeling, Baer estava visitando todos os jornais de Nova York, cerca de uma dúzia, fazendo demonstrações de seu estilo de luta e agradando da melhor forma possível. Enquanto isso, Dempsey e Schmeling haviam viajado a Pittsburgh, fazendo o máximo para promover a luta, que seria a primeira patrocinada por Dempsey em Nova York, quebrando o monopólio do Madison Square Garden. Mas o trabalho mais difícil, a promoção da luta em Nova York, ficou a cargo de Baer, cujo nome ainda estava ligado à morte de Ernie Schaaf. Ao chegarem ao *Sun*, os três já tinham ido a nove ou dez jornais; o pobre Taub estava exausto. Baer, cujo ânimo passara do mau humor a uma euforia infantil, o vinha utilizando durante o dia inteiro como saco de pancadas – ou coisa pior.

"Para divertimento dos presentes", escreveu Wood no jornal do dia seguinte, "Baer agarrava Taub e o jogava dentro de uma cesta de papéis por cima de meia dúzia de escrivaninhas, ou então demonstrava golpes na cabeça e maneiras de imobilizar os braços, além de ganchos de esquerda e cruzados de direita, usando-o na exibição. No final do dia, Taub ainda retirava dos bolsos pedaços de lápis, charutos e miudezas quebrados e aplicava bálsamos a várias partes de sua anatomia."

Mas quando Baer recuou o braço direito para bater em Cantwell, o velho treinador acertou-lhe o estômago.

– Isso é para você aprender a não abrir a guarda quando ensaiar um golpe, mesmo contra alguém como eu – dissera Cantwell.

– Não se preocupe, não vou deixar aquele huno me acertar primeiro – replicou Baer.[5]

A fim de motivar seu lutador, Hoffman o havia convencido de que Schmeling odiava os judeus e que uma eventual vitória dele seria usada pelos nazistas como propaganda contra a população judaica da Alemanha.

Enquanto Hoffman fazia a cabeça de Baer, Cantwell lhe treinava o corpo. Sua maior preocupação na luta era o hábito de Baer recuar consideravelmente o braço a fim de dar maior força a seus socos. Os golpes do alemão eram rápidos e curtos, e Cantwell achava que seria fácil para ele bater antes que Baer o fizesse.

Wilbur Wood tinha afeição por Baer, mas como quase todo mundo achava-o indisciplinado demais para poder resistir ao Uhlan Negro, jovem e temperado pelo sofrimento. Wood sabia que ele levaria a luta tão a sério quanto Baer levava a sério suas farras. Seus temores aumentaram ao ver que Baer passava a maior parte do tempo de sua visita saltando da cadeira, tagarelando constantemente e atacando Cantwell. "Ele é brincalhão como um cachorrinho", escreveu Wood.[6] Poderia ter acrescentado que um cachorrinho não seria suficiente para derrotar Schmeling.

No dia 8 de junho, quando Jim Braddock completava 28 anos, Max Baer, que tinha 24, entrou num táxi no Hotel Park Central e dirigiu-se ao estádio Yankee para a luta contra Max Schmeling. Exatamente um ano antes Schmeling conquistara o título de campeão mundial e o havia perdido para Jack Sharkey, embora o Louco do Báltico tivesse sido claramente surrado. Muitos ainda consideravam Schmeling campeão, e Baer não era mais do que um outro adversário, de qualidades exageradas pela mídia. Na bolsa de apostas, Baer variava entre dois por um e quatro por um.

Naquela noite, porém, o Max Baer que lutou foi o melhor de Max Baer. Poderia ter vencido Jack Johnson, Jack Dempsey e Muhammad Ali. Mostrou-se corajoso e aguerrido, e estava em excelente forma. Com 60 mil pessoas lotando o estádio, inclusive quatro governadores e dezenas de políticos menos exaltados, estrelas do cinema e figurões da Broadway, Baer caminhou para o ringue confiante de que aquela seria sua noite. Achava que não estaria apenas lutando contra Schmeling, e sim contra o novo ditador da Alemanha, Adolf Hitler, e todos os seus lacaios. Pela primeira vez em seus quatro anos de carreira, Baer, que tinha somente um quarto de sangue judeu nas veias, usou calções em que aparecia uma enorme estrela-de-Davi, cobrindo praticamente toda a perna esquerda. Joe Jacobs deu uma olhada para a estrela de seis pontas e balançou a cabeça. Previra que a luta iria ser dura, mas que Schmeling venceria quando Baer se cansasse ou se enfadasse, mas naquele momento ficou preocupado. Tinha esperado ver Max Baer em sua encarnação de palhaço, mas em vez disso contemplava o vingador Max Baer. Ao entrar no ringue, Baer tinha o rosto carrancudo.

A luta estava marcada para 15 assaltos. Baer queria acabar depressa. Começou furiosamente. Os demônios que ainda poderiam existir devido às mortes de Frankie Campbell e Ernie Schaaf haviam sido exorcizados, pelo menos com o objetivo de destruir o Uhlan Negro. Baer dominou o primeiro *round*, mas Schmeling acertou um direto que o tonteou. Em seu canto, após a luta, Baer disse a Dempsey, que fazia o papel de um de seus segundos:

– Estou vendo três Schmelings.[7]

A famosa resposta de Dempsey foi:

– Acerte o do meio.

Baer seguiu o conselho.

Estranhamente, após castigar Schmeling bastante nos primeiros assaltos, Baer diminuiu o ritmo. Talvez fosse fadiga, talvez frustração, talvez falta de ritmo. Talvez todo o ódio que ele juntara contra o alemão tivesse se dissipado. Talvez ainda relutasse em usar todo o seu poderio. Enquanto ele hesitava, Schmeling ia acumulando pontos, ganhando *rounds* seguidos com seu estilo metódico e sem brilho. "Baer começou como um tornado humano", escreveu James P. Dawson no *New York Times*, e "esmoreceu como se o intenso calor das luzes do ringue sobre sua cabeça, o ritmo cadenciado porém ardente de Schmeling e seus golpes curtos e fortes estivessem cobrando seu preço."[8]

Após o nono assalto, Cantwell e Hoffman disseram a Baer, que já parecia tipicamente indiferente aos acontecimentos, qual era a situação.

– Você está perdendo – disse Hoffman, passando a esponja molhada em seu rosto. – Entre lá e acabe logo com isto.

– Sem problemas – murmurou Baer, mordendo o protetor de dentes.

Despertando finalmente de seu torpor, lutou no décimo assalto como se fosse o primeiro. Sem se preocupar com a defesa, recuou o braço e mandou uma direita devastadora no queixo de Schmeling. O golpe entortou violentamente a cabeça do adversário para o lado direito, e o resto de seu corpo seguiu o movimento, desabando sobre a lona. Conseguiu levantar-se novamente à contagem de nove. Baer voltou a atacar, batendo impiedosamente.

– Este é para Hitler – disse ele dramaticamente a Schmeling, que agora cambaleava pelo ringue, indefeso.[9] Finalmente, um minuto e 59 segundos depois do início do assalto, o árbitro Arthur Donovan encerrou a luta.

No canto reservado a Baer, Jack Dempsey estava radiante. Desde o dia em que ele estripara Firpo em 1923, no Polo Grounds, ninguém vira uma demonstração igual de poderio nos punhos. Outra entre as maiores fãs de Baer estava na primeira fila: June Knight, com quem ele estava tendo um caso. A bela loura havia sido escolhida a dedo por Florenz Ziegfeld para estrelar sua revista musical e estrelara peças da Broadway como *Take a Chance* (Arrisque-se), com Jack Haley e Ethel Merman. Ao ver Max nocautear Max, ela demonstrou ostensivamente sua alegria. A sra. Dorothy Baer não comparecera ao estádio.

Mesmo enquanto tomava banho de chuveiro no vestiário, Baer recebeu pessoas que vinham cumprimentá-lo. Esfregando o nariz inchado, mas sem outras marcas, apertou as mãos de alguns repórteres e amigos que tiveram a impressão de que ele não se perturbava com a importância de sua proeza.

– Vou conquistar esse campeonato – dizia ele, ensaboando-se. – Como foi que ganhei a luta? Quando acertei uma direita no queixo de Schmeling no primeiro assalto, percebi que poderia acertar outra.[10]

O nocaute contra Schmeling fez de Baer um astro de primeira grandeza. Até então, fora mais conhecido por sua resplendente extravagância do que por suas proezas pugilísticas. Agora, porém, conseguira uma vitória sobre o homem que ainda era considerado por muitos como o verdadeiro campeão dos pesos pesados.

Pelo menos uma vez, os comentários da imprensa foram quase todos positivos. Dawson escreveu: "Hoje surgiu uma nova estrela no firmamento do boxe, e seu nome é Max Baer, um poderoso esmurrador de Livermore."[11] Antes de nocautear Schmeling, Baer era uma interrogação. Depois da vitória, com sua bela aparência e encanto pessoal, crescera a uma estatura maior do que um simples pugilista. Hollywood veio atrás dele.

Os chefões da indústria cinematográfica, muitos dos quais eram judeus, adoraram Baer devido à estrela-de-Davi que usara no calção contra Schmeling. Embora reprimissem quase religiosamente sua própria origem étnica a fim de proteger a indústria contra ataques anti-semitas, se realizaram através daquele jovem e musculoso boxeador que literalmente exibia sua religião nas roupas. Louis B. Mayer havia conhecido Baer nas festas em Los Angeles e achou que ele daria um excelente ator, ou pelo menos um astro do cinema. Encomendou imediatamente um projeto cujos protagonistas seriam Baer e uma bela atriz que ainda não atingira a fama, Myrna Loy. O filme se chamou *The Prizefighter and the Lady* (O lutador e a dama).

Durante dez semanas, no verão e no outono de 1933, Baer trabalhou no filme. Seu papel não era simplesmente um chamariz para o público; ao contrário de muitos lutadores que apareceram no cinema, ele era realmente o ator principal do projeto. Recebeu 30 mil dólares para fazer o filme, quantia que agradaria qualquer um, especialmente um jovem de 24 anos que estreava como ator.

Baer tinha imaginado que a vida noturna de Manhattan era um paraíso de tentações. Em comparação, a qualquer momento o estúdio da MGM fazia Nova York parecer Livermore numa noite de segunda-feira. Centenas de candidatas a estrela trabalhavam no estúdio, muitas delas mais ou menos da idade de Max. E ele não era um ator qualquer; era um pugilista famoso, tinha bela estampa, era rico e divertido. Seu estado civil era apenas um detalhe.

Baer se dedicou ao cinema com naturalidade; gostava mais de representar do que de lutar. O filme era um melodrama bastante típico: o lutador que se apaixona pela namorada do gângster, casa-se com ela, perpetra uma traição, promete não repeti-la, comete outra e finalmente se redime no ringue. No grande número musical do filme, Baer canta *Lucky Fella* (Sujeito de sorte), canção original escrita por Jimmy McHugh e Dorothy Fields. O grande ator Walter Huston (pai do diretor John Huston) foi co-protagonista no papel do Professor, treinador do personagem de Baer.

Jack Dempsey, Jess Willard e James J. Jeffries tiveram papéis de coadjuvantes em *The Prizefighter and the Lady*, assim como o campeão mundial dos pesos pesados reinante, Primo Carnera, com quem se esperava que Baer lutasse no mês de junho seguinte. Carnera concordou em desempenhar o papel de si próprio e incrivelmente perder por nocaute para o personagem de Baer, Steve Morgan. Hoje seria inconcebível que o campeão mundial aceitasse perder para o principal desafiante, ainda que fosse num filme, especialmente se esse último já estivesse escalado como próximo oponente. Os agentes de Carnera acabaram mudando de idéia e se recusaram a deixar que Primo fosse nocauteado por Baer. Mas mediante 20 mil dólares adicionais concordaram em permitir a Baer derrubar Carnera duas vezes em sua caminhada para o título em uma decisão por pontos.

Ao coreografar a importantíssima cena, Carnera e Baer passaram duas semanas ensaiando juntos, sob a direção de W. S. Van Dyke. Tímido e desajeitado diante de mulheres e gente desconhecida, ou de qualquer outra pessoa, Carnera sentia-se terrivelmente desconfortável no estúdio. Deve ter sido doloroso para ele observar as representações de Baer e sua fácil interação com os profissionais do cinema. Ao lado de Baer, com 1,94m de altura, Carnera deve ter parecido quase um Frankenstein; ele se assemelhava à criatura vivida na tela por Boris Karloff, enquanto Baer era a imagem do mocinho atraente. O pobre Carnera foi obrigado a suportar as incessantes brincadeiras de Baer, nas quais a equipe do filme o ajudava. Para divertir as pessoas no set de filmagem, Baer ridicularizava o forte sotaque e os erros de inglês de Carnera, que fervia de ressentimento. Até que um dia ele não agüentou e atacou Baer, mas eles foram separados antes que alguém se machucasse. Enquanto isso, durante os ensaios e as filmagens no ringue, Baer estudava cuidadosamente Carnera, achando que ele não fazia idéia de como lutar.

As travessuras de Baer, que incluíam o velho trote no qual se põe fogo no sapato da vítima às escondidas, mascaravam suas verdadeiras intenções: desenvolver uma estratégia para derrotar o adversário. O fato de que os assessores de Carnera permitissem que seu lutador fosse atormentado de tal forma mostra tanto a estupidez quanto a desonestidade deles. Não somente Baer descobriu ao vivo uma maneira de vencê-lo, mas também tratou de afetar sua psique, chamando-o de "campeão" zombeteiramente e brincando com ele nas cenas no ringue. Apesar de toda a sua sensibilidade e gentileza com os demais, mostrou verdadeira crueldade para com Carnera, como fizera com Schmeling. Era como se reservasse sua hostilidade para os campeões mundiais. Ninguém mais era digno de sua inimizade.

Enquanto isso, seu casamento passava de complicado a irreconciliável. Ele e Dorothy passavam mais tempo separados do que juntos. Numa época em que os cronistas esportivos em geral protegiam os grandes atletas e ignoravam seus pecadilhos pessoais, Baer era tão indiscreto que suas escapadas não eram consideradas tabu. Jean Harlow e Greta Garbo, talvez as mulheres mais desejadas do planeta, estavam entre suas conquistas mais notáveis, embora Harlow fosse aparentemente mais agressiva do que Baer. Acabou se tornando um problema ao aparecer na casa que ele comprara em Los Angeles tarde da noite, sem aviso e sem ser convidada. Às vezes Baer ouvia a limusine dela se aproximando, vestia apressadamente umas calças e fugia pelos fundos.

Dorothy Dunbar Baer não precisava ler os jornais para saber o que estava acontecendo. Quando a produção de *The Prizefighter and the Lady* já estava chegando ao fim, e depois de pouco mais de dois anos de casamento, ela achou que já agüentara suficientemente o marido, a quem raramente via.

> HOLLYWOOD, 27 de setembro (AP) – Separados e reconciliados em numerosas ocasiões anteriores, Max Baer, principal pretendente ao título de campeão mundial dos pesos pesados, e sua mulher, em solteira Dorothy Dunbar, entraram hoje com uma ação judicial de divórcio. A sra. Baer disse ter consultado seu advogado, W. W. Davis, a fim de obter desta vez um divórcio definitivo.[12]

Uma semana depois, a sentença foi formalizada:

> HOLLYWOOD, 4 de outubro (AP) – A sra. Dorothy Baer, em solteira Dorothy Dunbar, obteve o divórcio de Max Baer, boxeador da categoria dos pesos pesados. Assim foi informado hoje seu advogado, Wallace W. Davis, de Juarez, México, onde a ação foi proposta. Declarou que o divórcio foi por consentimento mútuo. O casal estava separado desde que Baer estreou como ator de cinema, há várias semanas.[13]

Baer perdeu a esposa, mas ganhou algo mais valioso para ele: boas críticas sobre sua atuação cinematográfica. *The Prizefighter and the Lady* estreou em 11 de novembro, com aplausos unânimes. "Max Baer pode ter surpreendido muitos entusiastas do pugilismo ao derrotar Max Schmeling em junho passado", escreveu o crítico de cinema Mordaunt Hall, do *New York Times*, "mas provavelmente muito mais gente se surpreenderá com sua atuação extraordinariamente competente no filme *The Prizefighter and the Lady.* (...) Esse gigante da Califórnia possui personalidade tão encantadora e tanta eloqüência, que faz com que nos esqueçamos dos sinais dos combates em sua fisionomia."[14]

No fim daquele ano, Richard Watts, crítico de cinema do *New York Herald-Tribune*, classificou *The Prizefighter and the Lady* entre os dez melhores filmes de 1933. "Fontes bem informadas asseguram", relatou a revista *Ring*, erroneamente, ao que depois se soube, "que Baer receberá 1 milhão de dólares por seu próximo filme."[15]

Baer era *sui generis* – um lutador capaz de representar e um astro de cinema capaz de lutar boxe. Nada havia de excepcional em que lutadores se tornassem atores, mas a capacidade de Baer o destacava. Entre os campeões de pesos pesados, todos os quais, praticamente, de Sullivan a Ali, representaram em teatro, no cinema ou em ambas as coisas, talvez o único que foi melhor ator do que ele tenha sido o cavalheiro Jim Corbett, que estrelou diversas peças na Broadway, inclusive a produção original nova-iorquina de *Cashel Byron's Profession* (A profissão de Cashel Byron), de George Bernard Shaw (o personagem-título era lutador profissional de boxe).

Mas os elogios a Baer não impressionaram o dr. Paul Joseph Goebbels, ministro da Propaganda e Esclarecimento Público da Alemanha. Em 16 de março de 1934, três meses antes que Baer entrasse no ringue para lutar com Carnera pelo título, *The Prizefighter and the Lady* estreou no Teatro Capitólio em Berlim, apesar da oposição do dr. Goebbels. Ele recentemente proibira o filme britânico *Catherine the Great* (Catarina, a Grande), cuja estrela era Elisabeth Bergner, judeo-austríaca. Oficialmente, *Catherine the Great* foi banido porque Bergner havia emigrado. No entanto, era evidente que a única objeção de Goebbels ao filme era o fato de ela ser judia. No caso de *The Prizefighter and the Lady*, George Messersmith, cônsul norte-americano em Berlim, advertiu os alemães de que haveria graves conseqüências se o filme fosse proscrito. O ministro do Exterior, Konstantin von Neurath, que ainda não era membro do partido nazista mas acabou condenado como criminoso de guerra, pediu a Goebbels que permitisse a estréia do filme, com o que ele concordou relutantemente.

Mas Goebbels não esquecera o que Baer tinha dito depois de nocautear Schmeling: que cada soco dado naquela noite era dirigido contra Adolf Hitler. Em 29 de março, quando o Ministério da Propaganda recebeu o pedido de permitir a estréia do filme em sua versão dublada em alemão, Goebbels voltou atrás. Um de seus assessores foi citado pela imprensa norte-americana ao dizer que seu chefe "tinha tido escrúpulos contra o filme por não estar em harmonia com os objetivos da nova Alemanha, porque o protagonista é um boxeador judeu".[16]

A 9.600 quilômetros de Berlim, no lago Tahoe, Max Baer acabava de retornar de uma corrida de 8 quilômetros quando Hoffman lhe disse que o filme havia sido proibido na Alemanha. Baer sempre tinha frases de efeito, para não falar de imodéstia. "Não proibiram o filme porque eu tenho sangue judeu", disse ele. "Proibiram porque eu nocauteei Max Schmeling. Para mim não faz muita diferença, mas sem dúvida tenho pena das mulheres e das crianças da Alemanha. É uma pena que não vejam em ação o maior amante e maior lutador do mundo."[17]

10

NO CAIS DO PORTO

WEEHAWKEN E HOBOKEN: INVERNO DE 1933-34

Durante mais de um mês após a luta com Feldman, Braddock ficou em casa com a mão engessada. O gesso branco e sujo lhe recordava constantemente aquela noite em Mount Vernon na qual sua carreira parecia haver terminado de forma vergonhosa. Mae acabara de dar à luz uma filha, Rose Marie, mas sua chegada não trouxe muita alegria a Braddock. Mais uma boca para alimentar, e o inverno estava se aproximando. Pela primeira vez na vida, Jim Braddock deixou de ser boa companhia.

– Depois da luta, procurei consolá-lo – diria mais tarde Mae Braddock. – Mas nada adiantou. O coração dele estava partido. Apesar de saber que não poderia ter lutado melhor, apesar de ter se apresentado no ringue suportando aquela dor na mão, quando qualquer outro teria desistido, nada disso lhe importava. Ficou melancólico durante várias semanas.[1]

Mesmo sabendo que demonstrara imensa coragem ao continuar a lutar depois de ter fraturado a mão, ele ficou desanimado. Sua honra significava muito para ele, mas preservá-la não era um consolo diante da dura realidade da situação. Estava perigosamente próximo da indigência.

Quando o gesso foi retirado, Braddock começou a procurar trabalho. Sem ter curso secundário e sem quaisquer aptidões exceto as do ringue, suas opções eram limitadas. Alguns amigos trabalhavam nas docas de Weehawken e Hoboken, e ele achou que poderiam ajudá-lo a conseguir algum emprego. Assim ocorreu, mas o trabalho era esporádico. Sem carro e sem dinheiro para pagar a condução, Braddock caminhava quase

5 quilômetros de sua casa em Woodcliff até o cais do porto, sem saber se haveria trabalho ou não.

Física e emocionalmente exausto, caminhava na escuridão da madrugada até a rua 69, em Guttenberg, chegava à longa escadaria que levava às docas de Weehawken e Hoboken, e descia até o lugar onde os trilhos da ferrovia quase encostavam no porto de águas profundas. Perguntava se havia trabalho. Se a resposta fosse afirmativa, passava o dia descarregando vigas dos enormes navios que os transportavam das fundições no sul. Trabalhando ombro a ombro com estivadores calejados e outros que tinham empobrecido ou estavam quase na miséria, Braddock jamais demonstrou, com palavras ou atos, imaginar que esse trabalho não fosse digno dele. Quando os colegas insistiam, ele contava algumas histórias de suas lutas. Mas não gostava de falar, e principalmente não gostava de falar de si próprio.

Sua condição de ex-pretendente ao título de campeão não o protegia da sombria realidade do trabalho nas docas. Como todos os demais, estava à mercê dos elementos e da crueldade comum aos capatazes, que tendiam a tratar como gado os peões do porto, que era como às vezes se referiam a eles. O trabalho era duro, e ficava ainda mais duro ao saber que os salários eram miseravelmente baixos porque havia a corrupção de propinas e funcionários fantasmas. Não havia possibilidade de protestar. Dominada pelo crime organizado e sem lei, a Associação Internacional dos Estivadores, sindicato que controlava o porto, era notoriamente corrupta. Não era raro que os rebeldes acabassem desaparecendo.

Braddock freqüentemente trabalhava a poucas centenas de metros do cais da Fifth Street em Hoboken, onde atracavam os grandes barcos da linha Holland-America e onde seu pai era vigia noturno. Turistas e imigrantes desciam as escadas do costado dos navios *Statendam*, *Veendam* e *Volendam*. Ele os observava e ficava pensando que na Europa as coisas deviam estar muito mal, para que aquela gente preferisse vir para a América. Hoboken, entretanto, era relativamente tranqüila em comparação com Weehawken, onde centenas de operários estavam começando um novo projeto de obras públicas. Em breve o túnel Lincoln ligaria

Weehawken à rua 39 oeste, no centro da ilha de Manhattan. Braddock trabalhava em silêncio à sombra dos tratores e guindastes.

Com a mão direita estropiada, era obrigado a erguer cargas pesadas com a esquerda. Às vezes operava um elevador de carga, também sem contar com a mão direita. Trabalhava até descarregar completamente os navios. Não havia hora extra, e sim a expectativa de que trabalhasse até que a tarefa estivesse terminada. Ganhava então 4 dólares, e às vezes tinha de pagar propina ao chefe.

Mesmo durante a Depressão, havia trabalho no porto; o fluxo constante do comércio nunca era interrompido. A maioria dos homens não tinha problemas com o trabalho braçal, e Braddock se integrou rapidamente. Adquiriu a reputação de estar sempre disposto, e até mesmo desejoso, de fazer sua parte e mais do que isso. Nunca procurava se safar e nunca deixava que o companheiro do outro lado da carga suportasse o peso maior. Não esperava ser tratado de maneira diferente de nenhum dos outros somente por ser Jim Braddock, ex-candidato ao título mundial dos meio-pesados.

Quando acabava o expediente, Braddock às vezes se dava ao luxo de uma cerveja por 5 centavos em um dos bares freqüentados por marinheiros e estivadores há um século. Comemorou com duas cervejas o fim da Lei Seca, em 5 de dezembro de 1933. Em geral, no entanto, sentia-se cansado e deprimido demais para desfrutar a companhia dos colegas. Simplesmente caminhava de volta a casa – outros quase 5 quilômetros – e ia para a cama com Mae.

Esses eram os dias bons, quando havia trabalho em Weehawken ou Hoboken. Nos dias em que a resposta era "Não, campeão", ele subia as escadarias de volta à rua 69 e virava para o norte em direção às docas de West New York, caminhando mais 3 quilômetros. Às vezes havia serviço lá. Outras, não. Se não houvesse trabalho nem no porto nem nos pátios ferroviários, Braddock voltava para North Bergen, procurando algo que fazer. Oferecia-se para limpar porões, varrer assoalhos, desobstruir as calçadas quando nevava. Era uma figura conhecida e lamentável, com sua suéter verde desbotada, calças puídas e sapatos surrados. De vez em quando trabalhava no bar do Clube Atlético e Social de

North Bergen, servindo os mesmos homens que durante anos haviam cruzado o rio Hudson até Manhattan para vê-lo lutar. Eram os homens em companhia dos quais havia crescido e que haviam acompanhado orgulhosamente sua ascensão como lutador. Agora ele lhes servia chope. A cada dia surgia uma nova humilhação.

No início do novo ano, Gould trouxe notícias animadoras. Havia conseguido um adversário, um bom adversário, o corpulento alemão Walter Neusel. Em 30 de dezembro de 1933, Neusel derrotara Ray Impellittiere no Madison Square Garden. Para garantir que Impellittiere lutaria contra ele, Neusel lhe havia prometido 5 mil dólares. Apurada a renda da bilheteria, o total correspondente à luta principal foi de 5.025 dólares. Após a dedução do pagamento aos agentes e treinadores, Neusel recebeu 3 dólares e 19 centavos pelo esforço de lutar dez *rounds*. Esperando conseguir mais dinheiro na luta com Braddock, concordou em enfrentá-lo no dia 21 de janeiro. Mas a comissão de boxe de Nova York não aprovou o combate. Ainda com a lembrança da luta com Feldman na memória, os membros da comissão fizeram o mesmo que tinham feito a Braddock em 1930, quando ele deveria ter enfrentado Max Baer. Estavam sinceramente preocupados com a possibilidade de que ele se contundisse gravemente, embora jamais tivesse havido um incidente sério com ele no ringue.

Sem as lutas, a família Braddock se alimentava de pão e batatas. Ensopado de batata e purê de batata eram os pratos na mesa. Durante vários meses não puderam pagar o aluguel. Finalmente, foram obrigados a mudar-se do apertado apartamento para outro ainda menor, no porão do mesmo edifício, que mal conseguiam pagar. A conta do leite ficou pendurada, e o mesmo aconteceu com as do gás e da energia elétrica.

Braddock teve certeza de sua maré de azar quando o inverno de sua miséria atingiu em fevereiro as temperaturas mais baixas registradas no nordeste do país. O lago Ontário congelou pela primeira vez desde 1874. A espessura do gelo no golfo que separa Long Island do continente chegou a 30 centímetros. John D. Rockefeller, que estava doente, utilizou três turnos de bombeiros para aquecer sua mansão em Tarrytown, Nova

York, a 22 graus. Após um dia terrivelmente frio no cais do porto – as temperaturas no norte do estado de Nova Jersey chegaram a 23 graus negativos, na época a temperatura mais baixa já registrada no estado –, Braddock caminhou de volta a seu apartamento, abriu a porta e disse:

– O que houve, Mae?[2] Por que as luzes estão apagadas?

– Jim, a eletricidade foi cortada – respondeu ela.

Braddock amaldiçoou a companhia de eletricidade e a si mesmo. Pelo menos o apartamento ainda tinha aquecimento, mas ele sabia que em breve seria também desligado e a família poderia morrer. Passou a noite pensando em suas opções. Havia somente uma.

De manhã ele saiu a pé do apartamento para a barca em West New York. Tinha exatamente 10 centavos no bolso. A passagem para Manhattan custava 4 centavos. Guardando os 6 restantes, cruzou o Hudson, caminhou quase 1,5 quilômetro até o Madison Square Garden e foi procurar Joe Gould.

Os amigos de Gould no Garden tinham se oferecido para receber sua correspondência e tomar recados. Naquela época, Gould trabalhava como vendedor ambulante, oferecendo rádios e outros aparelhos diversos. Mas todos os dias entrava em contato com o Garden para ver se alguém o procurara. Em geral, não aparecia ninguém. Seu velho amigo Francis Albertanti, relações-públicas do Garden, tratava de mantê-lo a par dos acontecimentos e fazia com que ele sentisse que era ainda importante, o que não era verdade. Quando Albertanti viu Braddock entrar pela porta de seu escritório, mais magro do que nunca, com os olhos lacrimejando por causa do frio e com o chapéu (literalmente) nas mãos, disse-lhe que Joe não estava mas que viria mais tarde. Albertanti conhecia Braddock desde 1928 e havia redigido um artigo para a *Ring* sobre ele. Procurou travar uma conversa mas evitou perguntar como iam as coisas, pois sabia da situação. Mesmo assim, viu no rosto de Braddock um desespero que antes não havia percebido. Teve vontade de lhe dizer que não se preocupasse, mas sabia que ele tinha todos os motivos de preocupação.

Finalmente Gould chegou.

– Jim, o que está fazendo aqui? – perguntou. – Está tudo bem?

– Joe, sei que você está quebrado, mas não tenho mais a quem recorrer – disse Braddock. – Preciso de 35 dólares. Rose Marie tem de tomar leite e precisamos pagar o aquecimento.

– Espere aqui – respondeu Gould.

Saiu apressadamente, deixando o outro imerso em pensamentos. À mente de Braddock veio a lembrança de que estivera antes ali mesmo, no Garden, e ali disputara o campeonato. Durante anos havia esperado regressar àquele prédio para outra luta principal. Agora estava de volta, implorando nada mais do que uns trocados.

– Aqui estão 35 dólares. Pague suas contas. Quando puder, conseguirei mais – disse Gould.

– Vou lhe pagar logo.

– Eu sei.

Gould pedira o dinheiro emprestado a Jimmy Johnston, que nunca imaginou receber de volta.[3]

Braddock caminhou de novo até a rua 42 e depois para o oeste, em direção ao rio. Entregou 4 centavos ao bilheteiro e atravessou de volta a Nova Jersey. A caminho de casa pagou ao leiteiro e à companhia de eletricidade e gás. Chegando ao apartamento, pagou o aluguel.

Em poucos dias estava novamente sem dinheiro, e agora já não tinha a quem recorrer. Naqueles dias, Lud Shabazian o encontrava de vez em quando nas ruas de Union City e North Bergen. Mais tarde, revelou num artigo que os companheiros de juventude de Braddock, que costumavam fazer-lhe votos de sucesso, agora atravessavam a rua quando o viam se aproximando. Como diria Joe E. Lewis, um amigo necessitado é sempre importuno.

A culpa e ansiedade que Braddock sentia provocaram-lhe insônia. Na maior parte das noites ele se levantava da cama cerca das duas da manhã, sem ter dormido, vestia-se e caminhava quilômetros no frio. Mae temia que ele se matasse. Nas raras ocasiões em que o sono chegava, ele se remexia e se agitava, murmurando para Mae. Repetia sempre as mesmas palavras.

– Mae, por favor acredite – dizia. – Estou fazendo tudo o que posso. Desculpe, querida. Lamento, lamento muito.[4]

Finalmente Braddock tomou a decisão mais difícil de sua vida. Sem ter outra saída, resolveu candidatar-se a um auxílio-desemprego do condado.

Hoje em dia, há milionários que não se acanham em receber benefícios do governo quando estão sem emprego. Milhões de necessitados sobrevivem devido aos programas de assistência social implantados durante a Depressão. Hoje seria anacrônico e ridículo que alguém se envergonhasse de pedir assistência ao governo. Mas em 1933 Jim Braddock somente fez a solicitação depois que todas as demais opções se esgotaram, somente quando já não tinha esperanças. Teve vergonha de contar aos pais o que fizera.

– Querida, já não agüento mais isso – disse ele a Mae. – Meu coração fica despedaçado quando vejo você e as crianças sofrendo por falta de comida e roupas. Vou à repartição de assistência social para ver se consigo um empréstimo até arranjar algum trabalho.[5]

Braddock foi visitar seu velho amigo Harry Buesser, o promotor de eventos que virara político e que fizera desaparecer a acusação pelo ataque ao capitão Bachman. Por ser membro da administração do município de North Bergen, Buesser supervisionava a repartição de assistência social, na qual estavam trabalhando os irmãos Joe e Jimmy Kelly. Joe Kelly havia trabalhado para Lud Shabazian no departamento de esportes do *Hudson Dispatch* e Jimmy Kelly ficou encarregado do caso nº 2.796, relativo à situação de Jim Braddock. Era possível que surgissem dúvidas quanto à legitimidade de sua reivindicação de auxílio. Mas em 1934, quando Braddock nada mais era do que mais um jovem desempregado e sem sorte, ninguém deu muita atenção. Se houvesse alguém atento, quase certamente teria chegado à conclusão de que apesar das aparências Braddock merecia obter o auxílio.

Já sob a proteção da assistência social, recebendo 24 dólares por mês durante dez meses, Jim e Mae chegaram a um ponto em que não tinham mais condições de cuidar dos filhos. Por um breve período as crianças foram mandadas para a casa dos avós, que também mal conseguiam sobreviver. Durante todo esse tempo, Braddock ia e vinha ao cais do porto em busca de trabalho. Às vezes, quando não havia navios para descarregar, ele trabalhava numa companhia de mudanças e também como carvoeiro.

Suas ocupações eram todas marcadas pelo caráter braçal, exceto quando conseguia serviço num bar. No cais ele trabalhava com um guindaste, cujo gancho era preciso prender a cada viga com um golpe seco da mão. Uma vez preso o gancho, a máquina erguia a viga e a levava a um vagão de fundo chato. Ao operar o aparelho pela primeira vez, Braddock tentou usar a mão direita, mas a dor foi forte demais. Por pura necessidade, tornou-se ambidestro; na verdade, durante algum tempo era unidestro, pois utilizava somente a esquerda.

Finalmente, em abril, quando o tempo melhorou, a mão direita ficou curada. Logo ele se sentia mais forte do que nunca. Mas ainda estava no cais do porto, olhando para a silhueta dos edifícios de Manhattan, do outro lado do rio Hudson. Quase podia discernir o Madison Square Garden, onde certa vez ele fora atração. Mas nunca o Garden lhe pareceu tão distante.

11

O ÚLTIMO A SE LEVANTAR É MULHERZINHA

NOVA YORK: PRIMAVERA DE 1934

No final do outono de 1933, Max Baer disse a Harry Cross, um jornalista amigo seu, que filmar *The Prizefighter and the Lady* o convencera de que Primo Carnera não seria adversário mais difícil do que o Chefe Caribu.

– Para me conter, eu pensava nisso – disse Baer –, quando estávamos ensaiando para a luta que aparece no filme. Olhe, eu realmente gostaria muito de lutar à vera com aquele sujeito. Se acho que posso ganhar dele? Penso que sim. Eu disse que ia nocautear Schmeling, não disse? Bem, digo a mesma coisa sobre Carnera. Ele é tão grande que fica fácil acertá-lo. Gostaria de dar-lhe uma boa bordoada.[1]

Nessa altura o público pedia um duelo entre Baer e Carnera. Baer atraía um enorme contingente de fãs judeus, que estavam acostumados a ver outros judeus brilharem no ringue mas não na categoria dos pesos pesados. Em seu auge, nas décadas de 1920 e 1930, havia lutadores judeus campeões em diversas outras categorias. O campeão dos pesos leves Benny Leonard, amigo de infância de Joe Gould, foi provavelmente o melhor lutador judeu de todos os tempos. Mas Barney Ross também foi brilhante, assim como King Levinsky, Maxie Rosenbloom e Joe Choynski. Além desses, Bob Olin, Art Laski, Ted "Kid" Lewis, Harry Lewis, Lew Tendler, Jackie "Kid" Berg, Leo Lomski, Yale Okun e Louis "Kid" Kaplan também deixaram sua marca no esporte.

Em certo momento da época áurea do boxe, houve judeus titulares de campeonatos mundiais em quatro categorias. Mesmo assim, nenhum judeu havia conquistado o campeonato dos pesos pesados, se não levamos em conta Daniel Mendoza. Judeu norte-americano de origem espanhola, Mendoza venceu o campeonato inglês de boxe de punhos nus em 12 de novembro de 1794, ao derrotar Bill Warr no Campo Bexley. Ao contrário dos 15 campeões seus predecessores, Mendoza empregou táticas semelhantes às utilizadas hoje em dia pelos lutadores modernos. Esquivava-se, saltitava dando voltas, revidava os golpes. "Estava muito acima do nível intelectual de seus contemporâneos", escreveu Nat Fleischer.

Há um adendo relativamente pouco conhecido quanto aos pesos pesados judeus. A avó paterna de Jack Dempsey, nascida Rachel Solomon, era 100% judia, o que segundo a lei do Talmude tornava o pai dele judeu. Tecnicamente, uma avó judia é mais importante do que um avô judeu, e portanto Jack Dempsey podia ser considerado mais judeu do que Max Baer.

No princípio de março de 1934, após nove meses de inatividade, Baer finalmente assinou um contrato para disputar o título contra Carnera. A fim de treinar para a luta, atravessou o Hudson no início de maio e estabeleceu sua base em Asbury Park, do lado de Nova Jersey. Talvez tenha sido o candidato ao título mundial menos motivado que já existiu. Estava infinitamente mais interessado nas mulheres que via nas vizinhanças do que em treinos individuais ou com *sparrings*, ou em fazer boxe-sombra. Apesar da insistência de Hoffman (que havia deslocado completamente Lorimer) e de Cantwell, Baer conseguiu treinar menos para a luta com Carnera do que havia treinado para a luta com Schmeling. Já avaliara o futuro adversário durante a filmagem de *The Prizefighter and the Lady*. Conhecia os pontos fracos do campeão. Quando se imaginava subindo ao ringue, no dia 14 de junho, não via como poderia perder. Conseqüentemente, não encontrava nenhum motivo para esforçar-se.

– Ancil – disse ele certo dia quando Hoffman o exortou a levar a luta mais a sério –, aquele monstro não é capaz de me vencer mesmo que lutemos mil vezes. Conheço-o melhor do que conheço a mim mesmo.

– Max, ele é muito grande – retorquiu Hoffman, desesperado. – Um soco, basta um soco.

– Bem, o treinamento não vai modificar isso – respondeu Baer.

Hoffman finalmente chegou à conclusão de que não havia o que fazer. Parou de discutir e deixou que Baer transformasse o campo de treinamento em um circo. Mais uma vez Baer brincava quando deveria estar treinando e fazia piadas quando deveria estar na ginástica. Muitos dos fãs que iam observar o treinamento se divertiram, com exceção de Bill Brown.

Dentre os vários homens que foram membros da comissão de boxe do estado de Nova York nas décadas de 1920 e 1930, nenhum levou mais a sério suas atribuições do que William J. Brown. William Muldoon, James A. Farley, John J. Phelan e D. Walker Wear foram também muito dedicados, mas Brown era um fanático. Nascido em 1874, no condado de Cork, na Irlanda, emigrou para os Estados Unidos com a mãe viúva em 1888, aportando em Nova York justamente quando a grande tempestade de neve estava prestes a cair. Verdadeira encarnação do espírito de Horatio Alger, aos 35 anos já conseguira fazer fortuna como profissional de luta livre, guru de educação física, treinador de boxe e promotor de eventos. Nunca fumava nem bebia, e considerava os que o faziam inferiores física e mentalmente. Seu sucesso se devia à noção de que as realizações são produto do trabalho árduo e da dedicação obstinada. Como treinador, era conhecido como extremamente disciplinador, até mesmo em relação aos colegas.

Era apenas questão de tempo até que Max Baer se indispusesse com Bill Brown.

Enquanto Baer se divertia, Brown esquadrinhava os jornais diariamente em busca de notícias sobre suas proezas mais recentes. Um ano antes, ficara abismado pela falta de preparação de Baer para a luta com Schmeling. A vitória de Baer o irritou. Assim, em 7 de maio, quando Baer e Hoffman chegaram atrasados para uma reunião com a comissão no centro de Manhattan, foram informados que haviam sido suspensos por causa do atraso.

Brown acabou indo a Asbury Park para ver com os próprios olhos como Baer estava treinando. Hoffman tentou novamente fazer seu lutador treinar no ringue com seriedade, pelo menos por deferência a Brown.

– Nada disso – disse Baer. – Não vou mudar minha rotina para impressionar aquele velhote.

O que Brown viu lhe causou náuseas. Os jornais tinham razão. Baer estava transformando seus preparativos em uma chanchada. Em vez de trocar socos com seus parceiros de treinamento, fazia gracinhas para a platéia. Interrompia as sessões de boxe-sombra para fazer piadas. Estava prestes a disputar o campeonato mundial dos pesos pesados e se comportava como... bem, como um palhaço.

Brown disse aos jornalistas que cobriam o treinamento que se dependesse dele a luta seria cancelada a fim de poupar aos pagantes o espetáculo de um massacre. Para realçar sua aversão, disse, em voz alta:

– Baer é um calhorda.[2]

Ele não era o único a avaliar negativamente os preparativos de Baer. Edward Van Every escreveu no *Sun*: "Deve haver algo de muito errado nas condições de Max Baer."[3] Harry Smith, velho amigo de Baer de São Francisco, disse aos demais jornalistas: "O problema de Max é que ele está querendo fazer em três semanas um trabalho que exige três meses de aplicação diligente, tendo em vista seu comportamento desde que derrotou Max Schmeling no verão passado."[4] Dempsey, especialmente, se preocupava com as condições técnicas de Baer. Ao mencionar suas dúvidas aos repórteres, Hoffman e Cantwell o aconselharam a manter discrição.

– Os jornalistas são meus amigos – retrucou Dempsey –, e se me fizerem perguntas, têm o direito de saber a verdade. Max não está preparado, e isso é tudo o que tenho a dizer.[5]

A única preocupação genuína de Baer à medida que se aproximava a data da luta era o fato de que Carnera era muito desajeitado. Achava que os enormes pés do campeão poderiam esmagar os dele, incapacitando-o como haviam incapacitado Tommy Loughran quando este enfrentara Carnera em janeiro. Em Asbury Park, os companheiros que treinavam com Baer foram solicitados a usar os pés como armas. Em 31 de maio Ceil Harris, que tinha pés grandes, pisou nos pés de Baer, que respondeu com um chute no tornozelo. No entanto, como registram fervorosamente os jornais o pontapé de Baer parecia mais devastador que seus socos.

Mas Baer desprezou as dúvidas dos cronistas sobre sua preparação.

– Não sou igual a Carnera – disse ele. – Não sou lutador de ginásio. Concordo que hoje não fui muito bem, mas sinto-me forte e confio no meu soco.[6]

Poucos dias depois, em 4 de junho, Baer parecia estar entrando em forma. Pela primeira vez em Asbury Park ele se mostrou atento, tonteando seus *sparrings* com direitas firmes. O ex-campeão de pesos meio-pesados, Philadelphia Jack O'Brien, observou o treino e disse aos cronistas:

– Ele está no ponto adequado a esta etapa do treinamento. Com mais uma semana estará na melhor forma possível, e vai estar forte o bastante para enfrentar facilmente os 15 assaltos.[7]

Por sua vez, Baer imaginava como estaria o condicionamento de Carnera. De pé num canto do ringue ao ar livre, perguntou aos jornalistas reunidos do outro lado das cordas o que haviam visto em Pompton Lakes, onde Carnera estava treinando.

– Ele parece estar em boa forma Max, cuidado – disse John Kieran. Kieran não mencionou Corn Griffin, o *sparring* que era a sensação da base de Carnera.

– Carnera está em forma? Ótimo – disse Baer, erguendo os calções. – Acredito nisso. Ele deve ter melhorado. Por isso vou ser mais elogiado ainda quando acabar com ele. – Em seguida, vestiu o robe. – Escutem, se não estivesse escrito que eu seria o campeão mundial dos pesos pesados, eu não estaria aqui. Não estou brincando. Eu não gosto de lutar.[8]

Era uma confissão estranha para um lutador. Kieran e os demais se aproximaram ainda mais do ringue. Baer continuou:

– Mas do mesmo jeito que sei que existe água no oceano, tenho certeza que serei o campeão – disse ele. – Vou acabar com Carnera. É garantido. Vai ser assim. Eu sei. Por que não? Ele não pode me machucar e eu posso machucá-lo. Lutar bonito não me interessa. A idéia é entrar no ringue e derrubar o outro cara, não é? Bem, eu sei fazer isso.[9]

Baer não havia terminado, mas queria tomar banho. Disse aos cronistas que esperassem que ele acabasse de se vestir. Ao regressar, trinta minutos depois, trajava calças cinza, sapatos brancos e uma camisa azul de mangas curtas com zíper na frente. John Kieran escreveu: "Com seu bronzeado e cabelos negros encaracolados, ele era uma figura sedutora com aquela roupa."[10] Baer retomou o monólogo de onde parara.

– Sabem aquele filme que fizemos juntos? – disse ele. – Olhem, se eu tivesse me excedido e dado um soco no queixo de Carnera, vocês acham que iam deixar essa luta acontecer? Não sejam loucos. Não, senhor. Eu tinha de fingir de bobo. Acham que ele é forte? Bem, aposto que eu sou mais, agora ou a qualquer hora. Vou escapar da esquerda dele. Não se preocupem. Sei que vou ganhar a luta.[11]

Mas dois dias depois ele volta a se mostrar fora de forma. Dempsey criticou novamente seu condicionamento.

– O menino não está bem – disse ele. – Precisa se esforçar muito mais. Duvido que consiga entrar em forma até o dia da luta.

Hoffman desprezara as críticas anteriores de Dempsey, considerando-as exibicionismo, mas desta vez ele também estava preocupado. Mike Cantwell passava a maior parte do tempo balançando a cabeça e observando seu lutador-palhaço treinar com os adversários. As dúvidas de Cantwell impressionaram Hoffman, que começou a achar que Dempsey e Brown poderiam ter razão. Anunciou que pediria à comissão um adiamento de uma semana.[12]

– A coordenação de Baer ainda não está boa – disse ele em 6 de junho, oito dias antes da data marcada para a luta. – Prefiro que ele esteja no auge da forma ao enfrentar Carnera. Ele não tem medo do homem-montanha italiano. Mas concordo com Dempsey que ele precisa trabalhar mais. Talvez consiga entrar em forma nos próximos quatro dias, mas tenho minhas dúvidas. O público tem direito a um combate honesto, daí esse pedido de última hora. Espero que a comissão concorde. Nesse caso, os espectadores verão uma grande luta.[13]

Os jornalistas acharam emocionante – e completamente insincero – o interesse de Hoffman pelo prazer dos espectadores. Seu lutador era nada mais que um calhorda, como dissera Brown.

Estranhamente, a equipe de Baer passou a concordar com Brown, o crítico mais persistente.

– A julgar pelo que Baer demonstrou em seu arremedo de exercício no treino de ontem – disse Brown à imprensa em 7 de junho – e pelo que me dizem meus olhos vendo-o hoje, ele no momento não está fisicamente preparado para a luta, nem conseguirá isso em dez dias de treino. Para o bem do pugilismo, espero que Baer tenha um desempenho satisfatório no ringue na próxima quinta-feira.[14]

Mas Jimmy Johnston zombou da idéia de um adiamento.

– Baer teve tempo suficiente para entrar em forma para a luta – disse ele – e qualquer adiamento não seria justo para com Carnera e o público. Quando contratei a luta, sugeri a data de 28 de junho, e tanto Carnera quanto Baer preferiram o dia 14, ambos afirmando que estariam em perfeita forma física à essa altura.[15]

Carnera igualmente descartou a proposta de adiamento.

– Não concordarei com nenhuma mudança – foi a citação publicada. – Se não houver luta no dia 14, não haverá luta nenhuma. Por que eu deveria concordar com isso? Baer já teve tempo suficiente para treinar. Se não está em forma, não é minha culpa. Eu não teria problemas se ele pedisse um adiamento por causa de uma perna quebrada ou alguma outra razão legítima. Mas não é o caso, e não vou aceitar qualquer adiamento, digam o que disserem.[16]

No dia 8 de junho, uma sexta-feira, Baer, Carnera e seus segundos foram juntos ao escritório da comissão. Primeiro, ambos os lutadores se submeteriam a exames médicos. Em seguida, a comissão decidiria a respeito do pedido de adiamento feito por Hoffman.

Baer foi levado a uma sala cheia de jornalistas, onde ele e Carnera foram examinados pelos drs. William H. Walker (irmão do ex-prefeito Jimmy Walker), Morris Beyer e Vincent Nardiello, médicos da comissão, que decidiriam se tinham condições de lutar. Com seus 118 quilos, bem proporcionado e com feições bem delineadas, Carnera era um espécime humano imponente. Já estava sentado de torso nu em uma mesa de exame quando Baer entrou. Vestido de linho branco, tirou a camisa e sentou-se ao lado de Carnera na mesa, como uma mocinha se sentando num banco de jardim ao lado do namorado. Com o mesmo tom zombeteiro que usara nas filmagens, disse:

– Alô, campeão!

Carnera assentiu com a cabeça e deu um grunhido.

Dempsey, a poucos passos de distância, voltou-se para Nat Fleischer e disse:

– Vai começar o espetáculo.[17]

Carnera olhava para o lado e Baer pôs o indicador nos lábios para pedir aos jornalistas que fizessem silêncio. Com um brilho travesso nos olhos, estendeu a mão para o peito peludo de Carnera e com o indicador e o polegar arrancou um pêlo, dizendo:

– Bem-me-quer!

Antes que Carnera percebesse o que estava acontecendo, arrancou outro e disse:

– Mal-me-quer!

Segundo os jornalistas reunidos, que costumavam zombar do sotaque italiano de Carnera, este desceu da mesa e disse.

– Você quer me fazer de bobo, não é? Muito engraçadinho![18]

Os fotógrafos e cronistas explodiram em risos. Baer realmente conseguira fazer Carnera de idiota. Sem dúvida nunca um aspirante à campeão dos pesos pesados demonstrara tamanho desrespeito pelo detentor do título, o que indicava claramente à imprensa que Baer não dava a mínima importância à luta nem ao enorme tamanho de seu adversário.

Nesse ponto, para evitar maiores problemas, Dempsey saltou de onde estava, colocando-se entre o campeão e o desafiante. Baer então dirigiu suas gracinhas a Louis Soresi, agente de Carnera, o qual anunciou que a resposta seria dada no ringue.

Os médicos tiraram seus estetoscópios e aparelhos de pressão e começaram o trabalho. Ao terminarem, redigiram um relatório oficial aos membros da comissão. "Nossa opinião unânime sobre estes dois lutadores é que ambos se encontram em esplêndidas condições físicas e acreditamos plenamente que os dois têm capacidade de dedicar-se à competição em 15 *rounds* de luta. Em todos os exames que fizemos, não encontramos nenhum motivo que impeça qualquer um deles de lutar no dia 14 de junho de 1934."[19]

Na reunião seguinte da comissão, o general-de-brigada John J. Phelan, que sucedera James A. Farley na presidência, vetou a proposta de adiamento da luta. "Como foi verificado que os contendores se encontram fisicamente aptos, não podemos agir de forma que nos exponha a uma ação judicial por parte dos promotores da luta", disse ele.[20]

Baer estava radiante. Encontrava-se bem no centro das atenções e estava adorando.

– Vejam só que rebuliço provoquei – comentou ele no corredor, do lado de fora do escritório da comissão. Em nada se parecia com alguém que desejasse o adiamento. – Sou ou não sou um lutador carismático? Gente como Jack Sharkey nunca provocou tanta celeuma. Preciso nocautear Carnera logo no começo – prosseguiu. – Vou ganhar 10 mil dólares para atuar como mestre-de-cerimônias numa boate na mesma noite, depois da luta.[21]

– Você não me convence que Baer está em forma – disse Brown, desafiando a solicitação de Phelan para que ele não externasse suas opiniões. – Embora não tenha a intenção de desrespeitar a atividade médica, creio que o desafiante se sairia melhor num ringue de circo do que contra Carnera.[22]

Talvez por realmente não se encontrar em forma, Baer ignorou os comentários e voltou a Asbury Park. Carnera também voltou a Nova Jersey.

A avaliação negativa sobre a aptidão de Baer e a tentativa de Hoffman de adiar a luta assustou alguns espectadores em potencial. Em São Francisco, um trem especial havia sido reservado para levar os fãs ao outro lado do continente. Em 6 de junho, dois dias antes da data marcada para o início da viagem, o trem foi levado de volta para o hangar. Alguns pensaram que a luta poderia ser adiada, mas a maioria achava que Baer não estava em forma para garantir um combate competitivo. Uma semana antes da luta, Carnera era favorito nas apostas na proporção de dois para um, embora ninguém o considerasse grande boxeador.

Mas o gigante de Sequalls tinha certas vantagens naturais. Tinha 12 centímetros de altura e quase 23 quilos de peso a mais do que Baer, e seu peito, pulsos, tornozelos, coxas, cintura, braços e pescoço eram maiores. Somente os bíceps eram menores do que os de Baer. A maior vantagem de Carnera, pelo menos na avaliação coletiva do público, era sua relativa confiabilidade. Max Baer, ao contrário, era considerado um enganador de marca maior, apesar de seu desempenho magnífico contra Schmeling, um ano antes. Ninguém sabia se quem subiria ao ringue seria o Carniceiro de Livermore, o homem que havia causado duas mortes com seus socos, ou o Arlequim dos Pugilistas, que se recusava a treinar devidamente.

No sábado, 9 de junho, dia seguinte ao do laudo médico que lhe dera carta branca para a luta, Carnera começou a sentir dores de garganta. Não era um problema grave, pouco mais do que uma inflamação, mas os apostadores, que buscavam alguma debilidade no campeão, começaram a duvidar. Os riscos contra Baer foram diminuindo rapidamente, chegando a cair a seis contra cinco. (Embora as apostas no boxe e outros esportes fossem ilegais, os jornais da época prestavam atenção às cotações não-oficiais. Todas as reportagens sobre boxe, qualquer que fosse sua extensão, traziam informações sobre a situação das apostas, que os leitores esperavam com ansiedade. Também era comum na época que as cotações dos lutadores flutuassem amplamente nos dias imediatamente anteriores às lutas, principalmente devido à influência do crime organizado.) Baer ainda era o menos cotado, mas por margem muito pequena. A mídia zombou da faringite de Carnera, que foi o termo usado pelos médicos. O comentário de John Kieran foi típico: "Max cansou sua platéia em Asbury Park e Primo ganhou a ribalta com sua dor de garganta."[23]

Enquanto isso, Baer promovia um espetáculo em seu campo de treinamento. Lutou com o irmão mais moço por um *round*, Buddy, que já pesava 110 quilos. Em certo ponto agarrou Buddy, virou-o de cabeça para baixo e o colocou no chão, sem um pingo de esforço.

– Está vendo? – disse ele a uma pessoa que estava do lado de fora do ringue. – Eu sou um lutador profissional.[24]

– Sim – respondeu o homem –, isso é o que você é.

A delicadeza com que ele tratava seus parceiros nos treinos espantou o contingente de repórteres que cobria seu treinamento. Um deles, Dynamite Jackson, era sistematicamente empurrado para as cordas, mas embora Mike Cantwell o incitasse a continuar batendo, Baer baixava os braços e se afastava para que Jackson pudesse recuperar o fôlego. Após um treino com *sparring* em 9 de junho, Joseph C. Nichols, do *New York Times*, escreveu: "Era evidente que faltava ferocidade a Baer, aquele 'instinto animal' que é essencial a um campeão de pesos pesados."[25]

Baer rejeitou essa teoria e vaticinou sua vitória.

– Já acabei com Carnera no escritório da comissão, na sexta-feira – disse ele. – Puxei sua barbicha quando estávamos sendo examinados e ele parecia um coelho assustado. Eu vou ser o novo campeão mundial, e não digam que não avisei. Vou acabar com ele em oito assaltos, ou talvez com um soco só. Sinto-me muito bem. Não sou um lutador de ginásio, e não gosto de machucar meus *sparrings*. Mas vou atacar Carnera. Ele não perde por esperar. E vou ser campeão lutando.[26]

O inglês de Carnera era tão estranho quanto o seu estilo de luta, mas em suas declarações públicas deixou claro que se achava capaz de conservar o título.

– Estou em boa forma – disse ele aos repórteres, que na ocasião fizeram a gentileza de melhorar a linguagem dele nas citações – e vou conservar meu título. Não prevejo um nocaute, porque isso vai depender inteiramente do tipo de luta que Baer fizer. Se ele quiser lutar boxe, eu também vou lutar boxe, e ganhar por pontos, mas, se bater, vou fazer o mesmo, e levá-lo a nocaute. Vou fazer o melhor possível e procurarei proporcionar um bom espetáculo ao público pagante.[27]

Enquanto isso, uma mulher chamada Amelia Tersini cobrava dinheiro de Carnera. Descrita na imprensa como "garçonete em Londres", ela ganhou uma causa em que reivindicava 15 mil dólares do campeão por quebra de promessa de casamento. (Aparentemente, Baer não era o único peso pesado que costumava assumir compromissos e não os honrar.) Conseqüentemente, a parcela de 37% da bolsa que caberia a Carnera foi embargada pelo Supremo Tribunal de Nova York em 12 de junho. A parte de Baer foi também embargada devido à disputa contratual com J. Hamilton Lorimer, que afirmava ser ainda seu credor. Era a primeira vez na história do boxe que dois lutadores iniciariam um combate pelo campeonato mundial com as respectivas rendas confiscadas pela justiça.

De Chicago, o tricampeão Barney Ross solidarizou-se com Baer ao prever sua vitória contra Carnera.

– Baer bate com mais força do que Carnera, e é tão bom boxeador quanto ele – disse Ross, dois dias antes da luta. – Se levasse o treinamento um pouco mais a sério, não haveria dúvida quanto ao resultado.[28]

Em 13 de junho Baer deixou o campo de treinamento e foi de carro para a cidade com Hoffman, Mike Cantwell, o irmão Buddy e o pai, Jacob. Para evitar fadiga, os lutadores geralmente preferem não viajar nos dias de luta. O grupo se hospedou no hotel Park Central, na Sétima Avenida. Alguns jornalistas amigos de Baer foram visitá-lo. Queriam declarações dele e mexericos, alguma forma de pintar um perfil do Esmurrador de Livermore na véspera da luta mais importante de sua carreira. Baer, no entanto, se mostrou inusitadamente discreto.

Tanto ele quanto seus assessores passaram uma noite tranqüila. Nada de boates, nada de mulheres, nada de bebida. Baer dormiu profundamente, sem lembranças de Frankie Campbell e de Ernie Schaaf. Em vez disso, sonhou com a conquista do campeonato, e dessa vez nocauteando Carnera.

Na quinta-feira 14 de junho Baer acordou cedo (para ele), por volta das dez. Tomou o café-da-manhã em seu quarto e traçou o plano de luta com Hoffman e Cantwell.

– Max – disse Cantwell –, você não tem resistência suficiente para lutar 15 *rounds* sem descansar. Vai ter de alternar.

– Descubra os pontos fracos dele – disse Hoffman.

Os assessores de Baer achavam que o melhor para ele seria atacar fortemente com algumas saraivadas e em seguida reduzir intencionalmente o ritmo a fim de reunir forças para novo ataque. Não deveria esgotar-se tentando martelar o campeão. Ataque, repouso, ataque, repouso. Se um soco certeiro acabasse com a luta, ótimo; se não, Carnera terminaria por sucumbir ao efeito cumulativo dos ataques de Baer.

À tarde, o panorama das apostas havia se revertido: Baer era favorito na proporção de sete para cinco, devido ao influxo tardio de apostadores da Califórnia. No vestiário, antes da luta, um dos seguranças veio lhe dizer que havia uma loura esperando do lado de fora.

– Só uma? – perguntou Baer.

O Madison Square Garden estava enchendo rápido. Logo antes da luta principal – instantes depois de James J. Braddock surpreender Johnston nocauteando Corn Griffin –, o prefeito Fiorello La Guardia chega na arena com um grupo de policiais. Um enorme coro de aplausos ergueu-se da multidão quando ele foi reconhecido. Um fiscal mais zeloso, porém, exigiu-lhe o bilhete. Embaraçado por um instante, La Guardia procurou nos bolsos e apresentou o bilhete. O rapaz perfurou-o e acompanhou o prefeito a seu lugar. A multidão aplaudiu novamente.

Enquanto isso, Baer estava sendo massageado numa sala anexa ao vestiário. Dois homens bem-vestidos, com algo volumoso debaixo dos paletós, entraram sem ser anunciados. Disseram a Hoffman que eram representantes de Owney Madden, que estava interessado na vitória de Carnera. Queriam que Hoffman afirmasse que Baer desistiria de vencer a luta e implicitamente o ameaçaram de morte. Antes que Hoffman pudesse reagir, Jerry "Iron Neck"(Pescoço de Ferro) Cassall, guarda-costas de Baer, saiu da cadeira em que estava sentado, ergueu-se revelando todo o seu tamanho e abriu o paletó, mostrando uma pistola no cinto.

– Saiam daqui – disse ele.[29]

Sem querer iniciar um tiroteio, os asseclas de Madden saíram. Hoffman achou melhor só contar a Baer o que acontecera depois da luta.

Para realçar sua versatilidade e lembrar às pessoas que ele era também um astro do cinema, e talvez também para refrescar a memória de Carnera, Baer entrou no ringue vestindo um robe de seda que tinha bordado nas costas não o nome Max Baer e sim Steve Morgan, o personagem de

The Prizefighter and the Lady. Ao despi-lo, exibiu no calção uma estrela-de-Davi na bainha da perna esquerda.

Quando finalmente soou o gongo, Baer não atacou imediatamente o campeão, como muitos esperavam. Em vez disso, estudou Carnera durante cerca de um minuto, tomando-lhe a medida e acostumando-se ao ambiente. De repente, seus pensamentos voltaram ao estúdio de Hollywood e o adversário passou a ser seu brinquedo. Somente então começou um feroz ataque, assustando Carnera com uma esquerda no estômago. Protegendo a cabeça com a mão esquerda, Baer mantinha a direita na altura da cintura, pronta para o golpe. Lançou-a contra o campeão com surpreendente rapidez, acertando em cheio o queixo. O gigante caiu em um instante.

Atordoado pela força e precisão do soco, Carnera ergueu-se imediatamente, sem esperar para recuperar-se. Rosnando, Baer o atacou de novo, perseguindo-o pelo ringue como um leopardo a um elefante. Carnera cambaleava de um canto a outro, agarrando-se às cordas. Baer acertou-o outra vez, e outra vez ele caiu. Logo em seguida, caiu pela terceira vez. Três quedas no primeiro assalto. Três mais no segundo. Mais uma no terceiro. Várias vezes Baer e Carnera se atracaram e caíram juntos na lona. Baer sempre se levantava mais rápido disse uma vez a Carnera:

– O último a se levantar é mulherzinha.

Estava surpreso por não ter ainda conseguido um nocaute, mas não tinha pressa. Brincou com seus amigos do lado de fora do ringue e fez caretas para a platéia enquanto Carnera cambaleava, às vezes quase caindo por entre as cordas, com seus incompetentes segundos incapazes de aconselhá-lo. Carnera avançou desajeitadamente contra Baer, que, como um toureiro, afastou-o para um lado.

Poupando-se para não se cansar, Baer recuou durante alguns assaltos e se manteve calmo, como planejara. Seu amigo Harry Smith teve um ataque cardíaco e foi levado numa maca. Baer gritou para os demais jornalistas:

– Não se preocupem comigo. Cuidem do Harry.[30]

Nunca na história do esporte um lutador mostrou tanto interesse pelo bem-estar de um dos espectadores em uma luta pelo título mundial. Raramente um desafiante dominara tão facilmente um campeão. A luta foi fácil, como Baer achou que seria. (Aliás, Smith se recuperou.)

Quando os lutadores se aproximavam um do outro no ringue, a disparidade de tamanho e altura entre ambos desaparecia. Baer lutava com o corpo ereto, na ponta dos pés, levantando constantemente a barra do calção, exibindo-se para a platéia. Carnera se curvava, o que tornava mais fácil para Baer atingi-lo no queixo.

Na verdade, Carnera ganhou o quarto, sétimo, oitavo e nono *rounds*, mas somente porque Baer aguardava uma oportunidade. Encontrou-a no décimo assalto. Derrubou Carnera mais três vezes. Depois, voltou-se para o árbitro, Arthur Donovan.

– Art – disse ele, com voz tranqüila –, pare a luta. Carnera está indefeso.

Naquele momento, Donovan interveio para separar os lutadores. Baer foi para seu canto, convencido de que o árbitro havia encerrado a luta, o que não era o caso. O gongo soou, e passaram-se alguns segundos até que Baer compreendesse que ainda haveria mais um assalto. No 11º, Carnera caiu novamente – já eram 11 vezes –, mas levantou-se. Afinal, passados dois minutos e seis segundos no mesmo *round*, Baer derrubou outra vez Carnera. Na contagem de dois, Donovan finalmente interveio e encerrou a luta.

Segundos depois, Dempsey abraçava efusivamente seu discípulo no meio do ringue. O locutor Joe Humphreys encarou a multidão, ergueu o braço direito de Baer com a mão esquerda, marcando oficialmente a passagem do título de campeão mundial dos pesos pesados para Maximilian Adelbert Baer. Com a mão esquerda ainda enluvada, Baer suspendeu o calção e soltou um grito de triunfo.

– Como está o Harry? – foi a primeira coisa que perguntou a seu agente.[31] Recebendo a confirmação de que Smith se encontrava bem, voltou as atenções para Bill Brown, que estava do outro lado das cordas.

– Que acha de mim agora, comissário?

– Você ainda é um calhorda – respondeu ele, e em seguida acrescentou, rapidamente: – E Carnera também.

Donovan disse aos jornalistas que Carnera lhe havia pedido que encerrasse a luta quando estava caído na lona, após a 12ª queda. Mas no vestiário, entre soluços, o lutador declarou coisa diferente.

– Perdi, não viram? Perdi o campeonato, é isso – disse ele. – Mas não pedi a Donovan que parasse a luta. Não desisti. Eu teria lutado até não poder me mexer, mas nunca iria desistir.[32]

Em seguida, com o rosto grotescamente inchado pelos socos de Baer, Carnera voltou a chorar. Os jornalistas nunca tinham visto um campeão derrotado em lágrimas, e muitos deles nunca mais esqueceram o patético espetáculo daquele homem enorme chorando daquele jeito.

No vestiário de Baer, o novo campeão foi metralhado pelas perguntas dos repórteres. Finalmente, frustrado, Baer disse:

– Vocês podem me deixar falar? Primo é um bom sujeito – disse ele, quando finalmente obteve a palavra –, tem muita coragem, muito mais do que pensei. Mas não consegui acertá-lo no final do décimo *round*. Donovan me afastou quando Carnera ainda estava em pé, e ficou parado com os braços baixados. Implorei a Donovan que parasse a luta. Primo era um alvo tão fácil para um soco final que eu fiquei com medo de quebrar alguma coisa lá atrás – prosseguiu ele, apontando para sua própria nuca. – Donovan procurou fazer as coisas como devia, mas acho que ficou nervoso. Acho que nunca havia sido árbitro de uma luta com tantas quedas de um dos lutadores.

De fato ninguém havia arbitrado uma luta assim. As de Dempsey contra Firpo e contra Willard, até então as mais disputadas do campeonato de pesos pesados, tinham sido quase inocentes comparadas com a de Baer contra Carnera.

Baer não resistiu a uma última ironia contra Bill Brown.

– Acho que Primo gostou mais do meu condicionamento do que o comissário Brown – disse ele. – Ainda bem que na opinião dele eu não estava na minha melhor forma, senão seria uma tragédia.[33]

* * *

Nas ruas de Nova York e em outras partes do país milhares de judeus exultaram com o triunfo de Baer. Receberam o dinheiro ganho em apostas com os vizinhos e amigos italianos e foram dormir entusiasmados e absolutamente orgulhosos.

De volta ao Hotel Park Central naquela noite, Baer comemorou assinando diversos contratos para apresentações em programas e anúncios de produtos. O público queria saber todos os detalhes a respeito do novo campeão. Tudo o que ele anunciava era vendido. Um dos contratos era para uma biografia seriada em 36 capítulos. Outro folhetim teria o título "Minha vida e meus amores", a ser publicado no *Journal*.

– Que acha de Marian Norton, a estrela do cinema? – perguntou Jeannette Smits naquela noite, na primeira entrevista para o folhetim do *Journal*.

– É uma boa moça. Na verdade uma moça encantadora, mas não significa nada para mim pessoalmente.

– Está bem, mas e Jean Harlow?

– Uma boa moça, na verdade uma moça encantadora, mas nada significa para mim.

Baer vestia um terno claro de gabardine, com camisa de listras marrons e brancas, gravata combinando e sapatos marrons brilhantes.

– E que diz de Bee Star e Shirley La Belle? – perguntou Smits. Ambas haviam levado Baer aos tribunais por quebra de compromisso.

– Boas meninas – respondeu ele. Medindo as palavras, acrescentou: – Quer dizer, não as conheço e elas não me conhecem. Ambas desistiram das ações judiciais. Acho que só queriam um pouco de publicidade.

– Nenhuma namorada no momento?

– Só minha mãe – respondeu Baer. – E ela é uma flor. Nunca me levaria aos tribunais por sedução. E isso é maravilhoso. Até agora as mulheres me custaram 100 mil dólares.

Smits indagou então sobre o relacionamento com a ex-mulher, com quem se dizia que ele se reconciliaria.

– Já nos separamos sete vezes – respondeu ele. – Será que já não basta? Além disso, sou muito jovem para me casar novamente.[34]

Na verdade, Baer ainda estava saindo com a atriz June Knight, e iniciara também um relacionamento com Mary Ellen Sullivan, gerente de um restaurante em Washington. Após a conquista do campeonato, no entanto, ele não estava muito interessado em compromissos.

Por toda Nova York, no Cotton Club ao norte e no Stork Club ao sul, e em todas as boates que ficavam entre as duas, Baer comemorou a vitória. Dezenas de milhares de taças de champanhe foram erguidas em sua homenagem. A gerência do Hotel Park Central foi obrigada a contratar mais uma telefonista especialmente para as chamadas ao novo campeão mundial dos pesos pesados.[35] Joan Brewster, secretária particular de Baer, recebeu uma enxurrada de cartas de mulheres apaixonadas e admiradores do sexo masculino.

– Se Max Baer tentasse aceitar todos os encontros que diversas pessoas desejavam ter com ele desde que se tornou campeão – contou ela a Edward Van Every, do *New York Sun* –, seria preciso que cada dia tivesse cinqüenta horas, e mesmo assim ele não teria tempo para comer, dormir e ganhar a vida.[36]

Uma das milhares de mulheres que escreveram a Baer confessando seu amor escreveu um poema no qual havia a seguinte estrofe:

Estou cansada de músicos
E funcionários de segunda classe
De políticos duvidosos
E eletricistas idiotas.[37]

Declarava finalmente estar "louca pelos cabelos encaracolados de Baer".

Baer inspirava os instintos poéticos de muitas mulheres. Outra escreveu os seguintes versos:

Max Baer, meu Amado,
Muitas vezes quando durmo
Você chega como *Sir* Galahad
Mas de manhã acordo
E vejo
Que você foi somente um sonho.

Queria estar uma hora com você
Para encher minha alma de puro mel,
Queria uma foto sua
Para ter acima da cabeceira de minha cama –
Sou somente sua.[38]

A jovem apaixonada, concorrente de Elizabeth Barrett Browning, talvez não tenha recebido a foto. No início de julho, Brewster esgotara o estoque de fotografias de Baer, cerca de 2 mil cópias, a maioria enviada pelo correio para admiradores. É perfeitamente possível que no final da primavera e no início do verão de 1934 Max Baer tenha recebido mais cartas de amor de um número maior de mulheres do que qualquer outro homem antes dele. Outra começava assim: "Meu caro Max: Estou profundamente apaixonada por você. Escrevo esta carta com tinta violeta, porque penso que essa é a cor de seus queridos olhos."[39]

Brewster acabara de se graduar na Universidade de Michigan e achava as cartas de amor ridículas, como acharia qualquer pessoa que lesse milhares delas. A cada declaração de amor eterno ela balançava a cabeça com ar de desaprovação.

Diariamente os jornais traziam relatos da vida e dos amores de Baer. Fotos de Dorothy Dunbar e June Knight foram recuperadas dos arquivos a fim de ilustrar artigos sobre as aventuras amorosas do campeão. O *Journal* publicou uma série atribuída ao próprio Baer, cuja publicidade dizia: "Não percam a detalhada reportagem sobre o campeão que destroça queixos e corações! Emoções, drama e tórrido romance! É formidável, é um nocaute – e é verdade!"

As manchetes se concentravam nas suas façanhas amorosas:

BAER SÓ DESCOBRIU AS MULHERES DEPOIS DOS 20 ANOS
O "TÍMIDO" CAMPEÃO NUNCA TINHA BEIJADO ATÉ OS 19[40]

(Na reportagem a que se referia esse título, Baer confessou que "não havia ninguém mais tímido do que eu em todo o estado até meus 19 anos de idade".)[41]

CARTAS DE AMOR INUNDAM O CAMPEÃO[42]
AVALANCHE DE CARTAS AMOROSAS PARA BAER[43]
QUE PENA, MENINAS![44] BAER NÃO QUER SABER DE CUPIDO
A MÃE DE MAX NÃO LÊ SUAS CARTAS DE AMOR[45]

Dorothy Dunbar não se manifestou quando Baer conquistou o título. Recusou-se a comentar sua chegada ao mais elevado trono do pugilismo, como Fleischer teria escrito. Diante do desprezo de Dorothy, Baer não pôde deixar de insultar o novo namorado dela, o *playboy* e príncipe caucasiano deposto Serge Mdivani, da casa real da Geórgia.

– Tenho mais sangue azul na minha mão direita do que ele em todo o corpo – disse Baer, em 8 de setembro.

Respondendo ao sarcasmo, Dunbar declarou durante um torneio de pólo em companhia do príncipe Serge:

– Isso é absurdo, mesquinho e baixo da parte de Max. Por favor, ignorem o que ele disse.[46]

Evidentemente, o repórter da United Press não ignorou. Todos os aspectos da vida do novo campeão eram notícia, e tudo o que ele dizia era devidamente registrado e publicado.

Ao derrotar Schmeling e Carnera de maneira tão convincente, Baer não apenas ascendera ao título, mas também conquistara a imaginação de dezenas de milhões de pessoas em todo o mundo, que acreditavam que ele reinaria durante décadas no ápice da categoria dos pesos pesados. O poderio de seus socos, a solidez de seu queixo e seu carisma o transformaram no campeão mais popular desde Dempsey, que perdera o título oito anos antes. Mentalmente, porém, Baer não estava preparado para a grandeza. Nunca havia perdido uma luta a sério. Nunca tinha sido sequer derrubado, e muito menos nocauteado. Perder para Schmeling ou Carnera poderia ter sido benéfico para sua carreira, porque o teria obrigado a se recuperar e voltar a se dedicar ao pugilismo, e talvez isso o deixasse psicologicamente mais robusto, transformando-o num lutador mais completo. Em vez disso, foi campeão sem estar em verdadeiro contato com a realidade. Tudo havia sido muito fácil para ele, mas em geral os grandes campeões são moldados pela adversidade.

12

OUTRA REVIRAVOLTA

NOVA JERSEY E NOVA YORK: 1934

Quando Joe Gould finalmente encontrou Jim Braddock no cais do porto em 12 de junho de 1934, fazia quase nove meses que ele não lutava. Era o período de inatividade mais longo de sua vida. No entanto, estava em notável forma. Um pouco mais magro, é verdade, porém mais musculoso do que nunca. Seus braços sempre haviam sido robustos, e agora pareciam armas perigosas. Pesava somente 81,600 quilos, 3,600 a menos do que quando lutara com Abe Feldman no mês de setembro do ano anterior. Mas continuava esbelto e rijo, e suas pernas estavam mais fortes do que antes. Gould lhe disse que havia marcado um combate com Corn Griffin para dali a dois dias, e perguntou:

– Você está em forma?

Braddock respondeu:

– Olhe para mim.

Ali começavam 366 dias extraordinários.

Com os 24 dólares mensais do seguro-desemprego já empregados para pagar várias contas, Braddock precisava urgentemente de dinheiro. Pediu a Gould um adiantamento sobre a bolsa de 250 dólares. Gould conseguiu que Johnston adiantasse 100, e os dois repartiram o dinheiro. Braddock não tinha visto 50 dólares desde que recebera a bolsa pela luta com Feldman. Pela primeira vez em muitos meses ele conseguia respirar, não muito à vontade, mas pelo menos respirar. Mas tinha somente 24 horas para se preparar para uma luta contra Corn Griffin. Até mesmo Braddock, que já não comprava jornais, tinha ouvido falar dele.

– Como conseguiu essa luta com Corn? – perguntou Braddock.

– Jimmy estava nos devendo – respondeu Gould, referindo-se a Johnston, que na verdade não lhes devia nada. – Eu disse que ia aparecer uma oportunidade para nós.

Era verdade que Gould sempre dissera que ia aparecer uma oportunidade, mas em muitas ocasiões duvidara de que ela realmente apareceria.

Treinando no Stillman na véspera da luta, Braddock ficou pensando em tudo o que estava em jogo no Madison Square Garden Bowl. Se conseguisse vencer Griffin, o favorito dos cronistas e treinadores de boxe, poderia aspirar a um prêmio maior contra algum dos principais candidatos ao título, como Steve Hamas, Art Lasky ou Ray Impellittiere. Nenhum deles o intimidava. Embora tivesse perdido 16 de 26 lutas durante os quatro anos anteriores, Braddock tinha muito poucas dúvidas a respeito de sua capacidade. Questionava a sorte, não seus méritos. Afinal, apesar de todas as derrotas e humilhações, nunca havia sido verdadeiramente suplantado como lutador. Loughran lutara boxe melhor do que ele, e somente Scozza o havia nocauteado, mas fora um nocaute técnico. Havia levado surras no ringue em diversas ocasiões, mas nunca chegara perto da contagem de dez.

Nisso pensava ele enquanto se preparava para a luta contra Corn Griffin, que era, afinal, também artista do nocaute – "mais carne", como ele dizia, o tipo de adversário contra o qual ele sempre lutava melhor. Braddock lembrou-se do dia, cinco anos e meio antes, em que se preparava no Stillman para a luta com Tuffy Griffiths. Via os veteranos boquiabertos à medida que Griffiths derrubava um *sparring* depois do outro. Recordou com satisfação a decepção estampada nos rostos de Rickard e Tom McArdle quando ele mandou Griffiths para a lona. Iria fazer o mesmo a Corn Griffin.

Quase em transe, Braddock martelou o saco de areia e os nomes se misturaram em sua cabeça. Griffiths. Griffin. Griffiths. Griffin. Não podia ser coincidência. Vinte e quatro horas antes, ele se considerava aposentado dos ringues. Agora voltara a ser guerreiro. Iria mostrar a todos. Iria mostrar aos cronistas que o tinham ridicularizado. Iria mostrar aos amigos dos tempos de prosperidade, que agora o evitavam na rua. Iria mostrar à companhia de eletricidade e gás. Iria mostrar a si próprio que aos 29 anos ainda era um lutador. Só havia um problema: todas as caminhadas o haviam tornado mais ligeiro e mais resistente, e o trabalho no cais do porto dera uma nova potência a sua mão esquerda, mas nada do que fizera durante os nove meses anteriores o preparara para as exigências do ringue, as rápidas explosões de energia necessárias aos lutadores. Com Gould e Doc Robb, Braddock fez um plano: nocautearia Griffin antes que ele, Braddock, perdesse o fôlego. Era muito fácil. Faça-o beijar a lona. E depressa.

Os freqüentadores do Stillman só tinham olhos para a luta entre Carnera e Baer pelo campeonato. Estaria Baer em forma? Carnera se recuperara da dor de garganta? Braddock procurou esquecer as vozes que competiam para serem ouvidas através do ar fétido. Não iria gastar nem um segundo pensando em Baer ou Carnera. Corn ocupava todos os seus pensamentos. Se conseguisse vencê-lo, ganharia mais algum dinheiro, dinheiro que duraria até o verão seguinte. Poderia escapar do cais do porto. Poderia dar de comer aos filhos. Era muita coisa em que pensar. Tratou de se concentrar nas luvas que Robb erguia diante de seus olhos.

Na noite da luta, 14 de junho, Braddock nem sequer reparou até que ponto ele se tornara secundário; o vestiário exíguo, a falta de interesse dos jornalistas e dos espectadores. Ao contrário, sentia-se bem em estar de volta a uma grande arena em uma noite importante. E sentia-se forte. Depois que Griffin o derrubou, no segundo assalto, transformou-se num lutador como nunca fora antes. O nocaute no terceiro *round* foi tão repentino que Braddock mal conseguiu descrevê-lo mais tarde. A sensação era completamente estranha – não a de nocautear o adversário, pois já o fizera muitas vezes antes, mas sim a de nocauteá-lo com a direita depois de amaciá-lo com a esquerda. A esquerda que contra Abe Feldman nem existira, que fora inútil contra Al Ettore, agora se movia sem esforço e ao mesmo tempo com potência, como um pistom bem engraxado. *Isso é o que eu deveria ter feito há muitos anos,* pensou Braddock. *Essa mão é um porrete.*

Mas se Braddock esperava uma consagração após nocautear o grande Corn Griffin, o que recebeu foi indiferença. Como todo o público esportivo estava apaixonado por Max Baer, o novo Dempsey, não havia espaço para mais ninguém. As lutas que Braddock pensou que apareceriam não surgiram. E mesmo em 1934, os 125 dólares de sua parte na bolsa, inclusive os 50 dólares adiantados, não durariam muito tempo. Naturalmente, serviram para pagar o aluguel, o leiteiro e a companhia de energia e gás. Mesmo depois de conseguir um nocaute decisivo na preliminar da luta pelo campeonato mundial dos pesos pesados, com 56 mil espectadores, ele ainda precisava do auxílio do governo.

Gould estava procurando novo adversário. Continuava a rondar os escritórios do Garden. Johnston, porém, se mostrava mais decepcionado com Griffin do que impressionado por Braddock. Griffin ganhara sua reputação por ter sido um bom *sparring* de Carnera. Como Baer fizera Carnera de tolo, os elogios a Griffin anteriores à luta foram rapidamente esquecidos, o que por sua vez tornava menos significativa a vitória de Braddock. Quatro meses depois de nocautear Griffin, Braddock ainda continuava a trabalhar no cais do porto, na carvoaria e num caminhão de mudanças. Compreensivelmente, andava desanimado. Mas sempre que podia ia ao Stillman, treinar duramente para lutas que somente existiam em sua imaginação.

Nessa época, no outono de 1934, Frank Graham, que acabara de ser promovido a colunista esportivo do *New York Sun*, por acaso observou um treino de Braddock no ginásio. Graham, futuro gigante da imprensa, descrevia em uma de suas primeiras colunas a atmosfera e a atitude dos lutadores, e concluía com um parágrafo sobre Braddock:

> Ali perto, por exemplo, estava um peso pesado cujo soco poderoso quase o tinha levado ao topo da categoria. Atirado de volta ao anonimato, se arrasta sem esperança nem inspiração, treinando obstinadamente e lutando quando consegue. Gostaria de abandonar o ringue e arranjar um emprego de 25 dólares por semana, se pudesse encontrar algum, mas as oportunidades são raras, especialmente para um homem próximo aos 30 anos e sem expe-

> riência em outras áreas. Assim, ele continua a lutar, porque tem mulher e três filhos pequenos que também precisam comer.[1]

Braddock não compreendia por que sua vitória contra Griffin pouco contribuíra para mudar sua sorte. Mas continuava a treinar, passando mais tempo no ginásio do que o campeão dos pesos pesados, que andava ocupado com o teatro de revista e com o rádio. Gould passou semanas sem dar notícias.

Braddock foi procurado por um promotor de eventos do norte de Nova Jersey que queria que ele lutasse contra um jovem promissor da localidade, chamado Steve Dudas. (Dudas iria no futuro lutar numa série memorável de três combates contra Abe Feldman.) Os arranjos foram feitos, os cartazes foram impressos e o pagamento foi combinado. Eram somente 750 dólares, mas isso serviria para Braddock passar o inverno e renunciar ao seguro-desemprego. Após quase dez meses, ele revelara apenas a Gould e a poucos amigos íntimos que estava vivendo do auxílio. Não quis nem contar aos pais, que se envergonhariam por ele. Sua vergonha era tanta que mantinha uma estrita contabilidade do que recebia, na esperança de que algum dia pudesse restituir o que considerava uma dívida.

No início de novembro, duas semanas antes do dia marcado para a luta com Dudas em North Bergen, alguns amigos de Braddock, inclusive seu eventual *sparring* Pat Sullivan, fizeram o que poderia ser chamado de intervenção. Sullivan, especialmente, considerava fraco o treinamento de Braddock no ringue e achava que ele estava correndo muito pouco. Braddock estava treinando sem a assistência de Gould e Robb, e isso era evidente. Os amigos o aconselharam a levar Dudas a sério. Sabiam que Braddock alternava vitórias e derrotas, que seria muito ruim para ele perder naquele momento. Sullivan começou a treinar com ele com mais freqüência e obrigou-o a correr mais de 10 quilômetros por dia. Durante uma semana Braddock se esforçou mais do que nunca em preparação para uma luta; todos os dias treinava com Sullivan e outros *sparrings* menos robustos o equivalente a 12 *rounds*.

Nesse momento, Gould reapareceu. Entrou em contato com Braddock pelo telefone num ginásio local.

– Finalmente temos uma luta, campeão – disse ele.

– Mas, Joe, já contratei uma luta sozinho, porque você não aparecia.

– Não importa. Cancele-a. Você vai lutar com John Henry Lewis no Garden na próxima semana.

Em 1932, John Henry Lewis derrotara Braddock com certa facilidade em São Francisco. Durante os dois anos seguintes, adquirira a reputação de ser um dos melhores meio-pesados do mundo.

– Mas, Joe, não posso lutar como meio-pesado. Estou com 81,700 quilos, talvez mais.

– Você não vai lutar como meio-pesado – disse Gould. Estava sentado a uma escrivaninha do lado de fora do escritório de Jimmy Johnston, fumando um charuto. – Ele está disposto a lutar com você como peso pesado. Além disso, vai ser uma preliminar de uma luta de Maxie Rosenbloom.

Rosenbloom, velho amigo de Braddock, estaria defendendo seu título de campeão dos meio-médios contra Bob Olin (a única luta da história dessa categoria entre dois lutadores judeus). Braddock e Lewis fariam a principal luta preliminar.

– Quanto pagam? – perguntou Braddock.

– Setecentos e cinqüenta dólares.

– Isso é o que vou ganhar para lutar com Dudas.

– Mas você precisa voltar a Nova York – disse Gould, entre duas baforadas. – Não devia estar lutando em Nova Jersey.

Braddock fez uma pausa por um instante, pensando no que significaria cancelar a luta com Dudas. Depois disse:

– Está bem, vamos aceitar.

Deu a notícia aos organizadores de Nova Jersey, cancelando a luta com Dudas, mas continuou a treinar com Sullivan para o combate com Lewis. O tempo diria que, nem um instante de seu treino rigoroso foi em vão.

Lewis era adversário bem mais difícil do que fora em 1932. Estava mais atento, mais forte e mais disciplinado. Havia derrotado Rosenbloom duas vezes em lutas que não valiam o título. Jimmy Johnston o havia contratado para três lutas e esperava que ele chegasse rapidamente à disputa do título. Para sua primeira luta em Nova York, Johnston queria um adversário que fosse conhecido mas que não desse muito trabalho. Apesar da propensão de Braddock a estragar os melhores planos dos promotores, ele foi o escolhido. Afinal, dois anos antes, perdera para Lewis por ampla margem, e desde então este somente havia melhorado.

Naturalmente, Braddock era agora um lutador diferente do que fora em 1932. Mas, com base no que fizera contra Corn Griffin, não havia motivo para crer que ele pudesse dar conta de Lewis, um talento de classe mundial no auge de sua forma. Os apostadores achavam que Braddock não tinha chance, pois ele era o azarão na proporção de dois para um. Mas Gould estava otimista. Sempre acreditara em Braddock, especialmente nas raras ocasiões em que ele pesava mais do que o adversário (Braddock pesara 85,600 quilos, contra somente 79,890 de Lewis).

Em 16 de novembro, lutando no Maddison Square Garden pela primeira vez em vários anos, Braddock teve o melhor desempenho de sua carreira. Combateu durante dez assaltos com um excelente boxeador e foi melhor do que ele. Com sua rapidez e brilho, Lewis dominou os quatro primeiros *rounds*, mas no quinto Braddock o derrubou – nada menos do que com a esquerda. Na beira do ringue, Shabazian se espantou tanto quanto Lewis. "O Braddock de 1932 não tinha mão esquerda", escreveu ele. "O Braddock de 1934 parece ser só mão esquerda."[2]

No sétimo assalto, Lewis perdeu um ponto ao acertar Braddock abaixo da cintura. Mesmo assim, a luta estava equilibrada, e logo antes do anúncio da decisão Braddock não tinha certeza da vitória. Mas venceu, mais uma vez desafiando as probabilidades e os desejos dos promotores. Seu condicionamento fizera a diferença. Os quilômetros de caminhadas, as muitas horas de treino no ringue, os meses passados no cais do porto, os movimentos na operação do gancho de vigas – tudo isso fizera o Braddock de 1934 superior a tudo o que fora anteriormente.

Johnston procurou Braddock no vestiário depois da decisão.

– Você estragou dois dos meus lutadores – disse ele.[3]

– E vai haver outros – retrucou Gould, respondendo por seu lutador.

Após a luta com Lewis, Braddock e Gould dividiram os 750 dólares. Gould teve de dar 250 de sua parte a um credor. Com a sua, Braddock levou Mae para jantar fora pela primeira vez em muitos anos. Pediu um bife, depois outro, e depois uma torta de maçã. Na manhã seguinte, ao levantar-se, foi até o edifício da Prefeitura de North Bergen. Gente que o evitara antes agora vinha a seu encontro na rua, com o jornal na mão, para falar sobre a luta com Lewis. Braddock, feliz, conversava com todos.

Na Prefeitura, procurou Jimmy Kelly.

– Foi uma grande vitória, Jimmy – disse Kelly, levantando-se para felicitar Braddock.

– Quero que você tire meu nome da relação de assistidos – disse Braddock.

– Tem certeza? Talvez você ainda possa continuar recebendo.

– Tenho certeza – respondeu Braddock, com um meio sorriso. Deu meia-volta e saiu do prédio, voltando para casa.

13

O REI MAX

CLEVELAND, CHICAGO E MIAMI: INVERNO DE 1934-35

Em meados de dezembro de 1934, Max Baer estava absolutamente convencido de que era o melhor lutador de boxe do mundo. Afinal, era isso o que todos lhe diziam há vários meses. Suas vitórias consecutivas contra Schmeling e Carnera, dois campeões, o haviam transformado na maior sensação da categoria dos pesos pesados desde o surgimento de Jack Dempsey. Os cronistas e o público em geral esperavam que Baer, que tinha somente 25 anos, reinasse durante uma década. Mesmo assim, os campeões precisam de desafiantes, e ao observar a categoria, Baer concluía que nenhum dos pretendentes valia a pena. Quem pagaria para vê-lo lutar outra vez com Schmeling? Quem pagaria para vê-lo lutar outra vez com Carnera? Quem pagaria para vê-lo lutar com Steve Hamas? Ou com Art Laski? Ou com Walter Neusel? Ninguém, pensava ele. Dempsey enfrentara Carpentier, Firpo e Tunney – adversários que entusiasmavam os espectadores. Como poderia pensar numa renda de bilheteria de 1 milhão de dólares, se evidentemente ele era melhor do que qualquer peso pesado?

Baer passou muito tempo pensando nesse dilema. Finalmente, ocorreu-lhe uma idéia brilhante, um plano absolutamente perfeito para conseguir 1 milhão de renda, como Dempsey muitas vezes conseguira. Em vez de lutar contra Hamas e depois contra Lasky, os dois principais pretendentes, ele lutaria com ambos *na mesma noite.*

– É a única maneira de motivar os torcedores – disse ele a um grupo de jornalistas num almoço em Cleveland, onde iria fazer uma exibição de caridade. – Um programa duplo de campeonato. Lutarei dez *rounds* com Hamas ou com Laski, e o vencedor lutará com o terceiro por mais dez *rounds*.

– Como vai decidir quem pegará você primeiro?

– Podemos tirar a sorte – disse Baer, começando a comer outro bife. – Para mim é indiferente.

– Quanto tempo de intervalo entre uma luta e a outra?

– Cinco minutos.

Como de costume, Baer era o homem mais bem-vestido do restaurante. Tomava cuidado para não sujar de espinafre seu terno azul de sarja.

– Por que só cinco minutos?

– Não quero esfriar – respondeu Baer. – Se estiver quente, quero continuar quente.

Disse também aos jornalistas que achava ser possível uma renda de 1 milhão e que a parte dele seria de 400 mil. Não era o mesmo que a luta de Tunney contra Dempsey, mas era o máximo que poderia esperar, considerando a qualidade dos desafiantes.

– Vejam, não quero ser como esses campeões que lutam só uma vez por ano – disse ele. – Preciso lutar. As mulheres são caras.[1]

Duas semanas depois, em 28 de dezembro, Baer entrou num ringue pela primeira vez após a noite em que conquistara o título contra Carnera, seis meses antes. Estava em Chicago, no início de uma turnê de exibição de cinco lutas. Na década de 1930, os campeões pesos pesados raramente arriscavam o título mais de uma vez por ano. Para ganhar o máximo possível, faziam exibições nas quais se esperava que dessem um bom espetáculo durante quatro assaltos, mas não que lutassem para valer. Em Chicago, no entanto, a exibição era qualificada. Se ele fosse nocauteado, perderia o título. Ele e o adversário deveriam usar as luvas normais de 180 gramas, não as de 240 normalmente utilizadas nas exibições. O adversário era o Peixe Grande Levinsky, a quem ele derrotara duas vezes por pontos em 1932. O acordo era que, se ambos sustentassem uma luta equilibrada em quatro assaltos, se enfrentariam novamente no verão de 1935. Mas Levinsky era orgulhoso e cheio de si, lutando em seu próprio terreno, e estava decidido a não permitir que Baer o fizesse de tolo – e pretendia conquistar o título.

Rei do treinamento suave, Baer estava acostumado a desfilar pelo ringue. Convencido de que Levinsky não lhe daria trabalho, pensava apenas em dar espetáculo e nada mais. Quando soou o gongo, ele caminhou para Levinsky e disse:

– Bem, isso deve ser divertido.[2]

Recuou o braço direito, girando-o como um moinho e preparando-se para dar um soco de brincadeira, mas Levinsky acertou-lhe um direto no queixo. Baer achou graça. Para agradar à platéia, fingiu sentir o golpe, e cambaleou pelo ringue. Avançou outra vez para Levinsky, apresentando o queixo para oferecer um alvo fácil, e novamente o adversário atingiu-lhe no rosto com força.

– Que é que há com você? – gritou Baer. – Estamos aqui só para nos divertirmos.

Quando o gongo soou para o início do segundo assalto, Baer esperou em seu canto que Levinsky se aproximasse. Este, no entanto, parou no centro do ringue e agitou os punhos, chamando Baer.

– Bem – disse o campeão a Mike Cantwell, seu treinador. – A exibição vai acabar agora.

Partiu para cima de Levinsky, com uma avalanche de direitas e esquerdas. Levinsky recuou sob a força do ataque, mas Baer, sorrindo ferozmente, não amainou a fúria. Enquanto o adversário recuava, Baer acertou-lhe o queixo com uma direita em curva. Levinsky, veterano que jamais havia sido nocauteado, e na verdade somente fora derrubado uma vez, foi à lona com um baque surdo. A contagem de dez terminou e ele foi carregado de volta a seu canto. Baer estava pesando 95,800 quilos, e segundo os jornais "em magníficas condições".

Baer vencera novamente a batalha dos pesos pesados judeus. Também demonstrara o quanto havia melhorado desde 1932, quando não conseguira um nocaute contra Levinsky em trinta assaltos.

O agente de Levinsky ficou furioso com ele por tentar nocautear Baer, estragando assim a perspectiva de uma luta entre os dois no verão seguinte. O agente era Lena Levy, irmã dele, que sabia ter acabado de perder 20 mil dólares.

– O Peixe Grande ficou superconfiante ao bater nesse Baer pelo ringue inteiro durante todo o primeiro *round* – disse ela, cujo apelido era Lena a Saltadora, após a luta. – Pensou que seria capaz de vencer do mesmo jeito e não obedeceu às instruções para ter cautela no segundo assalto. Ele estava até fazendo sinais para mim, dizendo que tudo estava bem, quando Baer o acertou no queixo.[3]

Durante a luta, Baer havia notado uma mulher bonita sentada próximo ao ringue e mandou o guarda-costas arranjar um encontro. Para não fazê-la esperar, deu a entrevista após a luta ainda no chuveiro, como freqüentemente fazia.

– Agora vocês não vão dizer que eu estava falando bobagens ao sugerir uma luta com Hamas e Lasky na mesma noite – disse ele. – Nenhum dos dois se iguala a Levinsky. Continuo pronto a lutar com ambos em seguida. Para mim, qualquer um dos dois pode ser o primeiro.[4]

Quanto à luta que acabava de protagonizar, quase pediu desculpas.

– Eu não queria nocauteá-lo – disse. – Esperava uma luta simpática. Mas aquele idiota tentou arrancar minhas orelhas no primeiro *round* e no segundo quis me fazer de bobo ao ficar parado no meio do ringue e me chamando "Venha lutar, seu isto e aquilo". Pensei comigo: quem esse palhaço pensa que é? Está falando com o campeão mundial. Por isso dei-lhe um soco de verdade. Lembram-se do que disse sobre lutar com Lasky e Lamas, ou com Levinsky e Lasky, na mesma noite? Isso continua de pé.[5]

Após o nocaute de Levinsky, os poucos que ainda duvidavam se convenceram de que Max Baer era o novo Dempsey. "Pode ser que alguém ainda escalpele Max Baer antes do final de 1935", escreveu Grantland Rice em sua coluna de 4 de janeiro, "mas nem o dr. Einstein poderia imaginar neste momento quem poderia ser, em todas as quatro dimensões. O fato nu e cru é que Max Baer está sozinho como campeão dos pesos pesados. Não há concorrentes à vista."[6]

Quem era Max Baer para desdizer Grantland Rice?

Reclinado em uma cadeira de barbeiro um mês mais tarde, em Miami, enquanto três mulheres cortavam, lapidavam e poliam suas unhas, Baer considerou a magnitude de sua grandeza e achou que somente um homem, em toda a história, poderia vencê-lo.

– Muita gente pensa que sou o melhor peso pesado que já apareceu – disse ele, um tanto defensivamente. – Bem, isso não é correto. Já vivi 25 anos e conheci uma pessoa capaz de entrar num quarto comigo, trancar a porta, apagar a luz e conseguir sair.[7]

Tratando-se de Baer, era uma imensa concessão.

– Quem é esse cara? Ora, o velho Jack. No dia em que ele acabou com Willard eu teria tido sorte se durasse um *round* contra ele. Não digo isso porque gosto de Jack. – Nesse ponto Baer soprava descuidadamente as unhas para secar o esmalte. – É porque ele batia com mais força, era mais rápido e pensava mais depressa do que eu. Mas, ora, eu gostaria de ter lutado com ele, com todo aquele dinheiro que ele trazia para a bilheteria. Quanto foi a renda da luta com Tunney?

O repórter respondeu que Dempsey tinha ganho mais ou menos 1 milhão com as duas lutas.

– Um milhão! Olhem, por esse preço eu lutaria contra toda esta sala cheia de leopardos, marinheiros e Carneras.

O repórter perguntou então o que ele teria feito com Tunney.

– O mesmo que fiz com Carnera, Schmeling e Levinsky – disse Baer, olhando com admiração para suas unhas já secas. – Ele só tinha a esquerda, e as esquerdas não machucam. Eu entraria lá e acabaria com ele com minha direita.

Recostou-se na cadeira do barbeiro. Era hora de cortar os cabelos.

Assim como Alexandre, o Grande, que na idade de Baer percebeu que já não havia mais o que conquistar, Baer suspirava de tédio à idéia de ter de defender o que já obtivera. Declarou que o melhor lutador da categoria, com exceção dele próprio, era Schmeling, a quem já havia derrotado com facilidade.

– Ele é corajoso, que é mais do que eu poderia dizer de Lasky. Esse Lasky sabe bater, e é durão, mas não tem a mesma valentia – completou, tocando o coração.

Quanto a Steve Hamas, ex-astro de futebol americano da Universidade Estadual da Pensilvânia, Baer disse:

– Steve bate bem, e isso lhe dá alguma chance. Mas, escutem, outro dia lutei com um sujeito em Tampa, chamado Tony Cancela [em uma luta de exibição] e sou capaz de apostar mil dólares nele se lutar com Hamas ou Lasky. Ele é tão bom que quebrei um osso da mão direita quando o acertei.

Baer meditou sobre a importância do que acabara de dizer. Achou que tinha sido bastante generoso. Afinal, afirmara que Lasky era durão e que Hamas sabia bater.

Em seguida, o repórter fez mais uma pergunta.

– É verdade, sr. Baer, que o senhor está noivo de Mary Kirk Brown?

Dizia-se que Brown, não confundir com Mary Ellen Sullivan, estava saindo com Baer.

A tesoura ainda cuidava de seus caracóis. Baer tentou ser discreto.

– Conheço muitas moças – respondeu –, muitas moças lindas. Mas por enquanto ainda vou pedir *à la carte*. Entendeu?

No inverno e na primavera de 1935, tudo o que havia no cardápio – mulheres, dinheiro, grandeza – estava às ordens de Max Baer.

14

UMA CHANCE COM LASKY

NOVA YORK: INVERNO DE 1935

Gould tratou de agir. As vitórias de Braddock contra Griffin e Lewis lhe deram uma oportunidade que há anos não aparecia, e ele a aproveitou rapidamente. Cronistas que não haviam falado com ele desde a quebra da Bolsa agora se aproximavam com cadernos de notas e canetas preparadas. Queriam saber seus planos. Queriam saber sua opinião sobre a situação de Braddock no panorama dos pesos pesados. Queriam sua avaliação sobre a capacidade relativa dos pretendentes.

– Rapazes – dizia Gould –, basta uma luta mais para que Jim Braddock apague aquele sorriso do rosto de Max Baer. Ele vai fazê-lo de tolo.

Gould não se importava com os risos dos jornalistas. Se escrevessem a respeito de Braddock ele ficaria contente.

Johnston estava organizando um torneio eliminatório a fim de resolver quem disputaria o título contra Baer, e a missão principal de Gould era que Braddock fosse incluído. Quaisquer dúvidas secretas que pudessem ter tido sobre a capacidade de Braddock haviam sido varridas pela vitória dele contra Lewis, vitória que impressionara muito Johnston, mas não os jornalistas e o público em geral.

Em 1º de janeiro de 1935 Braddock não foi incluído entre os dez melhores pesos pesados pela revista *Ring*. Max Schmeling ficou acima dele, assim como Steve Hamas, natural de Nova Jersey e ex-craque de futebol americano. O mesmo com Primo Carnera e Art Lasky, de Minnesota, que era mais judeu do que Baer por 100% contra 25%. O Peixe Grande Levinksy, Patsy Perroni, Tommy Loughran, Lee Ramage e um lutador de 20 anos, natural de Detroit, chamado Joe Louis, também ficavam acima de James J. Braddock. Da mesma forma estavam Walter Neusel, Charley Massera, Jack Petersen, Johnny Risko, Natie Brown, Abe Feldman, Steve Dudas, Al Ettore e Buck Everett. Na avaliação anual da categoria dos pesos pesados da *Ring*, Wilbur Wood relacionara os 19 melhores pugilistas, e Braddock não aparecia entre eles.[1] Para conseguir uma luta com Baer, Gould teria de encontrar uma forma de fazer Braddock ultrapassar pelo menos 18 outros lutadores. Era um desafio extraordinário.

Todos os dias Gould ficava plantado diante do escritório de Johnston, que todos os dias lhe dizia que Braddock estava em seus planos. Gould, naturalmente, queria mais do que palavras. Queria um contrato. Enquanto isso, Braddock se mantinha em forma no Stillman. Parecia ficar mais forte a cada treino. Inicialmente, a ausência de dores na mão direita foi um tanto surpreendente. Quando batia no pesado saco de areia, esperava fazer uma careta. Ao ver que a dor não vinha, quase sentia falta dela, tanto tempo ela lhe fizera companhia. Aos poucos, no entanto, acostumou-se a bater sem sentir dor. Depois, à medida que a dor desaparecia de sua memória, começou a bater com mais força do que antes de ter fraturado a mão na cabeça de Joe Monte, seis anos antes. Nunca havia realmente percebido o quanto a dor inibira o poderio de seus socos, o quanto ela o obrigara a reduzir cada vez mais a força dos punhos, diminuindo sua eficácia. Agora conseguia bater sem pensar nas conseqüências. Estava largando também outros vícios: dando centenas de golpes de esquerda todos os dias, melhorando o jogo de pernas, correndo grandes distâncias para aumentar a resistência. Em poucos meses Braddock era outro homem.

Os dias se transformaram em semanas e Gould ia ficando impaciente. Temia que a vitória de Braddock contra Lewis pudesse ser esquecida e ele acabasse ficando de fora do torneio eliminatório. Sua intenção era usar o poder da verborragia a fim de impedir que isso acontecesse. Falava sobre Braddock com tanta freqüência, com tantas pessoas, em tantos escritórios, bares e restaurantes, que às vezes perdia o fio da meada. Quando isso acontecia, simplesmente continuava a tagarelar, esperando reorganizar os pensamentos. A coisa que mais temia era o silêncio. Quanto mais Gould falava sobre a situação da categoria dos pesos pesados, mais se convencia de que de todos os principais pretendentes Art Lasky era quem Braddock tinha maiores probabilidades de derrotar. Disse a Johnston que queria uma luta com Lasky.

Mas Johnston tinha outras preocupações mais urgentes. Como de costume, Schmeling estava criando problemas. Ele e Hamas, que obtivera notoriedade ao derrotar devastadoramente o Uhlan Negro no ano anterior, estavam resolvidos a lutar novamente. Schmeling queria que a luta se realizasse na Alemanha. Atraído pela promessa de uma bolsa de 25 mil dólares, Hamas concordou em atravessar o Atlântico. Outra vitória contra Schmeling praticamente lhe garantiria uma oportunidade de disputar o título. Ao mesmo tempo, Carnera assinou um contrato para enfrentar o igualmente gigantesco peso pesado de origem italiana Ray Impellittiere. Somente Lasky ficaria sem adversário. Finalmente, Johnston sugeriu Jim Braddock e o jovem natural de Minnesota concordou em enfrentá-lo no dia 1º de fevereiro, no Madison Square Garden. Como era costumeiro para um adversário de Braddock, Lasky foi imediatamente reconhecido como favorito absoluto.

Tendo um objetivo específico e um adversário no qual concentrar suas energias, Braddock mergulhou no treinamento com ainda maior intensidade do que antes. Quando não treinava, comia. Mae o via ainda menos freqüentemente do que no tempo em que ele trabalhava no cais do porto. Em casa, a família Braddock ainda economizava, pensando no que ganharia com uma vitória sobre Lasky, mas pela primeira vez em muitos anos Braddock deu rédea solta a suas ambições. Começou a pensar no que significaria derrotar Lasky. Significaria uma chance de disputar o título, e isso queria dizer uma bolsa de aproximadamente 30 mil dólares, ou mais. Somente a oportunidade de disputar o título o faria passar da pobreza para a riqueza permanente. Se conseguisse ganhar o campeonato – bem, essa idéia ele ainda não estava preparado para considerar. Era demais.

Ao mesmo tempo, não era assim tão despropositada. Lasky, Hamas, Schmeling, Carnera – Braddock achava possível vencer todos eles. Baer era o que menos o intimidava. Tinha visto Loughran derrotá-lo facilmente no Garden, em 1931. Observara cuidadosamente o Fantasma da Filadélfia fazer com Baer o que tinha feito com ele próprio. Mais tarde afirmou que Loughran lhe fornecera o plano para lutar com Baer e derrotá-lo. Faria o mesmo: lutaria boxe, mas não procuraria os socos devastadores. Mas Braddock procurava não pensar muito em Baer. Primeiro tinha de derrotar o outro peso pesado judeu. Vencer Lasky e ganhar uma chance. Vencer Lasky e ganhar 1 milhão de dólares – ou pelo menos o que parecia ser 1 milhão de dólares.

À medida que se aproximava o dia da luta, Braddock ia ficando mais forte. Na esperança de chegar a 4 quilos menos do que os 90,800 de Lasky, alimentava-se constantemente – bifes, presunto com ovos, torta de batatas com carne moída, sorvete, torta de maçã, ensopado de carne feito por Mae. Robb estudara Lasky tanto quanto possível, conversando com treinadores e outros lutadores que haviam testemunhado sua ascensão. Robb e Solly Seeman, outro treinador que estava trabalhando com Braddock, se convenceram de que a maior fraqueza de Lasky era sua tendência a estender o queixo para diante como se procurasse ver melhor o adversário. Aconselharam Braddock a tratar de acertá-lo no rosto quando ele oferecesse o queixo como alvo.

No dia 1º de fevereiro, quando Braddock e Gould se preparavam para comparecer ao escritório da comissão de atletismo do estado para a pesagem oficial, Johnston telefonou a Gould.

– A luta fica adiada por enquanto – disse ele. – Lasky está no hospital, com pneumonia. Vai levar algum tempo até que se restabeleça.

– Ora, ele está com medo – disse Gould, quase gritando.

– Joe, ele está doente mesmo. Acredite em mim – respondeu Johnston.

– Isso vai ser horrível para Jimmy – disse Gould, vendo 4 mil dólares fugirem de seu alcance.

– Ele vai ter outra oportunidade.

Gould contou a Braddock que a luta ia ser adiada. Ambos foram ao hospital onde Lasky estava internado e posaram com ele para os jornais da tarde. Depois, Braddock seguiu novamente para o ginásio.

15

PREFERIDO PELO POVO

NOVA YORK: INVERNO-PRIMAVERA DE 1935

No início de fevereiro, Max Baer voltou para junto da família em São Francisco. Quatro anos e meio após a morte de Frankie Campbell, ele não havia esquecido a promessa à viúva e ao filho do lutador. Em 15 de fevereiro, na arena Dreamland, fez uma luta de exibição contra Stanley Poreda. A renda de 10.600 dólares foi destinada a um fundo em favor deles.[1]

Após o espetáculo beneficente, Baer viajou novamente para Nova York, de trem.

– Escutem, amigos, não sei por que Johnston está se dando o trabalho de organizar esse torneio eliminatório – disse ele a alguns repórteres, ao chegar. – Compreendo que queira promover o interesse do público por algum adversário, mas isso não vai fazer diferença. Nenhum desses caras pode sequer lamber minhas botas.

Baer estava inspirado. Exausto, mas inspirado. Vestindo um terno cinza-claro, o campeão mundial dos pesos pesados almoçava no restaurante de Jack Dempsey na Oitava Avenida, diante do Madison Square Garden, e convidara meia dúzia de seus melhores amigos da imprensa. Dempsey juntara-se a eles e se espantava com o exibicionismo de Baer.

– Steve Hamas é um menino de colégio. Não tem força para tocar em mim. Schmeling e Carnera já sentiram meus punhos. E Lasky nunca bateu em ninguém. Vocês dizem que Johnston quer promover uma disputa do campeonato contra um deles. Os torcedores gostam de um pouco de sangue, mas não querem me ver matar mais ninguém.

Os jornalistas não pareciam muito convencidos.

– Que acha de Braddock?

A voz vinha da outra ponta da mesa, mas Baer não podia ver o rosto de Frank Graham, do *Sun*.

– Braddock? – disse Baer em tom de desprezo, mexendo nas abotoaduras da camisa. – Você deve estar brincando, não é? Com todo o respeito por alguém mais velho do que eu, ele já passou da idade. Já tinha passado cinco anos atrás. Todos sabem que ele nunca mais foi o mesmo depois que Loughran o venceu.

– Ele se saiu muito bem contra Lewis.

– Escute, Lewis é meio-pesado, e Braddock por pouco não perdeu por pontos. Se ele entrar no ringue comigo, o que você acha que vai acontecer?

Graham ficou em silêncio.

– Ele vai se machucar, isso é o que vai acontecer – interrompeu Dempsey. – Isto é, Max, se você começar a dormir um pouco e parar de correr atrás das mulheres.

– Correr atrás de mulher é o melhor exercício que conheço – respondeu Baer. – É mais difícil pegá-las do que nocautear um irlandês acabado.

Com suas notas enchendo os caderninhos, os jornalistas guardaram as canetas e atacaram os bifes.

De volta ao lar, Jim Braddock sentia-se homem novamente. Os filhos tinham voltado da casa dos avós e havia bastante comida na mesa. Aproveitava alguns de seus maiores prazeres: jogar cartas e ir ao cinema. Seu jogo de cartas preferido era *hearts*; seus artistas favoritos eram Charlie Chaplin e Laurel e Hardy (o Gordo e o Magro). As noites de sono agitado tinham se acabado. Já não se levantava às duas da madrugada para ir caminhar frustrado pelas ruas. Depois de vencer Lewis, não voltara mais ao cais do porto. Mesmo assim, seu futuro não estava de forma alguma assegurado. Não se atrevia ainda a mudar-se do apartamento no porão, e não esbanjava. Acordava às cinco e corria cerca de 10 ou 12 quilômetros. Tomava a barca até o West Side e caminhava até o Stillman. A doença de Lasky tinha sido uma decepção, mas afinal de contas pode ter sido melhor para Braddock, que teve mais tempo para se preparar para a luta de 15 assaltos.

Quando Lasky melhorou o suficiente para sair do hospital, voltou à Califórnia, onde morava na época, a fim de recuperar as forças. A luta foi remarcada para os idos de março, no dia 15. Naquele tempo, Gould parecia uma máquina de moto-perpétuo, com a cabeça rodando e as pernas em movimento, como num desenho de Rube Goldberg. Constantemente corria do Garden para o Stillman, voltava ao Garden, atravessava a rua até o restaurante de Dempsey, visitava as redações do *Sun*, do *Mirror* e do *World*. Precisava se informar e fazer planos. Schmeling ia lutar com Hamas, que acabara de embarcar num navio para Hamburgo. Se Hamas ganhasse, poderia vir a ser o desafiante de Baer. Se Schmeling vencesse, poderia ser ele o escolhido. Em seguida, Gould se preocupava com Carnera, que passara a maior parte do ano insistindo que machucara feio o tornozelo nos primeiros assaltos da luta com Baer e que por isso merecia uma revanche. Se derrotasse Impellittieri, talvez o desafiante fosse ele. E havia também Lasky, na Califórnia. Mostrara-se disposto a lutar com Braddock, mas parecia estar pensando em outro adversário – Joe Louis, que na época andava lutando em Los Angeles. Gould ficava tonto, pensando em todas as diversas possibilidades. Impotente diante de tanta incerteza, estava ansioso por uma luta qualquer, contra qualquer adversário.

Mas quando Lasky viu Louis aniquilar Lee Ramage em Los Angeles, em 21 de fevereiro, mudou de idéia e desistiu de desafiá-lo. Na época, Louis era chamado o "Negro de Detroit". Lasky voltou a preferir lutar com Braddock. Regressou a Nova York, mas ao chegar percebeu que ainda não tinha se recuperado totalmente das seqüelas da pneumonia. Seus assessores solicitaram a Jimmy Johnston um adiamento de uma semana, o que lhes foi concedido. Ao receber essa informação, em 5 de março, Gould "deu pulos de raiva", pelo relato de Shabazian. Queixou-se amargamente de que ele e Braddock estavam sendo desrespeitados por Garden, e tinha razão. Embora gostasse de Gould e de Braddock, Johnston era homem de negócios. Art Lasky tinha certo futuro como atração, o que não era o caso de Jim Braddock. A intenção de Johnston era que Lasky tivesse oportunidade de se apresentar bem.

Gould finalmente se acalmou, depois de demonstrar sua insatisfação a Johnston, aos agentes de Lasky e a praticamente todos os jornalistas de Nova York. Sabia que não tinha alternativa senão aceitar a data de 22 de março para a luta. Mas todo o seu mau humor serviu para alguma coisa, fazendo-o sentir-se aliviado. Psicologicamente, também foi bom para Braddock, que ficou ainda mais seguro de que Gould faria e diria tudo o que pudesse em defesa dele, qualquer que fosse a situação.

Poucos dias depois, no entanto, Johnston disse a Gould que o agente de Lasky, que era o irmão do lutador, havia mudado de idéia. Lasky estava de acordo em lutar no dia 15 de março e Johnston se dispunha a voltar à data original a fim de contentá-lo. Joe Gould não era palhaço, e desta vez fez uma cena digna de sua reputação. Disse a Johnston que Braddock lutaria contra Lasky no dia 22 de março, ou então não haveria luta. Depois saiu do escritório dele pisando firme e desapareceu, impossibilitando qualquer contato de Johnston com ele.

Enquanto Gould e Johnston brigavam, Schmeling e Hamas lutaram. Em 10 de março, como atração de uma convenção nazista, o alemão se vingou da surra que recebera 13 meses antes e dominou Hamas diante de 30 mil compatriotas inebriados pela retórica nazista. No nono assalto Schmeling deu o golpe que provocou o nocaute, e Hamas passou vários dias no hospital. Gould riscou seu nome da lista de possíveis adversários. Hamas recuperou-se, mas não sua carreira.

Cinco dias depois, no Madison Square Garden, Carnera e Impellittieri, que juntos pesavam 226 quilos, se enfrentaram em um dos combates mais apagados da história daquela arena. Carnera venceu, mas de forma tão decepcionante que, segundo Shabazian, "sua reputação depois da luta ficou abaixo do que era antes dela".[2]

Lou Soresi, agente de Carnera, estava convencido de que Johnston nunca tivera a intenção de dar a seu lutador oportunidade de recuperar o título mundial e que havia negociado secretamente um combate entre os dois Max (Schmeling e Baer), qualquer que fosse o resultado do torneio eliminatório. Sentindo-se ofendido, saiu do escritório de Johnston, caminhou até o Twentieth Century Sporting Club, que ficava na mesma rua e que era a firma rival promotora de eventos, pertencente a Mike

Jacob, e assinou um contrato para que Carnera lutasse com Joe Louis, eliminando assim o ex-campeão da lista de possíveis adversários de Baer. O instinto de Soresi se mostrou afiado. O Garden realmente tramava uma luta entre Baer e Schmeling.

Porém, para considerável surpresa e consternação de Johnston, Schmeling em breve saiu de cena. Apesar dos pedidos de seu agente, Joe Jacobs, ele afirmou estar disposto a lutar contra Baer, mas somente na Alemanha, onde sabia que não haveria possibilidade de ser roubado, como acontecera no combate com Sharkey. O promotor de eventos alemão Walter Rothenburg queria oferecer 300 mil dólares a Baer para que ele pusesse o título em jogo, e Schmeling achava que a oferta era boa demais para que o campeão recusasse. Mas estava enganado.

A obstinação de Schmeling tornou extremamente provável que quem vencesse a luta entre Lasky e Braddock poderia então enfrentar Max Baer em disputa do campeonato mundial.

– Compreende o que isso significa? – perguntou Gould a Braddock.

– Claro, tenho de derrotar Lasky.

– Nem pense em Baer. Temos de passar por Lasky.

Desde 1929 James J. Braddock não havia feito nenhuma luta realmente significativa. Tinha tido combates importantes para si, mas nenhum que despertasse atenção, que pudesse causar impacto imediato no mundo do boxe. Mas a luta com Lasky era um acontecimento de extrema importância até mesmo para os fãs menos ardorosos. "O interesse na categoria dos pesos pesados está fervendo atualmente", escreveu Joseph C. Nichols no *New York Times* em 22 de março de 1935, dia da luta. Em seguida, avaliando as qualidades do azarão (na proporção de três para um), Nichols prosseguiu: "Braddock é considerado um dos mais fortes pegadores da categoria, mas no ringue não é um general brilhante."[3] Já com a avançada idade de 29 anos, achava-se que Braddock não conseguiria acompanhar o ritmo de Lasky durante 15 assaltos. E apesar dos bifes que vinha comendo desde que derrotara Lewis, ainda acusara somente 82,600 quilos na pesagem oficial. Apesar de sua pneumonia recente, Lasky pesou 89,420.

No primeiro *round*, Lasky foi para cima de Braddock. Quando esticou o queixo, como Doc Robb e Solly Seeman haviam dito, Braddock o atingiu em cheio. Lasky jamais se recuperou da força daquele golpe. Usando principalmente a mão direita, Braddcok acertou socos seguidos, com precisão espetacular. Lasky ficou atordoado. Nunca encontrara um lutador com a mira tão exata quanto a daquele adversário.

Braddock superou Lasky em 11 dos 15 assaltos. Utilizava o *jab* para preparar a direita. Movimentava-se com leveza. Em nada se parecia com o lutador que durante cinco anos tivera dificuldades contra adversários medíocres. No final, ganhou a luta por decisão unânime. "Braddock demonstrou mais uma vez, e de maneira absolutamente convincente, que as previsões nada significam para ele", escreveu Nichols.[4]

Mas nem todos se convenceram. "Foi uma boa luta", disse Paul Gallico no *Daily News*, "especialmente interessante para os apreciadores atentos do boxe, porque os dois pugilistas passaram todo o combate em câmera lenta."[5]

Braddock e Gould comemoraram a vitória naquela noite no Hotel Mayflower, no Central Park West. Brindaram à recuperação de ambos. Brindaram a Tommy Loughran. E mais do que ninguém, brindaram a Corn Griffin.

Na segunda-feira seguinte à luta, ansioso por receber sua parcela da bolsa, 4.100 dólares, Braddock foi ao Madison Square Garden e sentou-se numa cadeira do lado de fora do escritório de Jimmy Johnston. Esperou cerca de dez minutos até que a porta se abrisse e Gould aparecesse.

– Que está fazendo aí fora? – perguntou Gould. – Entre aqui.

O principal desafiante ao título de campeão dos pesos pesados estava tão acostumado a seu humilde lugar do lado de fora do escritório de Johnston que nem pensou em entrar diretamente.

Do lado de dentro, Gould, dois outros agentes e três jornalistas, inclusive Frank Graham, conversavam sobre os desdobramentos do campeonato de pesos pesados. Numa das poltronas de couro de Johnston estava sentado um detetive da polícia.

O rosto de Braddock mostrava as marcas da noite anterior.

– Esteve em alguma briga? – perguntou Graham.

– Não – disse Braddock. – Bati a cara numa porta no escuro.

– Eu não sabia que você era tão bom lutador – disse o detetive. (Ele tampouco sabia do passado de Braddock como agressor de homens da lei.)

– Pensou que eu não sabia o que fazer com a mão esquerda, não é? Sempre fui bom lutador, mas quando entrava no ringue em geral não lutava bem.

– Você quer dizer – prosseguiu o detetive – que os lutadores só ficam espertos depois de velhos?

– Nesse esporte a gente não fica esperto – respondeu Braddock. – Só mais bonito.

– Há muito tempo não tínhamos uma luta que despertasse tanto interesse no público quanto essa – disse Graham. – Depois da luta encontrei muitos conhecedores que disseram estar rezando por você. Você sabia disso?

Braddock sorriu, apesar das contusões. Depois disse:

– O padre da minha paróquia me contou que depois da missa no domingo de manhã encontrou uma senhora que saía da igreja e que disse a ele: "Ouvi a luta de Jimmy Braddock no rádio ontem à noite e rezei por ele o tempo todo." O padre respondeu: "E o que é que a senhora acha que eu estava fazendo?"[6]

Depois de receber o dinheiro, Braddock tomou a barca de volta para Weehawken, com seu irmão Al no leme, e dali foi de carro para North Bergen com o irmão Joe. Pararam diante da prefeitura e Jim entrou. Novamente, procurou Jimmy Kelly, que quatro meses antes havia retirado seu nome da relação dos beneficiários do auxílio.

– Isto é para você – disse Braddock, entregando-lhe um envelope.

– O que tem dentro? – perguntou Kelly.

– O que eu devo.

– Como assim? Você não me deve nada.

Kelly abriu o envelope. Dentro havia 300 dólares em notas pequenas.

– É o dinheiro do auxílio. Vim devolver.

– Jim, você sabe que não é preciso fazer isso.

– Para mim é – disse Braddock.

Mas Kelly não aceitou o dinheiro.

– Guarde isso por enquanto – disse ele. – Você pode pagar quando ganhar o título.

Braddock fez questão de deixar uma promissória, com vencimento em 1º de julho.[7]

Naquela tarde, em Manhattan, Joe Gould disse a Jimmy Johnston que não tinha intenção de permitir que seu lutador entrasse no ringue contra Primo Carnera, recente vencedor de Ray Impellittiere; estava se reservando para o desafio a Baer pelo título. O torneio eliminatório arquitetado por Johnston, que deveria fazer Braddock lutar contra Carnera e o vencedor contra Baer, estava desmoronando. Nesse ínterim, Carnera informara Johnston de que não pretendia lutar contra Braddock e que respeitaria o contrato do combate com Joe Louis. Gould disse então aos jornalistas que Braddock somente lutaria contra Baer ou contra Schmeling. Mas Schmeling afirmava que não enfrentaria ninguém exceto Baer, e somente na Alemanha. Nem Schmeling, nem Braddock, nem Carnera estavam obrigados por contrato a lutar no Madison Square Garden, e portanto Johnston se via sem saída. Não gostava da idéia de fazer o campeão mundial dos pesos pesados enfrentar Braddock, que ainda era considerado velho demais, apesar de suas três vitórias sucessivas. Mas se Schmeling não mudasse de idéia, Johnston não teria alternativa.

Na reunião de 26 de março, à qual Braddock e Gould assistiram, a comissão atlética estadual tomou a decisão em lugar de Johnston. Phelan, Wear e Bill Brown – o maior admirador de Braddock entre os três membros da comissão – resolveram que Jim Braddock, e não o ex-campeão Schmeling, nem o ex-campeão Carnera, merecia uma oportunidade de disputar o título. Por unanimidade, designaram Braddock desafiante obrigatório ao título em poder de Max Baer.

– Os comissários me perguntaram se eu achava que teria uma chance razoável de vencer Baer – disse Braddock aos jornalistas que enchiam o corredor, do lado de fora da sala de reuniões. – Respondi que achava que sim. Não só tenho uma boa direita, como desenvolvi uma boa esquerda, e nunca me senti tão bem em toda a minha vida.[8]

Antes que Braddock e Gould partissem, os comissários fizeram questão de que eles assinassem um contrato mútuo, segundo as regras da comissão. Ambos estavam trabalhando juntos sem qualquer acordo escrito desde 1927, quando o primeiro contrato expirara.

– Qual deve ser a duração? – perguntou Gould.

– Cinqüenta anos – respondeu Braddock. – Nessa altura já deveremos estar aposentados.[9]

Havia uma possibilidade capaz de impedir a luta entre Baer e Braddock pelo campeonato. Se Schmeling quisesse lutar com Braddock, a comissão designaria o vencedor dessa luta como desafiante de Baer. Mas se Schmeling se recusasse a lutar com Braddock, nesse caso o último seria o adversário do campeão.

Quando Max Baer e Ancil Hoffman souberam da designação de Braddock como desafiante oficial, fizeram pouco.

– Que diabo – disse Baer –, dizem que sou palhaço, mas eu não poderia ter pensado em nada mais engraçado do que nomear um fracassado para desafiante. Ora, há cinco anos essa mesma comissão não me deixou lutar com Braddock, dizendo que eu procurasse um adversário mais forte. E agora querem que eu lute com ele! Acho que esse Brown está levando o assunto a sério. Mas se isso é verdade, sugiro que Braddock lute com meu irmão Buddy. Buddy vai jogá-lo fora do ringue, bem no colo do comissário Brown. Há três desafiantes melhores do que Braddock. Não creio que ele possa ganhar de Carnera, nem de Schmeling, nem de Joe Louis. Eu acabei com Carnera e Schmeling, e os agentes de Louis dizem que ele ainda não está em condições de lutar comigo. Se Braddock vencer um dos três, o comissário Brown terá onde se apoiar. Dizem que sou apenas um lutador idiota, mas se não puder organizar uma luta melhor do que a comissão estadual de Nova York, vou voltar a cuidar de vacas.[10]

– Isso é uma grande piada – disse Hoffman, reagindo à designação de Braddock como desafiante número um. – Olhem, posso levar Buddy lá e ele o nocauteará. Braddock não é capaz de atrair uma mosca sequer, quanto mais o público. Buddy pode ganhar dele, e aposto que nocautearia Art Lasky em quatro *rounds*.[11]

Baer e Hoffman não tinham nenhum problema pessoal com Braddock. Mas ambos estavam no pugilismo para ganhar dinheiro, e ambos achavam que Braddock daria prejuízo. Cinco anos antes, Baer perdera a paixão pelo esporte. Desde então, seu objetivo era obter lucros. Lutava boxe porque sabia lutar bem. Lutava boxe porque gostava de ser famoso – e também sabia ser famoso. Lutava boxe porque achava que isso o tornava mais atraente para as mulheres. Não se importava se Braddock merecia ou não uma oportunidade.

– Se ele precisa tanto de dinheiro – disse Baer, durante a viagem para o leste a fim de treinar para a luta –, eu posso contratá-lo como *sparring*.

Na verdade, Baer não gostava de lutar boxe. Depois de vencer Schmeling e Carnera com tanta facilidade, seu respeito pelo esporte, que já era mínimo, desaparecera. Imaginou que se tinha sido capaz de dominar tão completamente dois campeões, o boxe não poderia ser coisa tão difícil assim.

Para Braddock, no entanto, o boxe era um estilo de vida. O esporte o maltratara, e acabara fazendo com que ele o respeitasse mais, assim como um sobrevivente de câncer aprende a respeitar a doença que quase o matou. O boxe era a identidade de Braddock. Ao entrar no ringue, sabia que havia sacrificado muita coisa pelo esporte. Tinha labutado em arenas de segunda classe. Tinha suado e sofrido, e mesmo assim perseverado. Agora, finalmente o boxe o recompensava, seis anos após a derrota para Tommy Loughran.

Em 2 de abril, apesar da designação de Braddock como desafiante oficial, Baer o insultava em Chicago, além de praticamente todos os lutadores da categoria de pesos pesados. Disse que Braddock não merecia ser mencionado junto a ele. Passando a falar de Joe Louis, disse:

– Louis não passa de um lutador de terceira classe e não é melhor do que meu irmão Buddy.[12]

Ao referir-se à possibilidade de uma revanche com Schmeling, afirmou:

– Por uma bolsa de 250 mil dólares Max pode trazer Hitler para ser árbitro, se quiser.

Porém, três dias depois, no restaurante de Jack Dempsey, Max Baer e Jim Braddock almoçaram com jornalistas a fim de promover a luta, cuja data ainda estava por ser marcada. Gould estava furioso com Baer. Como toda a população dos Estados Unidos, ele lera os comentários depreciativos de Baer sobre Braddock. Quando viu o campeão, foi para cima dele e levantou um dedo diante de seu rosto.

– Agora diga na frente de Jim o que você tem gritado aos jornalistas pelo país inteiro – disse ele.

Desconcertado por aquele baixinho agressivo que parecia estar querendo briga com ele, Baer virou-se para Braddock e disse:

– Ora, alô, Jimmy. Gostei de ver você dar uma coça em Lasky, ele precisava apanhar. Meus parabéns.

– É só isso que você tem a dizer? – perguntou Gould, já tremendo de indignação. Não estava fazendo cena. Estava realmente zangado.

Em seguida, com as lâmpadas dos fotógrafos pipocando e as canetas rabiscando, Baer tomou a mão de Braddock nas suas e falou:

– Você pode derrubar qualquer um com essa direita, mas se nós lutarmos, vou machucar você.

Braddock não queria entrar numa discussão, porque sabia que iria perder. De certa forma, teve pena de Baer. Por que ele o estaria provocando, se não para esconder alguma dúvida a respeito de si mesmo? Assim, limitou-se a ouvir em silêncio a troca de palavras entre Gould e Baer, que negava tranqüilamente qualquer possibilidade de ser derrotado.

– Quero lutar três vezes este ano – dizia Baer. – E estou disposto a enfrentar qualquer um se me provarem que ganharei dinheiro.[13]

Frank Graham perguntou:

– Que tal Schmeling?

– Lutarei com qualquer um, em qualquer lugar, se me pagarem – disse Baer –, menos em Berlim.

Enquanto isso, Jimmy Johnston ainda esperava convencer Schmeling a lutar com Baer nos Estados Unidos. Também ele achava que Braddock "não era capaz de atrair nem moscas", como dissera Hoffman. Finalmente, porém, em 11 de abril, quatro dias antes do prazo fatal para designar um adversário para Baer ou renunciar à defesa do título, Johnston desistiu de Schmeling e aceitou a dura realidade de que James J. Braddock, de North Bergen, Nova Jersey, enfrentaria o grande Max Baer em disputa do título mundial dos pesos pesados. Disse a Gould que a luta poderia ser realizada em 6 ou 13 de junho, no Madison Square Garden Bowl, a mesma arena em que Corn Griffin havia ajudado a recuperação da carreira de Braddock no mês de junho anterior.

Em 13 de abril, com Gould observando por cima de seus ombros, Braddock assinou o contrato no escritório de Johnston, na presença de diversos repórteres e fotógrafos. Receberia 15% da bilheteria, 2,5% a mais do que os desafiantes costumavam receber, com a condição de que, se conquistasse o título, sua primeira defesa seria feita sob os auspícios do Garden. Se a luta rendesse 200 mil dólares, o que era uma estimativa modesta, Braddock e Gould repartiriam 30 mil. A menos que houvesse algum acidente, ambos teriam vidas confortáveis embora não ficassem podres de ricos. Baer receberia 42,5% da renda bruta, isto é, 85 mil no caso de a luta proporcionar 200 mil.

Braddock pousou a caneta, apertou a mão de Johnston, levantou-se e abraçou Gould. Vestia um terno de flanela cinza. Em forte contraste com Baer, cujos ternos, camisas e gravatas eram feitos sob medida e tinham corte perfeito, Braddock parecia estar sendo enforcado quando usava gravata. Passando o dedo indicador no espaço entre o colarinho da camisa e o pescoço, voltou-se para os jornalistas e disse:

– Andei estudando o estilo de Baer, e acho que foi feito por encomenda para mim. De qualquer maneira, acho que as coisas boas vêm de três em três. Venci dois lutadores da Costa Oeste [falava de Lewis e Lasky, embora na verdade Lewis fosse do Arizona e Lasky de Minnesota] e Baer será o terceiro.[14]

Braddock não falava em tom de desafio, porque não era seu estilo, mas sem dúvida exalava confiança.

Gould informou estar procurando uma base de treinamento, provavelmente em algum lugar das montanhas Catskill, a cerca de 150 quilômetros ao norte da cidade. Certamente, não se estabeleceriam em Saratoga Springs, onde Braddock treinara para enfrentar Loughran.

– Aquele lugar não dá sorte – disse Gould.

Hoffman ainda hesitava. Ameaçava aceitar a oferta de lutar com Schmeling na Alemanha por 300 mil.

– Por que lutaríamos com Braddock em Nova York por uns caraminguás? – disse ele. – Vamos à Europa ganhar dinheiro, isso é o que faremos. Deixe que a comissão de Nova York nos suspenda. E daí? Quando eles designarem um adversário que acharmos ser capaz de atrair a platéia pagante, voltaremos a lutar em Nova York, e a suspensão será cancelada.

Mas a oferta alemã não era boa demais para ser recusada, e sim boa demais para ser verdade. Rothenburg, o promotor alemão, não tinha os recursos necessários. Baer teria de lutar com Braddock.

– Lutarei com Braddock em junho – disse Baer. – Depois com Louis ou Carnera no outono. Aí ganharei dinheiro de verdade.

Baer já era malvisto pela comissão antes da luta com Carnera, mas agora conseguira piorar sua reputação. Johnston, que antes o olhava e via cifrões, agora detestava a ele e a Hoffman.

A luta fora finalmente oficializada. A data marcada foi 13 de junho. Baer assinou o contrato. Ninguém parecia dar atenção. A idéia geral era que Braddock continuava a não estar à altura de Baer como adversário, e que o campeão o derrotaria ainda com mais facilidade do que derrotara Schmeling e Carnera. Hoffman e Baer pareciam ter razão: Braddock nem sequer atraía moscas. Os jornalistas se esforçaram para escrever artigos convincentes. Escreveram sobre os meses que ele passara no cais do porto e sobre a luta contra Feldman. Revisitaram suas vitórias surpreendentes e suas derrotas inexplicáveis. Mesmo assim, James J. Braddock não entusiasmava o público admirador do boxe, que lera tudo a respeito de Max, o Invencível. Era mais jovem do que Braddock, mais forte do que Braddock, mais pesado do que Braddock; ao contrário dele, não perdia há quatro anos e não tinha sido derrotado por vinte desconhecidos como Al Stillman e Lou Scozza. Se Braddock era subestimado, era apenas porque merecia ser subestimado.

Após uma trégua de quatro anos, John Kieran voltara a ocupar-se dele. "Braddock já luta há muitos anos", recordou ele a seus leitores. "Perdeu muitas lutas para pesos pesados medíocres. Ultimamente anda tratando de recuperar o terreno perdido, mas ainda é James J. Braddock."[15]

Em 25 de abril, Baer foi a St. Louis para uma exibição contra Babe Hunt. Quando lhe perguntaram como via seu futuro no ringue, ele não demonstrou entusiasmo. Sem se empolgar, disse que pretendia defender o título duas ou três vezes e em seguida afastar-se dos ringues, para que Buddy pudesse ser seu sucessor como campeão dos pesos pesados.

– Três lutas mais, no máximo, e já poderei me despedir do esporte – disse ele. – Esse negócio é pesado demais. Primeiro será Braddock. Depois, Joe Louis – se ele conseguir vencer Carnera –, e depois talvez Schmeling, na Inglaterra. Essas lutas me darão dinheiro suficiente. Vou designar meu irmão Buddy como meu sucessor e deixar que ele defenda o título contra adversários de valor.[16]

De volta a Nova York, Dempsey leu os comentários de Baer e suspirou. Seu protegido era um desastre em matéria de relações públicas. Os torcedores não queriam um campeão relutante, e sim um destruidor, como o próprio Dempsey. Não queriam um campeão cheio de dúvidas, e sim um guerreiro orgulhoso, como Tunney. Já era difícil conseguir que os norte-americanos pobres gastassem seu pouco dinheiro para assistir a boxe sem o campeão dos pesos pesados ficar falando como Hamlet. Em vez de exaltar Braddock, Baer o diminuía, como se ele fosse um amador. Em vez de gerar interesse pela luta, falava dela sem qualquer entusiasmo visível. Se Baer não se importava, quem mais se interessaria? Esses assuntos não eram realmente um problema para Dempsey, que não tinha interesse financeiro no combate, mas ele se preocupava com a falta de empatia de Baer. Sete semanas antes da primeira vez em que defenderia o título, Baer deveria estar preparado psicologicamente, senão também fisicamente. Mas na verdade estava aéreo e ambivalente.

Hoffman não ajudava. Em sua opinião, a luta com Braddock era pouco mais do que uma exibição, e ele a tratava dessa forma. No dia 8 de maio fechou um contrato para a luta com Schmeling no dia 17 de agosto no Estádio Wembley, em Londres. É provável que não lhe tenha passado pela cabeça que no dia 17 de agosto Baer poderia já não ser o titular do campeonato de pesos pesados.

16

A FÁBRICA DE HOMICÍDIOS

LOCH SHELDRAKE, NOVA YORK: PRIMAVERA DE 1935

Acompanhando uma tradição que vinha desde os primeiros tempos do pugilismo profissional, Gould procurou uma base de treinamento em um lugar tranqüilo, rural e remoto. Desde os tempos de John L. Sullivan, antes de um combate importante os lutadores costumavam retirar-se para o campo, onde se acredita que possam concentrar-se melhor no treinamento, evitando o ruído e as distrações da cidade. Gould escolheu o Hotel Evans em Loch Sheldrake, no estado de Nova York. Localizada nas montanhas Catskill, Loch Sheldrake era realmente tranqüila, rural e remota. Braddock chegou no dia 27 de abril, sete semanas antes da luta, e se instalou numa cabana de madeira a várias centenas de metros do prédio principal do hotel. A cabana possuía água corrente e eletricidade, mas estes eram os únicos luxos.

Durante as primeiras duas semanas ele treinou em serena solidão, sem que Doc Robb ou Solly Seeman observassem seus exercícios, limitados a longas corridas e boxe-sombra. Acordava todos os dias às cinco da manhã, ainda em plena escuridão. Esperava o raiar do dia e corria 10 a 12 quilômetros pelo campo frio, raramente encontrando seres humanos ou automóveis. Quando terminava a corrida, o sol já ia subindo rapidamente e era hora de devorar um enorme desjejum – um bife de presunto e seis ovos, seis panquecas, um pão torrado, café e suco de fruta. Em seguida repousava uma hora, e depois boxe-sombra, até a hora do almoço. Aí descansava ou jogava cartas com os irmãos proprietários do hotel. Depois jantava carne com batatas fritas, legumes e um *sundae* de chocolate como sobremesa. Quando o sol se punha, tomava um copo de leite morno, ao ar fresco da tardinha. Finalmente, por volta das oito horas, deitava-se para dormir na única cama da cabana.

Quando Robb e Seeman chegaram, no início de maio, cinco semanas antes da luta, Braddock estava mais robusto do que nunca, em mais de um aspecto. Com 99,870 quilos, havia adquirido cerca de 19 desde a luta com Lasky, apenas seis semanas antes. O mais impressionante era que, havia crescido 2,5 centímetros desde que os dois o haviam visto pela última vez, e media agora 1,875m. Confirmando a teoria amplamente aceita de que os irlandeses se desenvolvem tardiamente, Braddock comentou que seu pai também crescera um pouco logo antes dos 30 anos. Mesmo assim, os cronistas que viajaram a Loch Sheldrake se impressionaram com o desenvolvimento físico de Braddock. Relataram, entusiasmados, sua "extraordinária transformação". Lud Shabazian, que foi a Loch Sheldrake com a mulher, Josephine, disse que Braddock havia passado por uma metamorfose e ficou achando que talvez estivesse pesado *demais*.

A questão do peso, entretanto, foi rapidamente sobrepujada por um acontecimento mais relevante. No dia 2 de maio, Jim Braddock tornou-se, repentina e involuntariamente, uma celebridade internacional.

Em sua região do condado de Hudson, o prefeito de North Bergen, Julius L. Reich, era candidato à reeleição contra o comissário Paul Cullum, na época aliado político do comissário Harry Buesser, velho amigo de Braddock. A eleição seria dali a duas semanas, e Reich percebeu que seu cargo corria risco. Cullum e Buesser eram aliados de Frank Hague, prefeito de Jersey City e chefe de uma poderosa máquina política. No dia 2 de maio, em um discurso em que procurava desacreditar Cullum e Buesser, Reich os acusou de má administração do setor de assistência social da cidade. Como prova, deu o exemplo de James J. Braddock. Reich perguntava como era possível que um homem que estava prestes a disputar o campeonato mundial dos pesos pesados poderia ter recebido auxílio-desemprego. Exigia respostas.

Quando se soube que Braddock recebia o auxílio, dúzias de repórteres partiram para Loch Sheldrake, onde encontraram Braddock com humor estranhamente desaforado. Explicou que já não recebia o seguro-desemprego, descreveu a situação anterior e disse:

– Não me envergonho disso. Pessoalmente, não me importava em passar fome, mas as crianças tinham de comer. Eu precisava levar comida para a mesa.[1]

Embora Reich não tivesse razão, o assunto ocupou as páginas dos jornais, de São Francisco a Londres. O artigo da Associated Press que foi publicado em milhares de jornais no dia 3 de maio começava: "Veio à luz ontem a história do caso de auxílio-desemprego nº 2.796 e de uma batalha contra a adversidade que supera tudo o que James J. Braddock enfrentará no ringue no dia 13 de junho contra o campeão dos pesos pesados Max Baer."[2] Esse artigo, assim como dezenas, senão centenas, de outros que surgiram pouco depois dos comentários de Reich, relatavam a triste história de Braddock: como ele havia perdido tudo e fora obrigado a aceitar a caridade do governo. Braddock fez questão de que todos soubessem que ele se oferecera para restituir todo o dinheiro, e mais um pouco.

– Logo que recebi minha parte da bolsa pela luta com Lasky, doei 300 dólares ao fundo de auxílio a indigentes de Jersey City – disse ele, sem entrar em detalhes sobre a promissória.[3]

Havia interrompido os exercícios a fim de dar seus esclarecimentos e usava um moletom cinza e calças esporte, com os cabelos molhados de suor. Seu tom era defensivo.

– Isso pagava o total de 240 dólares que recebi quando estávamos na relação dos assistidos. Era a única coisa que eu poderia fazer.

Embora repetisse que não se envergonhava, *sentia* vergonha – e raiva. Não queria que o mundo soubesse o quão desesperadora tinha sido sua situação financeira. A história da assistência social era boa para os negócios, mas ruim para seu humor. Antes que o mundo soubesse daquilo, ele fora quase anônimo. Os que o conheciam, o consideravam pouco mais do que um cordeiro que seria sacrificado por Max Baer. Depois que a história estourou, ele se tornou do dia para a noite o herói das massas. No *Daily News*, Jack Miley descreveu a natureza da atração instantânea que ele passara a exercer: "Ele esteve na miséria, recebendo auxílio-desemprego, e era carta fora do baralho. É uma vítima entre as vítimas, um homem que sofreu adversidades sem uma só queixa e que continuou a lutar – e o Zé Povo e todos os seus camaradas adoram esse tipo de pessoa!"[4]

O interesse pela luta, que praticamente não existia no dia 2 de maio, cresceu exponencialmente. Finalmente, os jornais haviam descoberto uma história que podiam ligar à luta e vender. Inicialmente indiferentes, os tablóides sensacionalistas de Londres despacharam correspondentes para o outro lado do Atlântico a fim de narrarem a luta, que agora era anunciada como Baer, o *playboy*, contra Braddock, o desempregado mantido pelo governo. A manchete do *Jersey Journal* foi típica:

> PARA QUE OS FILHOS NÃO
> MORRESSEM DE FOME,
> BRADDOCK RECEBIA
> AUXÍLIO, E NÃO TEM
> VERGONHA DISSO[5]

Nos anais das gafes políticas, a de Reich merece um lugar de destaque. Não admira que seu ataque a Cullum, no qual implicava e lançava suspeitas contra Braddock, filho favorito de North Bergen, tenha saído pela culatra. Contestando as acusações de Reich, Joe Braddock Junior passou a fazer campanha pela oposição.

– Com a força de seu cérebro e seus músculos, Jim subiu ao topo de sua profissão – disse Joe num discurso feito por ocasião de um jantar para arrecadar contribuições para o Partido Democrata, em 3 de maio. – Ele sempre foi honesto e direito, e por isso é admirado hoje em dia em todo o país.[6]

No dia 14 de maio, Reich foi derrotado nas urnas por Cullum, que permaneceria no cargo durante 14 anos. Em Loch Sheldrake, Jim Braddock ficou acordado até mais tarde, fora de seus hábitos, esperando notícias da apuração. Quando Gould avisou que Reich havia perdido, ele sorriu e foi dormir.

– Com isso ele vai aprender – disse a Gould Francis Albertanti, que estava trabalhando na base de treinamento do desafiante.

– Como assim? – redarguiu Gould. – Nós devíamos mandar um prêmio para Reich.

Enquanto isso, Baer havia estabelecido seu campo de treinamento em Asbury Park, no litoral de Nova Jersey, o mesmo lugar em que treinara para a luta com Carnera. Se o campo de Braddock era espartano, o de Baer era como uma bacanal. Novamente parecia um parque de diversões, com seus homens fortes e anões. Convencido de que Braddock seria incapaz de derrotá-lo, Baer não conseguia treinar a sério com seus *sparrings*. Em vez disso, brincava com eles e fazia palhaçadas para os cronistas e fãs que observavam de fora do ringue. Todos os dias Dynamite Jackson fazia Baer parecer desajeitado, coisa que ele não era, e preguiçoso, coisa que realmente era. Baer estava cuidando de uma mão machucada e de um olho roxo que arranjara em uma das lutas de exibição. Mesmo enroladas em luvas grandes e acolchoadas, as mãos doíam quando ele dava um soco.

No dia 9 de maio, o primeiro do período de treinamento, Baer não se esforçou muito, como era de costume. Após cerca de uma hora fazendo palhaçadas para os fãs e agitando os punhos fingindo raiva contra os *sparrings*, foi ao Hotel Berkeley Carteret para ensaiar uma peça radiofônica curta. Na peça ele deveria dar um tiro usando um revólver carregado com um cartucho de festim, que disparou prematuramente. O chumaço de papel que envolvia a pólvora atingiu-o no peito, provocando uma queimadura de 15 centímetros. O chumaço atingiu também o rosto de Peggy La Centra, a atriz que com ele contracenava. Ambos foram levados para o Hospital Hazard em Long Branch, onde foram atendidos pelo próprio dr. Elmer N. Hazard. A queimadura não era grave, mas havia a possibilidade de infecção. Acalmando os temores dos jornalistas, Johnston declarou, após ser avisado do acidente por Hoffman:

– Deram a Baer uma injeção contra tétano, e daqui a alguns dias ele estará bem. A menos que aconteça um imprevisto, a luta ocorrerá no dia 13 de junho.[7]

Dois dias depois, Baer envergava outra vez a roupa de treinamento. No ringue, exibindo-se para os espectadores – fãs vindos de Nova York, mulheres jovens e curiosas, crianças e, como sempre, antigos lutadores como Philadelphia Jack O'Brien. Ele exalava confiança. Mas à medida que se aproximava o dia da luta, começou a ter dúvidas. Ouvindo os relatos que vazavam de Loch Sheldrake e os detalhes sobre a vida de Braddock no cais do porto e como recebedor do seguro-desemprego, Baer reconsiderou suas idéias sobre as qualidades do homem de quem zombara durante os dois meses anteriores.

– Eu nunca quis essa luta com Braddock – disse ele a Edward Van Every, do *New York Sun*, em 18 de maio, quatro semanas antes da data marcada. – É uma dessas lutas em que não se ganha nada com uma vitória. Naturalmente, eu nunca teria feito pouco dele como adversário se soubesse que ia ter de usar luvas como estas – continuou ele, erguendo os punhos retorcidos. – Claro que vou dar uma surra nele – disse ainda –, mas, por ter falado demais, acabei ficando em posição difícil caso não dê cabo dele em quatro ou cinco *rounds*. Agora, se minhas mãos não estiverem curadas, não vai ser um passeio, mas se eu disser isso agora pensarão que estou querendo falar bem de Braddock para melhorar a renda. Nem pensarão no fato de que ele é muito corajoso – não vai desistir enquanto não perder os sentidos. Não sou supersticioso, mas não há como negar, a vantagem está com ele. Se não fosse assim, ele não iria lutar comigo, não é verdade? Agora a situação é esta: eu com as mãos estragadas, um adversário cheio de gás, lutando numa arena onde o título sempre muda de mãos, contra um homem desesperado para vencer. Será que isso quer dizer que vou ter grandes problemas? Posso ser louco, mas não sou bobo.[8]

Apesar de sua vaidade, um mês antes da luta Baer já estava preparando sua defesa para o caso de ser derrotado. Era estranho que um campeão agisse assim, especialmente sendo ele o favorito por ampla margem. A dúvida entrara em seus pensamentos, e para um lutador, duvidar de si mesmo é uma doença terminal.

Seu campo de treinamento era em tudo semelhante ao do ano anterior, a não ser pela ausência de Mike Cantwell, que havia sido seu treinador nas quatro lutas anteriores. Após a conquista do título, Baer e Cantwell tinham brigado e acabaram por separar-se. Não admira que Cantwell quisesse que Baer passasse menos tempo fazendo travessuras e mais tempo treinando; o lutador finalmente achou que não precisava de um capataz. Nas semanas anteriores à luta, Cantwell se juntou ao grupo de Braddock, proporcionando informações sobre o campeão. Mais do que tudo, aconselhou Braddock a concentrar suas energias em golpes contra o corpo.

– Leve a luta para o corpo de Baer – disse ele certo dia a Braddock quando os dois estavam jogando cartas – e o título de campeão dos pesos pesados mudará de mãos.

Braddock, que estava atrás de pontos fracos, ouvia atentamente.

Em sua qualidade de perito no inimigo, Cantwell era também procurado pelos jornalistas.

– Eu trabalhei com Baer contra Schaaf, Tuffy Griffiths, Max Schmeling e Carnera, e sei que nenhum desses lutadores deu atenção ao abdome de Max – disse ele. – Observando Braddock, percebi que esse menino de Nova Jersey sabe bater embaixo. Ele usa três golpes contra o abdome que devem ter efeito devastador contra o campeão. O gancho de esquerda, o *uppercut* e a direita nos rins servirão para derrubar Baer, que não sabe se defender desses golpes. Eu e Max somos bons amigos – concluiu Cantwell –, mas isso não me faz deixar de ver seus pontos fracos.[9]

Cantwell poderia estar falando sobre a queda dele pelas mulheres ou pela vida noturna, mas na verdade se referia às suas fraquezas no ringue, que passaram despercebidas durante a ascensão dele à coroa.

Depois que o interesse pelo caso de auxílio-desemprego nº 2.796 esmoreceu, no final de maio, com os repórteres parando de perguntar a Braddock como se sentia naquela época de desespero – Loch Sheldrake ficou tranqüilo, numa tranqüilidade estranha, quase lúgubre. Barney Ross e Jimmy McLarnin treinavam perto dali para o próximo combate entre ambos pelo campeonato da categoria de meio-médios, e os cronistas voltaram suas atenções para eles. Assim, deixaram de testemunhar um dos mais inusitados campos de treinamento.

Mesmo antes que a data da luta fosse marcada, Gould chegara à conclusão de que o caminho para vencer Baer era o desgaste. Ele tinha o queixo duro demais para que se pudesse esperar um nocaute. Braddock teria de resistir a uma enxurrada de fortes golpes de direita, neutralizando-os com a mão esquerda, e acima de tudo estar preparado para lutar durante os 15 assaltos. Gould achava que Baer procuraria um nocaute rápido; baseado no que sabia sobre seu treinamento, acreditava que ele não estaria em forma suficiente para lutar duramente ao longo dos 15 assaltos. Se Braddock pudesse resistir aos ataques iniciais, Baer seria um alvo fácil na parte final da luta.

Com essa estratégia em mente, Gould juntou um grupo de *sparrings* particularmente sanguinários. Lá estava Paul Pross, um alemão de 95 quilos e meio cujo pai havia sido morto na frente ocidental da guerra no dia do nascimento dele. Lá estava Norman Barnett, que tinha jogado na defesa no time de futebol americano na Universidade de Maryland. Lá estava Jack McCarthy, um brutamontes que fora *sparring* de Jack Sharkey. E também Don Petrin, o mais rápido do grupo, que havia perdido o emprego de *sparring* de Schmeling em 1930 ao demonstrar as vulnerabilidades do Uhlan Negro.

A alta qualidade dos *sparrings* não era a única característica inusitada do campo de treinos, e sim a ferocidade que se exigia deles. Gould ordenara que não dessem trégua a Braddock.[10]

– Não há restrições sobre os *sparrings* no ringue – informou o *New York Times*. – Eles têm instruções para dar tudo o que têm contra Braddock.

Gould estava decidido a fazer do campo de treinos de Braddock o mais exigente que já existira. Os parceiros se revezavam após cada assalto, de maneira que entrava um adversário novo de três em três minutos. Quando não estava no ringue, Braddock corria pelas trilhas do campo, saltava corda e fazia boxe-sombra. E quando se exercitava no ringue, não estava realmente treinando, e sim lutando. No *Daily News*, Jack Miley chamou o campo de treinos de "Fábrica de Homicídios". Paul Gallico, colega de Miley, escreveu:

James J. tem a mais dura equipe de *sparrings* já reunida em qualquer campo de treinamento de um peso pesado, e das quatro às 4h45, todas as tardes, ele se diverte lutando para valer com eles.[11] E quando digo lutar para valer é isso mesmo o que quero dizer. O que acontece nas margens de Loch Sheldrake não pode de maneira alguma ser chamado de treinamento. É luta, pura e simplesmente. Na verdade, é o campo de treinos mais exigente que já existiu. Braddock tem quatro sujeitos grandes e fortes – e todos sabem lutar – e fica no ringue com eles durante seis *rounds*, enquanto seu agente, Joe Gould, se senta no chão e rola de alegria.

Como todos os demais, Gould se admirava com a transformação física de Braddock. Pelo final de maio, Braddock pesava 89,900 quilos, com um corpo bem definido. As corridas e o treino no ringue haviam queimado o excesso de gordura. Em 21 de maio, três semanas antes da luta, Jack Dempsey foi a Loch Sheldrake para ver o novo Braddock e a Fábrica de Homicídios com seus próprios olhos. O que viu foi um lutador completamente diferente daquele que conhecera na década de 1920. Braddock estava mais alto, mais forte e infinitamente mais ágil em 1935 do que em 1928. Dempsey almoçou com Braddock e Gould, e ficou impressionado.

– É melhor que Baer leve Braddock a sério – comentou o Marreta de Manassa para que Braddock o ouvisse. – O menino está treinando para lutar quarenta *rounds*.

Mas no mesmo dia em que Dempsey visitava o Hotel Evans, Baer lutou muito bem durante nove assaltos com cinco parceiros diferentes, em Asbury Park.

– A característica mais impressionante de seu treino foi a seriedade com que ele se conduziu – escreveu Fred Van Ness no *Times*. – Já não se viram as palhaçadas que sempre marcaram seus exercícios no campo de treino.[12]

Baer ainda cuidava da mão direita, a que contundira na luta de exibição.

– A mão não dói e está indo bem – disse ele –, mas não vou arriscar. Vou guardá-la para Braddock.[13]

* * *

Em Loch Sheldrake, Gould percebia que as severas sessões de treinamento estavam surtindo o efeito desejado. A mão esquerda de Braddock se tornava arma quase tão poderosa quanto a direita, e ele se mostrava alegre. Mae estava com ele, e isso ajudava. A presença dela era uma violação flagrante do protocolo pugilístico, mas isso não era mais excepcional do que outras peculiaridades do campo de treino. À noite, Braddock, Mae, Gould, Robb, os proprietários do hotel e Albertanti jogavam *hearts* e pôquer.

À medida que se aproximava o dia da luta, no entanto, Gould ia ficando mais nervoso. Contraiu um tique verbal: ficava repetindo continuamente "Braddock vai vencer, Braddock vai vencer".

– Se houver um médico no campo, deveria cuidar do sr. Joe Gould – escreveu Damon Runyon no *New York American* –, antes de dar atenção aos demais pacientes.[14]

Na sexta-feira, 24 de maio, vinte dias antes da data marcada para que ele enfrentasse Baer, Braddock e seus *sparrings* se entregaram a um combate tipicamente brutal. Braddock levou um soco nas costelas, um golpe firme e seco que o fez perder o fôlego. Ele não deu importância e continuou a lutar. Porém mais tarde, naquela noite, teve dificuldade para respirar. Cada vez que inspirava, fazia uma careta. Finalmente, teve de contar a Gould.

– Joe, minhas costelas estão doendo muito.

Gould suspirou. Se Braddock tivesse quebrado uma costela, a luta teria de ser adiada, o que era um desastre. Qualquer coisa poderia acontecer. Schmeling podia mudar de idéia, Baer podia resolver lutar fora do estado de Nova York. Mais do que tudo, seria quase impossível que Braddock recuperasse a forma máxima.

Gould tomou uma decisão ousada.

– Entre no carro – disse ele. – Vamos voltar a Jersey. Vamos ao dr. McDonnell.

O dr. M. J. McDonnell, de North Bergen, era o médico da família Braddock. Seu consultório ficava a mais de 150 quilômetros de distância. Gould telefonou para ele e pediu-lhe que os esperasse por volta das duas da manhã. Entraram no carro com Solly Seeman e partiram. Durante duas horas, enquanto Braddock se mantinha em silêncio, procurando esquecer a dor, no assento dianteiro do carro, Gould fazia planos. Se Braddock não tivesse condições de lutar, seria preciso pedir um adiamento a Johnston. A conversa não ia ser fácil. Mas mesmo que a lesão não fosse grave, ele teria de encontrar um meio de evitar o noticiário dos jornais. Se Baer soubesse que as costelas de Braddock doíam, bateria nelas impiedosamente.

Ao chegarem a North Bergen, Gould esmurrou a porta do dr. McDonnell. Fazendo o médico jurar segredo, explicou o que acontecera e a importância do silêncio. Depois, McDonnel examinou Braddock.

– Há uma fissura na costela – disse ele finalmente. – E alguns dos músculos abaixo dela estão esgarçados.

– Quanto tempo leva para curar? – perguntou Gould.

Braddock permanecia em silêncio.

– Bem, uns nove ou dez dias. Mas ele vai ter que parar completamente com o boxe durante esse tempo. E também terá de proteger o lado do corpo com uma espécie de tipóia.

– Por favor, doutor, não diga nada a ninguém a respeito disto, por favor.[15]

Gould tomou então outra decisão ousada. Em vez de voltar a Loch Sheldrake, ele e Braddock iriam passar os dias seguintes em Nova York. Não podiam arriscar-se a que os cronistas que estavam no campo de treino soubessem do que acontecera. De qualquer maneira, Braddock teria de estar em Nova Jersey dali a dois dias para comparecer a um jantar em sua homenagem. Albertanti diria aos jornalistas em Loch Sheldrake que ele partira para Nova Jersey a fim de visitar a mãe, que caíra doente repentinamente, e que iria ficar na cidade porque não faria sentido fazer outra viagem para comparecer ao jantar.

Felizmente para Braddock e Gould, somente um jornalista apareceu em Loch Sheldrake no sábado – Lud Shabazian. Ao receber a notícia oficial na voz de Albertanti, Shabazian entrou no carro e foi para o campo de treino de Barney Ross, a apenas 15 quilômetros na mesma estrada. No domingo, nenhum cronista apareceu. Todos estavam de volta a Nova York para cobrir os preparativos finais da luta de Ross e McLarnin pelo campeonato, que se realizaria na terça-feira, no Polo Grounds.

Braddock passou a maior parte do sábado e do domingo deitado no sofá do apartamento de Gould, no Central Park West. Poderia ter se queixado da brutalidade dos treinamentos, mas não questionou a estratégia de Gould. Simplesmente rezava para que a costela sarasse. Resolvera que se isso não acontecesse, lutaria com Baer de qualquer maneira. Não iria arriscar-se a perder 30 mil dólares. Durante anos havia lutado sentindo dores terríveis na mão direita. A costela teria quase três semanas para se curar. Iria ficar boa, pensou ele. Tinha de ficar!

No domingo, Braddock e Gould foram juntos ao clube dos Elks em Union City para o jantar em homenagem ao lutador. O evento era patrocinado por um grupo que se intitulava "Torcida de Braddock". Eram ardorosos, mas tal como o próprio Braddock, tinham pouco dinheiro; o fornecedor se recusou a servir a comida até receber o pagamento integral. O locutor de rádio Jackie Farrell foi o mestre-de-cerimônias, e entre os oradores estavam Jack Dempsey, Jimmy Johnston, o ex-campeão de meio-pesados Philadelphia Jack O'Brien, três deputados federais e Joseph Braddock pai, que disse aos 1.200 convidados:

– Vocês fizeram uma bela homenagem ao meu garoto. Que vença o melhor.

Gene Tunney mandou um telegrama encorajador que Farrell leu em voz alta. Em seu discurso, Johnston disse que tinha procurado livrar-se de Braddock arranjando lutas contra Griffin, Lewis e Lasky, mas que fracassara nas três vezes. Braddock o fizera confiar nele.

– Se estiver em boas condições – disse ele, sem saber que naquele momento a dor fisgava o tórax de Braddock –, ele vai arrancar a cabeça de Baer.[16]

Segundo todos os relatos, os convidados derramaram sua afeição sobre Braddock. Ele se emocionou e ficou mais decidido do que nunca a lutar de qualquer maneira.

"Foi a homenagem mais impressionante e espontânea já feita a um pugilista", escreveu Murray Robinson no *Newark Star Eagle.* "O jantar para Baer foi absolutamente diferente. Não havia laços pessoais entre o lutador e os participantes. As pessoas compareceram porque queriam chegar perto do Farrista de Livermore e porque a festa foi realizada num lugar muito agradável."[17]

Imediatamente após o jantar, Braddock e Gould voltaram de carro a Loch Sheldrake. Gould se preocupava com a possibilidade de que alguém descobrisse a lesão de Braddock. Na verdade, não saberia como explicar aos jornalistas por que ele não treinara no ringue durante quatro ou cinco dias.

Mas na segunda-feira os jornalistas não foram ao Hotel Evans, nem na terça, na quarta e na quinta. Todos estavam ou cobrindo a luta entre Ross e McLarnin, com seu final controvertido – Ross venceu por decisão contestada – ou haviam ido a Asbury Park visitar o campeão.

À medida que a costela sarava, a ansiedade de Braddock aos poucos desaparecia. Ficou claro que ninguém ia saber que ele se machucara.

– Como é que pudemos ter tanta sorte? – perguntou Gould a Robb.

– Porque merecemos – disse Robb.

Na quarta-feira, Baer se mostrou especialmente poderoso em seu treino com quatro parceiros diferentes. A manchete do *Times* dizia: "Baer chega rapidamente a sua melhor forma." Machucou uma falange da mão esquerda ao bater na cabeça de um dos *sparrings*, mas Hoffman estava tão confiante que disse aos cronistas estar planejando mais duas lutas antes do fim do verão: além do combate contra Schmeling em Londres, mais uma, contra Joe Louis.

A confiança de Hoffman começou a ter efeitos sobre a mídia. "Jersey James não é mais do que um pugilista itinerante comparado com o poderoso Arlequim de Hollywood, o *playboy* do mundo do boxe", escreveu John Kieran no *Times* de 31 de maio, 13 dias antes da luta.[18]

No *New York Evening Journal*, o caricaturista Burris Jenkins comparou Baer e Braddock. Em seu desenho, Baer prepara um murro de direita, com a legenda "Fatos Inegáveis" e Braddock se defende com a esquerda, com a legenda "Simpatia do Público, Desejos e Esperanças". Ao lado de Baer, Jenkins escreveu: "Mais Forte, Maior, Mais Duro, Mais Rápido, Mais Jovem, Bate com Mais Força, Melhor Currículo, Mais Resistente, Pensa Mais Depressa, Matador Quando se Empolga." Junto a

Braddock, a legenda dizia: "Boa-Praça, Merece uma Chance, Valente, Tem Mulher e Filhos, Cheio de Fé, Esteve na Miséria, Tem a Sorte dos Irlandeses."*

No dia 1º de junho, após um hiato de uma semana, Braddock voltou ao ringue. Apesar de sua suposta falta de poder de atração, apareceram quatrocentos cronistas e admiradores, nenhum deles sabendo que suas costelas ainda doíam, a fim de vê-lo treinar durante seis assaltos. Gould e Robb haviam preparado uma proteção especial de couro, que Braddock usou escondida por baixo de duas suéteres, apesar da temperatura elevada. Para surpresa de Gould, Braddock lhe pareceu mais ágil após uma semana de repouso do que antes de se contundir. Mesmo com o peso da proteção e duas suéteres, ele se movimentava bem e esmurrava com precisão. Gould e Braddock compreenderam que ele na verdade precisava de um descanso, mas não por conta de uma costela quebrada.

– Talvez eu precise tirar mais uns dias de férias – brincou ele.

Faltando 12 dias para a luta, Braddock recuperara a confiança. Os jornalistas estavam impressionados. No *Sun*, Edward Van Every comparou a segurança de Braddock com a de Gene Tunney "na véspera de sua primeira luta contra Dempsey".[19] Observando o treinamento de Braddock, Trevor Vignall, decano dos cronistas ingleses de boxe, disse a Shabazian:

– Ora, esse sujeito é bom pugilista. Nunca pensei que ele conseguisse se mexer desse jeito. Tínhamos a impressão de que ele era um peso pesado desajeitado e lento, que tinha apenas um trunfo: o soco de direita.[20]

Bill Brown, tipicamente rabugento, também ficou bem impressionado com Braddock, mas fez uma advertência:

– Ele costuma abrir a guarda do lado esquerdo. Precisa melhorar a defesa contra a direita do adversário.[21]

No dia 6 de junho, Frank Graham, o melhor amigo de Braddock entre os colunistas de Nova York, apareceu em Loch Sheldrake. Sentado

---

* A expressão *"The Luck of the Irish"*, embora corrente no idioma inglês, tem um conteúdo negativo de desprezo pelos irlandeses, a quem os ingleses consideram preguiçosos. Ter a "sorte dos irlandeses" na verdade significa conseguir alguma coisa sem realmente tê-la merecido por seu próprio esforço. (N. do T.)

ao sol do lado de fora da cabana de madeira na qual fora instalado o ringue, conversava com Braddock sobre os extraordinários acontecimentos dos 12 meses anteriores. Falaram sobre o cais do porto.

– Eu nunca deixei de esperar que cada ida matinal às docas fosse a última – disse Braddock. – Sabia que Joe estava procurando, tratando de encontrar uma oportunidade para mim, e achava que algum dia ele conseguiria. Todos me perguntam o que vai acontecer nessa luta. Eu respondo que não sei, mas sei que vai ser uma boa luta.[22]

Na mesma tarde, Graham conversou com Gould, que acabara de falar pelo telefone com Johnston pela quinta vez naquele dia. Gould elogiou a resistência de seu melhor amigo.

– Eis aqui uma coisa que aposto que você nunca imaginou – disse ele a Graham. – Como Braddock, um sujeito grandalhão, vagaroso nos movimentos e pensamentos, conseguiu durar mais do que outros parecidos com ele que começaram mais ou menos na mesma época? Risko, Berlenbach, todos aqueles sujeitos durões e rudes como Jim, batedores que só davam um soco depois de levar outro, todos eles estão acabados, e aqui, após dez anos, Jim não somente ainda está lutando, mas está melhor do que nunca. Sabe qual é a resposta? Vou dizer. Ele não é um lutador calculista, mas é esperto. Leva muitos socos, mas não os mais fortes. Veja bem, ele não aceita os golpes fracos de propósito, mas quando percebe que o soco é mais forte, bloqueia, ou recua, ou se abaixa, ou faz alguma coisa. Há dez anos muitos tentam nocauteá-lo, mas até hoje ninguém o derrubou. Não me diga que esse Baer vai conseguir. Desta vez Max não vai estar no ringue com um bobalhão do tamanho de Carnera, que se colocava no rumo da direita dele. Vai lutar com um sujeito esperto.[23]

Na sexta-feira, 7 de junho, Braddock completou 30 anos, embora os jornalistas acreditassem que eram 29. Por algum motivo, desde sua estréia como profissional, Braddock dizia a todos que tinha nascido em 1906 e não em 1905. Comemorou o aniversário fazendo boxe-sombra, embora Gould tivesse lhe dado folga.

No dia seguinte, entretanto, ficou de mau humor. Levantou-se, deu uma olhada na modesta cabana de madeira em que estava morando há seis semanas e de repente sentiu-se farto de Loch Sheldrake. Em vez de cumprimentar a todos, desde Gould até os jornalistas, com um afetuoso "bom-dia", ficou carrancudo e em silêncio. Mae disse a Shabazian que isso era sinal de que ele estava pronto para lutar. Instintivamente, Braddock compreendera que chegara ao ápice do treinamento. A partir daquele ponto, tudo que queria era entrar no ringue. *Estou pronto*, repetia para si mesmo. *Vamos. Chega de esperar. Esperar não vai ajudar em nada.* A vista das árvores e flores, que o acalmara no fim de abril, em junho lhe dava náuseas.

Mas no domingo seu humor melhorou. Gould lhe dissera que deixariam o campo de treinos após os exercícios. Fez dois *rounds* com Paul Pross e um com Jack McCarthy; pelo menos uma vez treinaram com certo comedimento. Seis semanas após sua chegada, Braddock partiu das montanhas Catskill pesando 88,502 quilos, cerca de 4,530 a mais do que tinha antes. A costela sarara completamente. Sentia-se mais preparado do que nunca antes em sua vida.

"Os críticos se espantaram com as lutas diárias", escreveu Fred Van Ness, o repórter do *Times* destacado para Loch Sheldrake, no dia do encerramento. "Desde o início eram como verdadeiras competições. Quase tudo o que poderia acontecer numa luta de verdade aconteceu no ringue de treinamento, e Braddock acabou batendo mais forte e melhor do que em qualquer momento em sua vida."[24]

Braddock estava ansioso, porém confiante. Três vitórias consecutivas, contra adversários considerados mais fortes, haviam consolidado sua segurança. O mesmo podia dizer do poderio que sentia emanar de sua mão esquerda. Sabia que Tommy Loughran, o último a derrotar Max Baer, havia vencido usando a esquerda e evitando a direita do adversário. Sua mente voltava constantemente àquela luta, a que assistira ao lado do ringue.

– Vi Tommy Loughran acabar com ele no Garden – disse Braddock a Shabazian, em particular. – Eu já lutei com Tommy e sei que tipo de pugilista ele é, e por isso disse a mim mesmo: se alguma vez lutar com Baer, vou fazer o mesmo que Loughran fez, acertar uma esquerda e escapar.[25]

A viagem de Loch Sheldrake a Nova York transcorreu sem incidentes. Faltando quatro dias, Braddock se sentia agitado. Preferia que a luta fosse na segunda-feira, em vez da quinta. Queria entrar no ringue naquele momento, em que se sentia tão bem. Queria não ter de passar mais quatro dias esperando o acontecimento mais importante de sua vida. Hospedou-se com Mae no Hotel Mayflower, no Central Park West, a um quarteirão do apartamento de Gould. Em Loch Sheldrake ele dormia dez horas por noite, mas agora custava a dormir. Ficou preocupado em dormir de mau jeito e machucar o ombro. Finalmente, porém, a exaustão venceu sua ansiedade.

Na manhã seguinte os jornais estavam cheios de reportagens sobre a luta iminente. Invariavelmente, a nacionalidade irlandesa de Braddock era realçada, embora quase não houvesse menção a que Baer fosse judeu. Aparentemente, os cronistas da Costa Leste, muitos dos quais israelitas, não concordavam com a afirmação do dr. Goebbels de que Baer era realmente judeu. A proverbial sorte que se diz terem os irlandeses era tema constante em todos os jornais, com exceção do *New York Times*, que em geral não entrava em debates étnicos. Novamente, os jornalistas retratavam Baer como palhaço e *playboy*, e Braddock como o homem comum, estóico e firme. Embora extremamente popular no início do ano, Baer agora não ganhava de Braddock como preferido dos torcedores menos fanáticos. Ninguém conseguia relacionar-se com Baer – era rico demais, belo demais, forte demais, talentoso demais. Todos se relacionavam com Jim Braddock, que não era tão rico, nem tão belo, nem tão forte, nem tão talentoso.

Nos poucos dias anteriores à luta, as cartas dos torcedores começaram a chover nos escritórios do Garden, a maioria dirigida a James J. Braddock. "Ele recebe cartas de todos os pontos do país", escreveu Fred Van Ness no *Times*, "e a maior parte exprime o desejo de que ele seja o próximo campeão."[26] No *Sun*, Frank Graham citou Jimmy Johnston, uma das poucas pessoas que dizia ter chegado à conclusão de que Braddock venceria Baer.

– Por todo o país – disse Johnston – centenas de milhares, talvez milhões, estarão torcendo, esperando e rezando por Braddock. Se qualquer pessoa, ou o próprio Baer, achar que isso não tem importância, será um louco.[27]

"Durante estes dias finais que antecedem a luta", relatou Van Ness, "Braddock parece ser a única pessoa tranqüila e comedida em todo o seu séquito."[28] Braddock ocultava sua ansiedade, mas Gould a exibia constantemente. Estava visivelmente esgotado. Continuava a murmurar para si mesmo, repetindo o mantra "Braddock vai vencer, Braddock vai vencer", como se estivesse em transe.

"Os agentes costumam hipnotizar-se facilmente dessa maneira", escreveu Damon Runyon no *American*,

> mas durante essa fase são bastante inofensivos, e basta levarmos um pouco de algodão nos bolsos e tapar os ouvidos com ele quando se aproximam. Em breve eles passam a flutuar num nevoeiro, e aí podemos retirar o algodão e cuidar de nossos próprios assuntos. Mas o estágio das cotoveladas é muito diferente. Nessa última fase, que o sr. Gould acaba de atingir, o algodão não adianta nada. De repente, nos momentos mais inoportunos, o agente nos dá uma cotovelada para atrair nossa atenção, e antes que possamos reagir ele começa a falar, e estamos perdidos.[29]

Em um dos vários almoços no restaurante de Jack Dempsey antes da luta, as cotoveladas de Gould fizeram com que Bob Ripley – do "Acredite se quiser", que trabalhava para o grupo Hearst, como Runyon – derramasse sopa de ostras por dentro da camisa. Virou uma xícara de café em Pat Frayne, do *San Francisco Call-Bulletin*, e "fez com que Curley Grieve, do *San Francisco Examiner*, se ferisse gravemente com um palito", ao que relatou Runyon.[30]

Na segunda-feira 10 de junho, 72 horas antes da luta, Braddock voltou ao Stillman para um treino final. Poucos meses antes, vendo-o esmurrar laboriosamente um saco de areia no mesmo ginásio, Graham escrevera: "Ele abandonaria o ringue e aceitaria um emprego de 25 dólares por semana em qualquer lugar, se conseguisse encontrar algum."[31] Agora, quando Braddock entrava no Stillman, uma multidão de mais de setecentos fãs de boxe o saudavam com aplausos surdos, porém respeitosos. Somente alguns deles o tinham visto em Loch Sheldrake. Os demais ficaram admirados por sua transformação física. Naturalmente, tinham ouvido dizer que ele aumentara de peso, mas muitos haviam imaginado que estando mais pesado ele também ficaria mais lerdo. Mas quando entrou no ringue movimentando-se com mais leveza do que nunca, os espectadores se espantaram. Johnny Dundee, um dos sábios do Stillman, disse que os velhos lutadores nunca mudavam, exceto daquela vez. Braddock era um lutador completamente novo, disse ele.[32]

Baer ficou em Asbury Park até 12 de junho, véspera da luta. Caminhando no passeio de tábuas com Frank Graham na tarde do dia 11, surpreendeu-o com sua falta de confiança.

– Vou nocautear Braddock – disse ele. – Espero que sim.[33]

Durante muitos anos a maior parte da imprensa havia acreditado em tudo o que Baer dizia e fazia. Era fácil pintá-lo como palhaço, *playboy* e assassino. Graham provavelmente foi o primeiro a ir mais fundo. Numa coluna intitulada "O Homem que Ninguém Conhece de Verdade", baseado na conversa que tiveram no dia 11, ele escreveu:

> Max Baer se pavoneia, se comporta com afetação, conta vantagens e banca o palhaço, e as pessoas se cansam dele e ficam pedindo que apareça alguém que o faça calar a boca. Mas numa conversa tranqüila, no silêncio de um vestiário, chega-se à conclusão de que afinal de contas ele não é mau sujeito. Realmente, depois de conversar um pouco ficamos convencidos de que é difícil encontrar companheiro mais agradável, mais divertido e mais afetuoso. Acabamos achando que ele é uma pessoa muito diferente das demais, e por causa das diversas facetas de sua personalidade, ninguém de verdade o conhece.[34]

Na quarta-feira 12 de junho, Braddock dormiu até tarde. Quando acordou, em sua suíte do 16º andar do Hotel Mayflower, foi correr no Central Park. Gould, Robb e Ray Arcel o seguiram num automóvel. Era um dia claro, com a temperatura subindo até cerca de 25 graus na parte da tarde. Braddock correu num ritmo forte, respirando confortavelmente pelo nariz, suando um pouco, sem dores nem cansaço. Percorreu quase 9 quilômetros ao redor do parque em menos de uma hora. O irlandês mais lento do planeta já não era lento. Após o exercício, Gould o fez subir numa balança. Pesou 86,250 quilos, que era exatamente o que Gould queria que ele pesasse.

Enquanto isso, todos os jornais de Nova York diziam a mesma coisa. Baer era o favorito disparado e Braddock não tinha chance. A proporção nas apostas variava de seis para um a dez para um. Apesar de todas as indicações vindas de seu grupo no sentido de que ele estava em notável forma e todos os sinais de que Baer não estava completamente preparado para defender o título, somente um punhado de especialistas acreditava em Braddock. Runyon, que recentemente apelidara Braddock de Homem Cinderela, disse no *American* apostar um contra um que ele não voltaria para o décimo assalto.[35]

Sete ex-campeões mundiais de pesos pesados deram opinião. Jack Dempsey, James J. Jeffries, Primo Carnera, Max Schmeling e até mesmo Gene Tunney, que certa vez previra que Braddock viria a ser campeão mundial, escolheram Baer como vencedor.

– Tenho certeza de que Baer vai ganhar – disse Tunney.

Generosamente, Dempsey disse:

– Braddock tem chances.

Jess Willard e Jack Sharkey achavam que Braddock venceria.

Benny Leonard, amigo de infância de Joe Gould, declarou:

– Baer treinou fielmente e deve vencer.

Teria razão, se "treinar fielmente" significasse treinar com desânimo.

O *New York Times* perguntou a opinião do capitão James Horton, do departamento de polícia de Nova York e assessor do prefeito La Guardia.

– Acho que Braddock vai vencer por nocaute – respondeu Horton, que era irlandês.

Tommy Loughran, o único lutador vivo que derrotara ambos, hesitou. Contra sua intuição, respondeu que Braddock poderia vencer em dois *rounds* e Baer em dez.[36]

Por sua vez, Jimmy Johnston ainda se preocupava com a possibilidade de que muita gente preferisse não assistir a uma luta que os especialistas diziam ser desequilibrada. Procurou igualar as possibilidades.

– Braddock vencerá com certeza – disse ele, implausivelmente. – Baer é um dos piores campeões que já estiveram nessa categoria. A sorte, um queixo duro e uma certa esperteza são responsáveis por seu sucesso. Mas a esperteza vai ser anulada pelo fato de que ele enfrentará um lutador que irá ignorar suas palhaçadas, preferindo quebrar-lhe o nariz ou o queixo, que resistirá a seus golpes revidando com socos e mais socos. A menos que Max melhore, sua sorte chegou ao fim com Braddock.[37]

As palavras de Johnston, naturalmente, refletiam o que ele desejava que acontecesse. Se Braddock vencesse, sua primeira defesa do título seria no Garden. Se Baer vencesse, provavelmente lutaria no concorrente, o Twentieth Century Sporting Club, porque não tinha contrato com ninguém.

Assim como Johnston, os partidários de Braddock tinham esperanças mas não estavam muito confiantes. "É improvável que algo semelhante a esse retorno de Braddock do esquecimento já tenha acontecido nos anais do boxe profissional", escreveu Frank Graham na edição de 13 de junho do *Sun*. "Até seus amigos acham exagero esperar que tudo termine com uma vitória sobre Baer. Mesmo assim, Braddock, o homem que não desiste, vai ter uma chance esta noite. É uma chance difícil, uma chance desesperada, mas é uma possibilidade, e isso é tudo o que Braddock sempre quis."[38]

Ao avaliar as lutas, os cronistas preferem comparar os currículos dos lutadores contra adversários idênticos, mas somente cinco homens haviam enfrentado Braddock e Baer durante os sete anos anteriores. Contra Les Kennedy, Baer perdera por pontos após dez *rounds* e conseguira um nocaute no terceiro assalto, enquanto Braddock vencera por pontos em dez assaltos. Baer nocauteara Paul Swiderski no sétimo assalto e Braddock vencera por pontos em dez *rounds*. Tuffy Griffiths fora nocauteado por Baer em sete *rounds* e por Braddock em dois. Baer vencera uma e perdera outra contra o falecido Ernie Schaaf, ambas por pontos, enquanto a decisão fora contrária a Braddock na luta contra ele.

Contra Loughran, Braddock perdera por pontos em 15 assaltos, e Baer também, em dez. A semelhança dos resultados contra adversários comuns tornava difícil usar essas lutas como base para uma avaliação inteligente das possibilidades de um contra o outro, a não ser pelo fato de que as vitórias de Baer haviam ocorrido mais recentemente.

No dia da luta, a pesagem oficial fora marcada para o meio-dia, nos escritórios da comissão de atletismo, na rua Lafayette. Braddock e Gould chegaram às onze e meia, atravessando a custo uma multidão de fãs que se aglomerava do lado de fora do edifício a fim de ver os lutadores em pessoa. Gould caminhava rapidamente, como sempre alguns passos adiante de Braddock, cumprimentando entusiasmado amigos e conhecidos. Baer chegou às 12h30. Ao ver Braddock, aproximou-se, estendeu-lhe a mão e disse:

– Como vai, menino?

Sua maneira de falar não era a de quem em poucas horas estaria defendendo o título mais valioso do esporte. A multidão, a tensão, o calor, nada disso parecia afetá-lo.

Por sua vez, Braddock surpreendeu-se com o tom de Baer, que imaginou fazer parte de sua encenação. Chamar Braddock de "menino" era uma provocação sutil. Mesmo assim, Braddock apertou-lhe a mão. Depois, disse:

– A gente conversa mais tarde, no ringue.[39]

Mas Gould, do alto de seu 1,62m, chegou junto de Baer e bradou a plenos pulmões, com seu forte sotaque nova-iorquino:

– Então, você é o cara que mata gente no ringue, não é? Bem, saia daqui, para nós você não vale nada.[40]

Desconcertado, Baer sorriu e afastou-se.

Nu da cintura para cima, Braddock foi o primeiro a subir na balança. Pesou 87,054 quilos, quase 4,300 a mais do que pesara para a luta com Lasky, menos de três meses antes. Com seu 1,875m era uma figura imponente, não um gigante como Carnera, porém bem mais alto do que a maioria dos homens que haviam sido campeões dos pesos pesados. Em seguida foi a vez de Baer. Despiu dramaticamente o paletó jaquetão de cor creme, a camisa branca, a gravata de listras e a camiseta que usava por baixo, desatou os cordões dos sapatos e subiu à balança. Seu peso foi de 94,875 quilos, próximo ao ideal, e como sempre seus músculos estavam salientes. O físico e o bronzeado dele faziam Braddock parecer anêmico.

Numa luta de pesos pesados, naturalmente, a pesagem oficial é puramente protocolar. Nessa categoria, os lutadores podem ter qualquer peso. Sobem na balança por tradição e porque os apostadores querem saber quanto pesaram. Em 13 de junho de 1935, após a pesagem, Baer, Braddock, Gould e Hoffman entraram no escritório executivo da comissão de atletismo a fim de tratar de assuntos importantes, pois o árbitro do encontro ainda não fora anunciado.

Gould se opusera ao nome de Dempsey – no dia 2 de junho fora taxativo a respeito disso – e Hoffman por sua vez apresentou aos comissários uma lista de árbitros que *ele* considerava inaceitáveis. Arthur Donovan, que havia arbitrado a luta com Carnera, 364 dias antes, encabeçava a lista porque Baer e ele não tinham gostado do jeito que ele atribuíra os pontos naquele combate. Em seguida, apresentaram uma lista dos que *achavam* aceitáveis. Nenhum estava inscrito como árbitro no estado de Nova York.

A comissão não arredou pé. Brown, especialmente, ficou lívido.

– Temos muitos árbitros qualificados neste estado – disse ele a Baer e a Hoffman. – Não queremos ninguém de fora.

Em seguida, a comissão rejeitou as luvas que Hoffman queria que Baer utilizasse, porque não correspondiam às especificações e tinham sido projetadas com a finalidade específica de proteger as mãos dele. Gould também reclamou.

– O campeão está do meu lado e eles nos tratam como se fôssemos caipiras – disse Hoffman, ao sair da reunião.

Naquele momento, houve uma comoção na multidão. Mike Cantwell se postara diante de Baer.

– Você é um calhorda – disse ele, imitando Brown. – Braddock vai te dar uma lição, seu palhaço.

Baer recuou espalhafatosamente o braço, como se fosse dar um soco. Depois sorriu e deu uma risada.[41]

Braddock observou Baer sair do escritório e voltou-se para Gould, dizendo:

– Vamos, vamos voltar para o hotel.

Quando saíram, encontraram centenas de pessoas ainda nas ruas, esperando para ver Braddock.

– Está vendo, Jim – disse Gould. – Eles estão aqui por sua causa.

17

CORAÇÃO VALOROSO

QUEENS, NOVA YORK: 13 DE JUNHO DE 1935

Na véspera do dia em que James J. Braddock desafiou Max Baer a defender contra ele seu título de campeão mundial dos pesos pesados, uma dúzia de repórtes e fotógrafos compareceu a um apartamento na rua 64 oeste, em Manhattan, a fim de participar de uma sessão espírita. Haviam sido convidados pela sra. Felicie Crossley, renomada médium que em breve presidiria a Assembléia Geral Internacional de Espiritualistas no Hotel Park Central. Para decepção dos jornalistas, a sra. Crossley declarou não poder realizar a sessão porque todos os seus contatos na outra vida estavam ocupados. Concordou, no entanto, em dar uma entrevista.

Durante as perguntas e respostas, a sra. Crossley revelou que o presidente Roosevelt seria reeleito em 1936 e que haveria uma guerra na Palestina em disputa pelo canal de Suez.

O repórter do *Sun* perguntou:

– E que pode nos dizer sobre o juiz Crater?

Referia-se ao juiz Joseph Force Crater, do estado de Nova York, que desaparecera sem deixar vestígios após jantar num restaurante de Manhattan em 6 de agosto de 1930.

– O espiritualismo não é uma seção de achados e perdidos – disse a sra. Crossley, asperamente.

O jornalista calou-se, derrotado. Mas o repórter do *Journal* pensou que a médium poderia responder a outra pergunta com mais facilidade.

– Bem, quem vai vencer a luta amanhã? Baer ou Braddock?

O jornalista achou que mencionar a aposta que faria somente serviria para complicar o assunto.

– Infelizmente não tenho ninguém do outro lado que entenda de boxe – disse a sra. Crossley. – Não posso ajudá-lo.

A entrevista chegou ao fim.[1]

Mesmo sem quaisquer informações vindas do outro lado, 30 mil torcedores foram ao Madison Square Garden Bowl na noite seguinte, embora a maioria esperasse uma vitória esmagadora do campeão. Multidões de irlandeses esperançosos superavam facilmente em número os judeus que torciam por Baer. Também havia italianos, negros, poloneses e até mesmo protestantes ingleses antiquados. Havia estrelas do cinema e políticos, gângsteres e atletas. "A platéia traçava um perfil da vida norte-americana", observou James P. Dawson, "com gente de perto e de longe, cuja quantidade não era um recorde, mas cuja qualidade era representativa."[2]

Mil policiais ficaram encarregados da segurança. Sua tarefa era em geral manter a ordem e em especial proteger os ricos e famosos sentados em volta do ringue – gente das famílias Whitney, Chrysler, Baruch, Warburg, Singer e Pulitzer. Tim Mara compareceu; dez anos depois de comprar a equipe de beisebol dos Giants de Nova York por 500 dólares, ele era ainda conhecido principalmente como o "homem das corridas de cavalos". George S. Kaufman, famoso cômico, estava entre as celebridades que ocupavam os assentos mais caros.

Na verdade, os assentos mais caros estavam todos esgotados. Havia um número suficiente de milionários em Nova York para comprar as várias centenas de cadeiras a 20 dólares, mas somente a metade dos lugares mais baratos estava ocupada, "principalmente pelo motivo de que os rapazes que costumavam ter 2 dólares já não têm 2 dólares, nem mesmo 1 dólar", escreveu Damon Runyon de seu lugar, próximo aos figurões. "É um fato elementar: se não têm dinheiro, não podem gastá-lo."[3]

Embora milhões de pessoas em todo o país fossem ouvir a narração da luta pelo rádio e torcer por Braddock, poucos de seus admiradores achavam que ele realmente fosse vencer. A maioria, na verdade, achava que ele sairia machucado. Mesmo assim, centenas de fãs encheram os telhados da garagem e do edifício de apartamentos diante da arena a fim de presenciarem de graça o espetáculo.

Com tão pouco dinheiro à disposição, e segundo os especialistas, com tão poucas probabilidades de êxito, os fãs de Braddock não apostaram grandes quantias. "Talvez 90% dos torcedores estejam torcendo para Braddock", escreveu Wilbur Wood no *Sun*, "e apostarão pequenas quantias por motivos sentimentais. Aqui e ali algum veterano mais sabido, desses que sabem que não é realista uma proporção de oito para um quando dois lutadores valentes, batedores, resistentes e bem treinados se enfrentam, arriscará algum dinheiro em Braddock."[4]

A luta estava marcada para começar às dez horas. Assim, às sete, pouco depois de chegar a seu vestiário, Braddock dormiu um pouco. Apesar de tudo o que estava em jogo, ele se viu, com surpresa, absolutamente tranqüilo. Havia treinado intensamente para aquele momento durante mais de seis semanas. Na verdade, durante toda a vida se preparara para aquele momento. Agora precisava encontrar serenidade antes que os socos começassem a chover. Retirou-se para o casulo de calma e segurança nos momentos de pressão, que tanto lhe havia servido anteriormente. Uma vez assim protegido, o sono chegou rapidamente, e Robb o cobriu com uma manta. Ao acordar, cerca de uma hora depois, teve certeza de que aquela noite definiria, de uma ou de outra forma, o resto da sua vida.

Enquanto isso, na arena ao ar livre, Gould procurava urgentemente apostar 25 mil dólares na vitória de Braddock. Reconhecia que o dinheiro não lhe pertencia, mas não quis revelar de quem era.

Pela primeira vez, o pai de Braddock, Joseph, fora assistir a uma luta de um de seus filhos. Aos 70 anos, ainda trabalhava como vigia do cais da companhia marítima Holland-America, em Hoboken. Todos os irmãos de Jim também estavam lá: Ralph, assistente do pátio de manobras no depósito de Weehawken; Joe Junior, leiteiro; Jack, contador de uma fábrica de cerveja; e Al, ainda timoneiro da barca entre Hoboken e a rua 42 oeste. Tal como Jim, os rapazes da família Braddock haviam sofrido durante a *débâcle* econômica. Agora estavam todos juntos, esperando a hora de ver um membro da família disputar o prêmio mais cobiçado do mundo esportivo.

Mae não teve coragem para ir. Ficou com os três filhos na casa da mãe em Guttenberg, cercada de repórteres que não conseguiram ser enviados à arena.

Um número desconhecido de fãs do sexo feminino aplaudia Baer. Somente uma, no entanto, estava saindo com ele na época: Mary Ellen Sullivan, gerente do restaurante do Hotel Willard, em Washington. Enquanto Braddock cochilava, Baer relaxava de outra forma no vestiário, e com outra mulher.[5] Quando Hoffman, logo depois, descobriu o que acontecera, teve um ataque de fúria. Acreditava na sabedoria convencional da época, segundo a qual o sexo reduzia as energias de um homem.

Praticamente todas as 30 mil pessoas que estavam no Bowl, com exceção dos judeus, torciam por Braddock. Em 364 dias, Baer havia perdido toda a boa vontade e respeito que conseguira granjear ao ganhar o título. O que no início o público achava atraente – sua postura arrogante, sua exuberância, sua veracidade – acabou sendo considerado detestável. Ao entrar no Bowl, Baer tinha todas as vantagens, assim como o talento, juventude e experiência de lutas importantes. Mas não tinha onde apoiar os pés, como diriam seus treinadores. Quando um lutador honra o esporte treinando com afinco e demonstrando respeito por seus adversários, entra no ringue com uma base de apoio; luta sob a proteção dos deuses do pugilismo, como diria Shabazian. Baer via no boxe muito pouca coisa respeitável, e se recusava a aceitar seus códigos de conduta. Além disso, acreditava ser melhor do que o adversário.

Para Jim Braddock, naturalmente, o próprio boxe era seu código de conduta, sua vocação, sua identidade. Quando entrou no ringue do Bowl, para ganhar ou perder, tinha onde apoiar os pés. Podia invocar o espírito dos grandes campeões, os irlandeses como Sullivan, Corbett ou Tunney, que haviam conquistado a coroa que ele ambicionava. Sua energia vinha tanto de suas vitórias quanto de suas derrotas.

Depois que Braddock acordou, Robb lhe enfaixou as mãos e amarrou os cordões das luvas, sob os olhares de Phelan, Brown e Hoffman. Braddock não tinha disposição para conversar, mas sentia-se confiante. Sabia que era capaz de vencer Max Baer, apesar das qualidades naturais superiores do adversário. Tinha visto Tommy Loughran vencê-lo. Sabia que era capaz de derrotar qualquer batedor do mundo. Os que lutavam o boxe clássico, como Loughran e Rosenbloom, eram os que o preocupavam, mas os esmurradores não.

Os cronistas ao lado do ringue faziam piadas e apostavam quantias pequenas. Simplesmente por sua presença, Baer aumentara o risco de quem apostasse em Braddock. Albertanti entrava e saía do espaço reservado à imprensa, cumprimentando colegas e trocando apertos de mão com Runyon, Rice, Parker, Graham, Dawson, Kieran, Shabazian, Williams, Van Every, Van Ness, Nichols e os demais. Trazia nas mãos uma pilha de panfletos para distribuição, uma biografia de Braddock com 16 páginas que havia preparado em Loch Sheldrake e que também havia mandado aos jornais de todo o país. Deixara um ao lado de cada máquina de escrever, e quase todos os jornalistas o desprezaram. Não queriam nada que os atrapalhasse, e sem dúvida não haveria motivos para ler 16 páginas da história da vida do maior azarão da história dos campeonatos de pesos pesados.

Faltava muito pouco para as dez quando Baer, Braddock e os segundos de ambos convergiram para o centro do ringue a fim de ouvir as instruções do árbitro Johnny McAvoy. Baer e Braddock transpiravam em seus robes e capuzes; tinham se aquecido logo antes de seguir para o ringue. Enquanto McAvoy os exortava a conduzir-se com esportividade e lembrar-se de retirar-se para um canto neutro caso um deles caísse, os olhos de ambos se encontraram. Baer sorria, mas os lábios de Braddock tinham uma expressão de desprezo. Trocaram um aperto de mão protocolar com as luvas e em seguida deram meia-volta em direção aos respectivos cantos.

– Lembre-se, Jim, a esquerda, use a esquerda – disse Gould. Estava tão nervoso que Braddock achou que ele ia desmaiar.

– Sim, está bem – disse Braddock, praticamente rosnando.

Quando o gongo soou, Braddock foi para cima do campeão, acertando uma esquerda no queixo e uma direita no corpo. Baer sorriu. Tentou acertar um *uppercut* no queixo de Braddock, mas errou o alvo. Trocaram ganchos de esquerda mal sucedidos. Baer encaixou uma esquerda nas costelas de Braddock, que respondeu com uma direita no queixo do adversário.

Baer não esperava isso. Pensara que Braddock ficaria nervoso, pelo menos no início da luta. Mas Braddock não demonstrava ansiedade. Era quase como se ele fosse o campeão e Baer o desafiante. Os socos de Braddock eram mais precisos e seu *timming* mais agudo do que o do outro – e Baer percebeu.

Braddock acertou mais alguns golpes leves na cabeça do adversário e o gongo soou, encerrando o assalto, que na opinião dos juízes Braddock ganhara.

No segundo *round,* Braddock mais uma vez atacou primeiro, com uma esquerda longa dirigida à cabeça de Baer. Este sorriu de novo. Acertou outro golpe firme no corpo, mas Braddock respondeu imediatamente com três direitas na cabeça. Baer percebeu que Braddock não estava levando vantagem mas se mantinha fora do alcance de sua direita. Baer errou uma esquerda e em seguida fingiu avançar, mas Braddock ficou firme, como se dissesse:

– Venha, venha bater.

Lutando agora com velocidade total, Baer acertou um gancho de esquerda na ponta do queixo.

– Senti o choque – disse Braddock mais tarde – até a ponta do dedão de meu pé direito. Se tivesse uma lâmpada de mil watts ligada no dedão, teria acendido.[6]

Mas antes que Baer pudesse prosseguir, o assalto terminou, e novamente os juízes o atribuíram a Braddock.

De pé atrás de Braddock, em seu canto, Gould disse:

– Então esse é o campeão do mundo? Ele não vale nada, Jim.[7]

Mas Braddock tinha outra opinião. Aquele gancho de esquerda lhe mostrara que Baer tinha talento, mas ele sabia que tinha de resistir à tentação de começar a trocar socos. Tinha de lutar o boxe clássico. Tinha de usar a esquerda. Sabia que se a luta fosse decidida pela pegada mais forte, Baer triunfaria.

Gould continuou a falar, pois sua energia nervosa se manifestava numa tagarelice constante. Naturalmente, Braddock estava acostumado a seus hábitos. Estranhamente, eles tinham um efeito compensador, e a ansiedade de Gould o acalmava.

Em seu canto, Baer divagava. Como sempre, perscrutava a multidão, procurando rostos conhecidos. A luta quase não ocupava suas atenções. Hoffman ainda estava furioso com Baer por ele ter feito sexo no vestiário. Baer perdera os dois primeiros *rounds*; as pernas pareciam bambas e ele não dava atenção aos conselhos de seus segundos.

– Max, escute – disse Hoffman, com tranqüilidade. – Isto não é brincadeira. Você precisa começar a lutar.

– Você viu aquele soco que acertei nele? Ele nem se mexeu. O cara é durão.

– Acerte outro e ele cai.

– Aquela lá é Myrna Loy? – perguntou Baer, apontando com a luva.

– Pare com isso. Vamos.

Na abertura do terceiro assalto, Braddock persistiu com sua estratégia e lançou dois golpes de esquerda contra o rosto de Baer. Apesar do que Braddock havia demonstrado na luta com Lewis e Lasky, Baer se surpreendeu com a força da esquerda dele. Respondeu com uma esquerda contra o estômago do adversário. O golpe foi quase abaixo da cintura, e Gould começou a gritar com o campeão. Na parte reservada à imprensa, Shabazian se permitiu imaginar por um momento que Baer não seria capaz de machucar Braddock e que este acabaria conseguindo contê-lo para ganhar o título. O que parecia impossível dez minutos antes se tornara concebível na metade do terceito assalto.

Mas Baer recuou o braço direito para trás da cabeça e atirou-o diretamente contra o queixo de Braddock. O soco acertou na mosca.

– Eu sabia que esse era o melhor golpe dele – disse mais tarde o desafiante.[8]

Braddock nem se mexeu. Automaticamente, sua mão esquerda partiu em direção à cabeça de Baer. Naquele momento ele percebeu que poderia vencer; havia recebido o melhor soco de Baer e isso não o abalara. Pela primeira vez desde antes da luta com Loughran, seis anos antes, Braddock quase podia sentir o gosto do campeonato, mesmo ao receber outro soco no estômago. Sua resposta foi um direto no queixo de Baer. Baer acertou então uma esquerda na cabeça, e fez uma careta quando sentiu a batida. Braddock acertou também uma direita na cabeça do adversário, e depois uma esquerda. O terceiro *round* foi considerado empate, mas psicologicamente a vantagem foi de Braddock, por ter suportado os melhores golpes de Baer.

No quarto assalto, Baer começou a lutar para a platéia. Em vez de desafiar Braddock, cuja resistência o confundia, ele fazia palhaçadas e dava risinhos de desprezo. Quando Braddock se aproximou dele, apertando-o, Baer o agarrou pelos ombros e quase o derrubou na lona. A platéia começou a vaiar. McAvoy o advertiu. Baer acenou com a mão pedindo desculpas, primeiro a Braddock e depois aos espectadores, que agora começavam a perceber que poderia haver uma surpresa. Baer se entusiasmou e começou a usar mais a direita, esperando que um soco acabasse com a luta. Na maioria das vezes, porém, Braddock conseguia ficar fora do alcance dele. Movimentava-se sempre para sua própria direita, afastando-se do braço direito de Baer, esperando que a falta de disciplina do adversário lhe desse uma oportunidade.

Hoffman pediu que Baer parasse de lutar com explosões esporádicas, mas aquele era um sermão que ele deveria ter dado anos antes. Baer sempre lutava dessa maneira, e nunca dava atenção a Hoffman.

Os jornalistas tiveram a impressão de que Baer perdera o interesse em defender o título. Nenhum deles jamais vira um campeão lutar com tanta falta de empenho. Baer não estava apenas desinteressado, mas também perplexo, e começando a ficar. Era apenas sua terceira luta em três anos. Braddock estava lutando pela quarta vez em 365 dias e havia passado a maior parte das três semanas anteriores lutando, mais do que treinando, e com oponentes de categoria. Ao ser chamado à luta por Braddock, Baer não sabia o que fazer, não tinha uma estratégia a seguir.

Continuou a tentar acertar a direita, mas, mesmo quando conseguia, o efeito era nulo. Lutando com desenvoltura o tempo inteiro, Braddock se mantinha firme, expondo-se apenas ocasionalmente ao poderio de Baer, jamais baixando a guarda e jamais procurando uma saída fácil. Sua capacidade de suportar os mais fortes golpes frustrava o campeão, que só pensava no nocaute. Nem mesmo uma disputa de campeonato conseguia motivar Baer a dar duro.

No quinto assalto, Braddock começou com uma esquerda curta contra a cabeça. Baer respondeu com uma direita com as costas da mão, o que era contra o regulamento, e recebeu uma advertência de McAvoy. Gould saltava, gritando para Baer:

– Lute limpo! Lute limpo!

Shabazian pensou que Gould ia pular dentro do ringue, o que desqualificaria Braddock, mas Robb conseguiu contê-lo. Novamente Baer tentou acertar várias direitas monstruosas, mas Braddock conseguia esquivar-se, ou os socos apenas lhe raspavam o queixo. Baer deu outro golpe com as costas da mão, e Braddock acertou-lhe duas vezes o queixo com a direita. Baer bateu com uma direita curta, machucando a mão. O assalto ficou praticamente empatado, mas Baer perdeu por causa das faltas.

No intervalo, Gould procurou acalmar Braddock. Ouvindo-o de perto, Gallico anotou as palavras de estímulo. "Nenhuma mãe jamais falou com tanta doçura", escreveu ele no *Daily News*, "quanto Gould, quando dizia":

– Está se sentindo bem, Jim? Tem certeza de que está bem? Jim, você está indo muito bem. Trate de descansar no próximo *round*. Quero que descanse bem agora para ter bastante energia no final.[9]

No início do sexto assalto, Baer atacou, mas Braddock o conteve com um *jab*. À queima-roupa, Baer lançou dois *uppercuts*. Braddock continuou a bater. Acertou uma direita no queixo de Baer; o soco explodiu com tanta força que os joelhos de Baer se curvaram, mas ele ficou de pé. Havia mais gente no canto de Braddock. Johnston lá estava agora, com Gould, Robb, Arcel e Whitey Bimstein, outro treinador contratado por ele, gritando tanto quanto Gould. Com as mãos em concha na boca, Johnston gritava para Braddock:

– Mate esse calhorda!

Baer começou a perceber que praticamente ninguém na arena o incentivava. A platéia, os comissários, a polícia, os jornalistas, todos torciam para Braddock.

No sétimo assalto, Baer de repente começou a lutar a sério. Atacou Braddock com as duas mãos, atirando esquerdas e direitas. Braddock o levou às cordas, mas ele respondeu com uma feroz direita no queixo que jogou a cabeça de Braddock para trás. O irlandês levou vários segundos para clarear as idéias e atingiu o queixo de Baer em cheio com uma direita, que sorriu e depois riu alto, para que os jornalistas o ouvissem. Apertado contra as cordas, bateu com a direita, acertando vários socos na cabeça de Braddock. O assalto terminou com Baer na ofensiva.

Mas no intervalo o campeão estava ofegante – ofegante demais.

– Não sei se agüento os 15 – disse ele a Hoffman. – É melhor acabar já com ele.

Há quatro anos Baer não se via em dificuldades com um adversário. Não tinha com que responder a Braddock. Hoffman tampouco.

No oitavo, Baer acertou dois socos rápidos na cabeça de Braddock, sem efeito visível. A frustração ia tomando conta dele. Braddock percebia isso claramente. Sentia que Baer estava ficando cansado. Mesmo assim, sabia que ele era sempre perigoso, que um soco poderia decidir a luta. À medida que acumulava pontos, resolveu lutar com cautela. Acertou Baer com uma direita, mas não com muita força. Contudo, os joelhos do campeão se dobraram e ele cambaleou. Os olhos rolaram em suas órbitas. Por um momento, parecia que ia desabar. Todos os espectadores se levantaram de uma vez, esperando ver o campeão cair. Mas ele de repente voltou à posição de combate, avançando contra Braddock. Tinha dissimulado, esperando que Braddock calculasse mal e, ou se aproximasse dele com a guarda baixada, ou desse meia-volta. Mas Braddock não se mexera. Sabia que Baer tentaria enganá-lo.

Quando a platéia percebeu o que Baer fizera, as vaias aumentaram. Como sua astúcia falhara, ele avançou, visando a cabeça de Braddock, mas errou o alvo. Então se aproximou mais e acertou vários socos no corpo. Braddock chegou junto dele e murmurou:

– Você não sabe bater mais forte? Max, é melhor tratar de fazer alguma coisa. Está perdendo por muitos pontos.

No canto, depois desse *round*, Braddock virou-se para Gould e disse:

– Ele está apagando.

Gould estava praticamente fora de si, de tão nervoso. Faltavam seis assaltos para que Braddock vencesse. Em meia hora tudo estaria terminado. Se Jim conseguisse ficar fora do alcance daquela manopla direita, não tinha como perder. Enquanto isso, Johnston lançava mais insultos contra Baer.

– Você está acabado, Max – exclamou ele, falando para o outro lado do ringue.

Ninguém achou estranho que o promotor da luta mostrasse favoritismo por um dos lutadores. Bill Brown também estava aplaudindo Braddock.

No nono assalto, Baer partiu para cima novamente. Acertou três ganchos de esquerda consecutivos no abdome de Braddock. Em seguida deu um golpe abaixo da cintura. McAvoy o advertiu. Gould berrou:

– Lute limpo, seu animal! – gritou ele, elevando a voz acima do murmúrio do público.

– Estou lutando limpo – respondeu Baer, voltando-se para Gould, com o sangue e o protetor de dentes prejudicando sua dicção.[10]

Naquele momento, Braddock acertou-lhe a cabeça. Baer zangou-se, e durante os dois minutos seguintes o campeão e o desafiante trocaram diversos socos. Devido à falta, o *round* foi oficialmente atribuído a Braddock.

No início do décimo *round*, Baer avançou rapidamente contra Braddock, apesar da fadiga. Durante três minutos acertou *uppercuts*, ganchos e direitas curtas. Mas Braddock permaneceu impassível. Parecia imune aos golpes de Baer, os mesmos que haviam derrubado Schmeling e Carnera, dois campeões. Acostumado a lutar com dores, condicionado por toda uma vida de pancadas, manteve-se de pé diante das sucessivas saraivadas. Agitando o *jab* diante do rosto de Baer, mantinha-o literalmente à distância de um braço, reduzindo o poderio de seus socos. Finalmente, lançou uma esquerda e depois uma direita contra o estômago do adversário, e em seguida duas direitas na cabeça. Braddock perdeu aquele assalto, mas àquela altura somente um nocaute o faria perder a luta. Estava disposto a conceder pontos, desde que pudesse se manter fora de perigo.

Mas no 11º, Baer achou uma oportunidade. Acertou uma direita fortíssima, "o mesmo soco que derrubara Schmeling em 1933 e um ano depois mandara Carnera à lona 12 vezes"– comentou Shabazian. Outra vez a platéia se levantou para ver melhor. Braddock cambaleou, com o corpo tremendo como se tivese mergulhado em água gelada, mas continuou de pé. Não ia cair naquela hora – não agora, não depois de ter ido tão longe. Braddock estava anestesiado, quase incapaz de sentir dor, e começou a acertar combinações de esquerdas e direitas sucessivas. Baer atacou novamente. Braddock resistiu. Deu um soco de esquerda no rosto de Baer, que sorriu. Vencera aquele assalto, mas não adiantava. Ele precisava do nocaute.

No início do 12º *round*, Baer já estava exausto. Perseguiu Braddock, procurando o nocaute, mas ele se manteve fora do alcance. Baer ia se cansando cada vez mais, e Braddock aproveitou para desferir uma série de potentes esquerdas contra o queixo dele. Cansado demais para se defender, Baer recebeu mais de uma dúzia de socos no rosto. Braddock também estava muito fatigado, mas continuava a bater. Finalmente, Baer começou a acertar o alvo. Durante os últimos trinta segundos os lutadores trocaram socos na cabeça e no corpo. Continuaram a lutar mesmo depois de soar o gongo, e Baer acertou a orelha de Braddock com uma esquerda.

Nesse momento, Gould saltou para dentro do ringue, gritando para Baer como um louco. Avançou para o canto do adversário, mas foi contido por dois policiais que protegiam o ringue. Estava fora de si. McAvoy poderia com justiça ter desqualificado Braddock por causa do acesso de Gould, mas nem o árbitro, nem os policiais, nem ninguém mais que estivesse na arena, queria que Braddock perdesse a luta por causa da loucura de seu agente. Os policiais queriam expulsar Gould da arena, mas Braddock os convenceu a deixá-lo ficar.

Hoffman estava completamente frustrado.

– Qual é o problema, Max? – disse ele. – Você tem de nocauteá-lo!

Baer limitou-se a rosnar. Sentia que o título lhe fugia das mãos. Ouvia a platéia encorajando o adversário. Ali estava ele, o maior dos artistas, o preferido das multidões, mas os torcedores já não estavam a seu lado. Não entendia o que tinha feito para desagradá-los. A traição o perturbava mais do que a possibilidade de perder a luta. Durante toda a carreira sempre se orgulhara da capacidade de entreter com suas apresentações, ou mesmo da qualidade delas como lutas de boxe. "A luta foi boa?", era a pergunta que sempre fazia. Agora já não se importava. Era como se já não pretendesse manter o título. Claro, queria as conseqüências – o dinheiro, as mulheres, a fama. Mas o título podia ficar com aqueles ingratos.

Mesmo assim, Baer lutou ferozmente nos últimos assaltos, apesar da dor lancinante nas mãos. Nem ele nem Braddock conseguiam mais movimentar bem as pernas. A desidratação dera nós em seus músculos. Braddock sentia-se pior do que quando passara 18 horas por dia trabalhando no cais do porto. O campeão e o desafiante se encaravam, agitando os braços, Braddock se defendendo com a esquerda, e Baer errando por pouco os golpes de direita. No 13º assalto, Braddock deu vários ganchos e *jabs* de esquerda com facilidade. "Os socos choviam sobre Baer como granizo", escreveu Shabazian.[11]

"Era sem dúvida um espetáculo estranho", escreveu Paul Gallico no *Daily News*, "ver o grande Baer, o homicida, escondendo-se atrás das luvas e recuando com a mão esquerda estendida para evitar mais castigos. Parecia o valentão da escola levando uma surra do menino franzino, porém valente. Ele fez tudo o que o valentão faria, menos choramingar."[12]

No 14º, Baer tentou o nocaute com vários *uppercuts*, mas a potência se esvaíra de seus braços. Quando os dois entravam em *clinch*, ele não conseguia afastar Braddock, que nem sequer piscava quando Baer batia. Quando o gongo soou, a multidão o encheu de aplausos. Não apenas lutara com brilho, mas também com cautela e valentia.

No início do 15º assalto, Baer e Braddock caminharam até o centro do ringue, agitando as luvas. Durante três minutos trocaram golpes tão fortes quanto puderam, mas os socos já não eram potentes. À medida que os segundos finais iam se escoando, os jornalistas ao lado do ringue começaram a correr. Queriam saber mais sobre o homem que estava prestes a tornar-se campeão mundial dos pesos pesados. Alguns, por negligência, não tinham se preparado para a possibilidade de uma vitória de Braddock. Tudo o que precisavam saber estava no folheto de Albertanti, que eles haviam desprezado com tanta arrogância uma hora antes. Começaram a procurá-lo freneticamente. Alguns chegaram a engatinhar debaixo do ringue, procurando cópias perdidas.

Faltando cinco segundos para o fim da luta, Braddock acertou duas direitas na cabeça de Baer. O gongo soou. No mesmo instante Gould saltou para dentro do ringue, agarrou as pernas de Braddock, levantando-o no ar, façanha possível somente devido à euforia do momento. Braddock olhou e disse apenas:

– Conseguimos! Conseguimos!

Quando Braddock pôs novamente os pés na lona, Johnston o abraçou, como um pai orgulhoso.

Enquanto isso, massageando as mãos, de cabeça baixa, já sem o sorriso nos lábios, Baer caminhou em silêncio de volta a seu canto, compreendendo perfeitamente que o título não mais lhe pertencia.

Al Frazin, locutor do ringue, consultou McAvoy. Após trinta segundos, caminhou até o microfone dependurado nos fios e disse: "O vencedor, e novo campeão...", mas os gritos e aplausos da multidão recomeçaram, abafando-lhe a voz. Cercado pelos jornalistas, família e amigos, Braddock ergueu o braço direito. Deveria ter levantado a esquerda. Baer, a 3 metros dali, fora do círculo que se formara em torno de Braddock, viu-se sozinho, olhando para as mãos, armas mortíferas que haviam fracassado.

Em Guttenberg, Mae Braddock chorou e abraçou a mãe ao ouvir Frazin anunciar o vencedor. No entanto, achou melhor não acordar as crianças. Afinal, já eram quase 11 horas.

* * *

Mais tarde Braddock disse que fora mais difícil voltar a seu vestiário do que derrotar Baer. Os fãs lhe estendiam as mãos, querendo tocar o robe do novo rei dos pesos pesados. Puxavam seus cabelos e agarravam seus cotovelos. A polícia não era capaz de protegê-lo. Os jornalistas o seguiam de perto, e Shabazian, rabiscando furiosamente, vinha logo atrás de seus calcanhares. "Você mostrou a eles, Jim", era o que os torcedores mais diziam. "Temos orgulho de você" era outra das frases mais pronunciadas. Braddock e Gould caminhavam juntos. Gould, enrolado no robe de Braddock, sorria de orelha a orelha. Eufórico, esfuziante, Braddock agitava o punho direito ainda enluvado. Finalmente, a caravana – Braddock, Gould, os segundos, a polícia, os jornalistas, o pai e os irmãos do novo campeão, amigos, celebridades, comissários e Johnston – chegou ao prédio pequeno e baixo ao lado do Bowl onde ficava o vestiário de Braddock.

Quem começou a falar não foram os jornalistas: havia perguntas demais para serem feitas. Esperaram que Braddock falasse. Cercado pelos "grandes e quase grandes", como recordou Gallico, Braddock estava emocionado. Abraçou Gould várias vezes. Depois, falou:

– Estou feliz por ter vencido – disse ele, com a voz trêmula –, porque minha mulher e meus filhos ficarão contentes. Tenho os filhos mais lindos do mundo, e hoje posso voltar para casa e dizer: papai é o campeão.[13]

Graham perguntou como se sentia como campeão.

– Meu braço esquerdo está doendo – disse Braddock, respondendo literalmente à pergunta. – Isso foi por causa da defesa. Baer é muito bom pugilista. Deu muitos socos fortes. Mas a partir do sétimo assalto eu sabia que venceria. Sabia que seria capaz de resistir. Levei um par de socos na cabeça, mas isso não me afetou. Ele parecia estar ficando desesperado nos *rounds* finais. Acho que pensou que seria capaz de me derrubar.[14]

– Baer diz que quebrou as mãos no quinto assalto – disse um repórter.

Desta vez foi Gould quem respondeu.

– É – disse ele, com o rosto avermelhado –, que pena. Sinceramente, que pena para ele.[15]

O vestiário era tão pequeno e havia tanta gente que Braddock não conseguiu tomar banho. Acabou sendo escoltado pela polícia e pelos guarda-costas para atravessar a multidão e chegar a um táxi. O novo campeão mundial dos pesos pesados ainda tinha o corpo manchado do sangue do campeão anterior. A polícia abria caminho para o táxi no qual Braddock chegou ao Hotel Mayflower, pouco antes de uma hora da manhã. Já havia uma festa em sua suíte.

O primeiro rosto conhecido que viu foi o de Albertanti.

– Graças a Deus tivemos Corn Griffin – disse Albertanti.

– Graças a Deus – repetiu Braddock.

Todos os irmãos e primos de Braddock estavam lá, assim como jornalistas, celebridades e *sparrings*. Um fotógrafo intrépido fez uma coroa de uma folha de jornal e Braddock posou com ela na cabeça. Isso inspirou Shabazian, e lhe deu o título da biografia de Braddock que em breve escreveria, *Relief to Royalty* (Da indigência à realeza). Cerca das duas da manhã, Mae Braddock apareceu. Ela e Jim se abraçaram enquanto uma dúzia de lâmpadas espocava simultaneamente.

No grande sofá da sala, Gould mascava o charuto da vitória, cercado de jornalistas. Já fazia planos para a primeira luta de Braddock em defesa do título.

– Claro, vamos dar uma chance a Schmeling – disse ele – e a Joe Louis. E também a Baer e Carnera. Jimmy vai ganhar de todos antes de terminar a carreira.

Shabazian registrava devidamente tudo o que via e ouvia. A vitória de Braddock era sem sombra de dúvida a matéria mais importante da seção esportiva do *Hudson Dispatch*. O primeiro campeão de pesos pesados natural de Nova Jersey. O filho mais célebre do condado de Hudson. O orgulho de North Bergen. O mesmo rapaz que dez anos antes lutara com o nome de Jimmy Ryan. O mesmo que fizera papel de idiota na luta com Tommy Loughran. O mesmo que abandonara o ringue depois da luta com Feldman e fora trabalhar como estivador. O mesmo que poucos meses antes recebia auxílio-desemprego. Jim Braddock, campeão mundial dos pesos pesados. Era absurdo – afinal, era o mesmo Braddock cujo nome, cinco meses antes, nem sequer aparecera na lista dos *19* principais lutadores da categoria compilada pela revista *Ring*. Mas Shabazian tinha acompanhado cada passo, a segura caminhada, de

Griffin a Lewis, Lasky e Baer. Sabia que jamais cobriria uma coisa como aquela, e esse pensamento reforçou o prazer que sentia.

Chegaram telegramas durante toda a noite. Gene Tunney mandou os parabéns.

– Agradeça a ele – disse Gould a Braddock –, mas diga que ele não devia ter abandonado o barco.[16]

Lou Gehrig mandou um telegrama. O mesmo fizeram Johnny Evers, do programa *Tinker to Evers to Chance*, e também Jimmy Cagney e Pat O'Brien, que haviam mandado telegramas durante o dia para estimular seu compatriota irlandês.

Apesar do queixo quebrado e dos 3 metros de fio metálico, Pete Latzo mandou seus cumprimentos, assim como Leo Lomski, Joe Monte e Art Lasky. Todos sabiam agora que haviam lutado contra o campeão mundial.

Chegou também um telegrama de Columbus, Geórgia. Antes de abrir, Gould já sabia quem era o remetente. Leu em voz alta : "Parabéns ao novo campeão, do batedor que o lançou no bom caminho. Gostaria de vê-lo novamente."[17]

– Griffin? – perguntou Braddock.

– Claro – disse Gould.

– Graças a Deus tivemos Corn Griffin – disse Albertanti.

– À saude de Corn Griffin – disse Braddock, e todos beberam em honra do terror de Fort Benning.

Os repórteres cercaram Mae Braddock.

– Meu marido não via Max Baer quando estava lá no ringue com ele – disse ela. – O que via era um ogro feroz, que queria evitar que ele expulsasse o lobo mau de nossa porta. Ele pensava todo tempo em mim e nas crianças, naqueles 15 maravilhosos assaltos.[18]

Braddock, naturalmente, estava exausto. A luta fora muito dura e ele tinha o estômago cheio de álcool. Sentou-se numa confortável poltrona, esperando que a fadiga o vencesse. Mas não conseguia se desligar. Seus pensamentos voltaram a 1929, à noite em que Tommy Loughran o fizera parecer um tolo. Lembrou-se da ironia de alguns jornalistas, das decepções seguintes, dos fracassos absolutos. O tempo do trabalho nas docas. A humilhação do auxílio-desemprego. Tudo aquilo era tão recente, tão vívido. Pensou que tinha, afinal, chegado ao sucesso. Conseguira mudar tudo o que acontecera antes. Tinha vencido o azar. Não sabia bem como o fizera, mas a coroa de papel que usava lhe provava que não era um sonho. Finalmente, fechou os olhos e adormeceu.

Três horas depois, no entanto, já estava acordado, eufórico demais para conseguir descansar mais tempo. Gould também já estava de pé, lendo os jornais. Juntos passaram em revista uma dúzia de diários cheios de relatos da luta e versões condensadas do folheto de Albertanti.

A coluna de Dan Parker era característica:

> A platéia em peso torcia por Braddock. Ali estava o herói ideal! O azarão do páreo; um tipo modesto e simpático; um bom chefe de família, com mulher e três filhos; uma vítima da Depressão que havia caído muito baixo, a ponto de precisar de auxílio do governo, mas tão orgulhoso que quando se reergueu restituiu ao município até o último centavo do que recebera em seus dias de penúria; um homem cuja sorte no ringue já parecia ter acabado havia muitos anos, mas que realizara o sonho, que todos almejamos, de sair da má fase! Não admira que todos desejassem vê-lo vencer, embora tivessem apostado no adversário.[19]

Essa era a mensagem unânime da imprensa esportiva nacional nos dias seguintes à surpreendente vitória. Braddock, o Homem Comum. Braddock, a vítima da Depressão. Braddock, fonte de esperança para todos os que tinham sido afetados pela quebra da bolsa.

A façanha era tão assombrosa, e o esporte tão ligado ao mundo do crime, que houve certo ceticismo quanto à probidade do resultado. A maioria dos colunistas desprezou esses boatos, considerando-os sem fundamento.

"Jimmy mereceu vencer", escreveu Parker. "Fiquei feliz com sua vitória, e o mesmo pensam mais de 100 milhões de pessoas. Ele honrará o título que obteve e será uma inspiração para os jovens e os oprimidos, coisa que Baer nunca foi. Por isso, mesmo que Baer tenha entregado a luta – e, repito, não consigo imaginar por que motivo ele o faria –, ele fez um grande favor ao boxe."[20]

Ainda que Runyon tivesse previsto a vitória de Baer em nove *rounds*, não deixou passar a oportunidade de dizer "Eu não falei?". "Vocês se lembrarão de que fizemos questão de dizer que Braddock não seria adversário fácil para ninguém – e que, além disso, tudo parecia estar preparado para um daqueles caprichos que os deuses do pugilismo adoram. Por isso não ficamos perplexos, nem temos de engolir o que dissemos, embora tenhamos de admitir que não pensamos na possibilidade de que Baer entrasse no ringue para lutar como um principiante."[21]

Esquecendo o sarcasmo que reservara para Braddock cinco anos antes, Kieran se concentrou no extraordinário relacionamento entre o novo campeão e seu agente. "Em geral", escreveu ele, "um agente de lutas é uma harpia humana que extrai tudo o que pode do sangue e ossos de jovens fortes e corajosos e depois os descarta desumanamente, quando se transformam em carcaças maltratadas e já não lhes dão lucro. Mas há exceções, e Jim encontrou uma delas em Joe Gould."[22]

Ao ler a coluna de Kieran, Gould achou que devia perdoá-lo. Mas Max Baer agiu diferentemente. Depois da luta, mostrara as mãos aos fotógrafos. As imagens retratavam duas mãos comuns, embora inchadas, mas Baer afirmou que havia quebrado ambas no início da luta. Provavelmente, isso não era verdade; era comum que um campeão vencido culpasse um ligamento, tendão, junta ou osso perfeitamente saudáveis como responsável pela derrota. Mas Baer foi generoso.

– Sei que a decisão dos juízes foi merecida – dissera ele no vestiário – e não quero desmerecer a vitória de Braddock. Quando entrei no ringue, achava que minhas mãos estavam em forma, e foi minha culpa não tê-lo nocauteado no começo da luta. Francamente, eu não esperava ter de lutar mais do que sete assaltos.[23]

Ninguém se surpreendeu com o anúncio de Baer de que não pretendia mais lutar – iria afastar-se dos ringues.

– Pretendo criar gado em minha fazenda no oeste e morar lá – disse ele. – Já tive minhas boas lutas, agora quero viver minha própria vida.[24]

– Jim – disse Gould, passando-lhe o jornal –, Max disse que vai se aposentar.

– Eles sempre dizem isso quando perdem – respondeu Braddock.

Com efeito, momentos depois do anúncio de Baer, Hoffman disse aos jornalistas:

– Não acreditem nisso, rapazes. É claro que ele está chateado. Vai se recuperar.[25]

Entre as dúzias de comentários cáusticos sobre o desempenho de Baer, o mais duro foi o de seu amigo e mentor mais próximo.

"A leviandade e as palhaçadas de Max Baer acabaram com ele no ringue", escreveu Jack Dempsey, na qualidade de correspondente especial do *Times*. "Não houve uma voz sequer que discordasse quando o desafiante, que parecia ter poucas probabilidades de vitória, foi declarado vencedor. Braddock venceu claramente, por sua agressividade e seus golpes seguros. Não quero diminuir em nada sua façanha. Ele lutou da melhor maneira que pôde, e seu desempenho sobrepujou a pífia defesa do título apresentada por Baer."[26]

Nat Fleischer descreveu a reviravolta como a maior da história do pugilismo moderno. Até mesmo o editorial do *Times* deu opinião. Num artigo situado em lugar de mais destaque do que outro que deplorava as restrições à imprensa na União Soviética de Stalin, na Alemanha de Hitler e na Itália de Mussolini, o editorialista comparava Braddock a Davi (o que venceu Golias) e à Marinha inglesa (a que derrotou a Invencível Armada espanhola).

Alguns dos cronistas exageraram um pouco e permitiram que a imaginação invadisse seus artigos. No *Daily News*, Jack Miley descreveu a mãe de Jim, Elizabeth O'Toole, como "a mais bonita donzela do condado de Galway". Talvez isso até pudesse ser verdade, se ela fosse irlandesa.[27]

A coluna de Frank Graham, a que ele sempre desejara escrever, louvando um novo campeão, foi comedida e veraz. "O que era incrível aconteceu", escreveu ele, "e James J. Braddock é o campeão mundial dos pesos pesados. Nunca sucedeu nada semelhante em toda a história do pugilismo profissional. Isso serve para demonstrar até onde um coração valoroso é capaz de levar um homem, desde que ele tenha também um bom braço esquerdo."[28]

Após digerir dezenas de colunas e artigos, Braddock e Gould foram de táxi ao restaurante de Jack Dempsey, em frente ao Garden. Os jornalistas tinham sido convidados. As lâmpadas dos fotógrafos espocaram, registrando a entrega por Johnston do cheque de 31.244,13 dólares a Braddock. É claro que ele receberia o cheque ainda que tivesse perdido a luta, mas ninguém teria ido ao restaurante de Dempsey para fotografar o episódio. Braddock e Gould fumavam enormes charutos, desfrutando o momento.

Depois do almoço, o campeão tomou a barca para Nova Jersey. As crianças ainda estavam com a avó em Guttenberg, primeira parada de Braddock, que levava uma tartaruga de presente.

Joseph Nichols perguntou:

– Por que uma tartaruga?

– Bem – respondeu Braddock –, quando saí de casa para a luta com Baer, as crianças perguntaram aonde eu ia. Respondi: "Vou buscar o título." Eles pensaram que era uma tartaruga. Agora tenho de cumprir o que prometi.*[29]

Braddock dormiu durante algumas horas na casa da sogra e depois foi visitar sua própria mãe. Onde quer que fosse, em Guttenberg e North Bergen, uma multidão o seguia. O rosto estava ileso, a não ser por um curativo na orelha que Baer atingira após o fim do 12º assalto.

Gould, que ainda estava na cidade, examinou mais de 4 mil telegramas de congratulações e dezenas de ofertas a Braddock, inclusive muitas de teatros de revista e produtores da Broadway. A idéia de vê-lo num palco o fez rir.

Naquela noite, em Jersey City, o Clube Democrata da 11ª Seção Eleitoral organizou um jantar em homenagem a Braddock e Gould. Braddock, que detestava falar em público e não se sentia confortável de *smoking*, fez um discurso curto.

– Todos vocês estavam comigo em meu canto, quando ninguém achava que eu tivesse possibilidades de vencer – disse ele. – Nunca esquecerei isso. E nunca vou decepcioná-los.

Enquanto isso, todos os jornais competiam entre si para escrever a história de Braddock, que na opinião de todos fazia Horatio Alger parecer

---

*Trocadilho intraduzível. A pronúncia das palavras inglesas *title* (título) e *turtle* (tartaruga) se assemelha, sobretudo se ditas com o sotaque nova-iorquino. (N. do T.)

cínico. Entre as alusões a Cinderela e aos personagens de Alger, Braddock foi rapidamente transformado, de ser humano real e intrépido a um clichê de contos de fadas. Os cronistas não resistiram a enlatar sua história dessa forma, e a família Braddock ajudou. O *Daily Mirror* publicou um folhetim em 12 capítulos, assinado por "Mae Fox Braddock, esposa do novo campeão mundial dos pesos pesados". A primeira frase, certamente escrita por alguém para ela, foi: "Meu marido pode ter sido indigente, mas nunca foi vagabundo!"[30]

Dois dias depois da vitória de Braddock, Mae disse ao *Daily Mirror*: "Não quero que Jimmy continue no ringue durante muito tempo. Mais uma ou duas lutas, e depois ele já terá dinheiro suficiente para se afastar do pugilismo. Não precisamos de muito dinheiro, embora eu goste de gastar, como qualquer outra pessoa. Jim também é assim, mas nossos gostos são simples. E embora eu tenha confiança em meu marido, sofro muito quando ele está lutando."[31]

Durante várias semanas após a luta os jornais estamparam fotos de Braddock em várias ocasiões. Quase sempre ele aparecia na mesma pose – numa mesa de jantar, olhando diretamente para a lente, cortando um bife e exibindo seu sorriso torto. Não havia batatas à vista.

EPÍLOGO

Dois dias depois de anunciar seu afastamento dos ringues, Max Baer desistiu da aposentadoria. Ao contrário de sua derrota contra Braddock, a mudança de idéia não pode ser considerada uma surpresa.

Em poucas semanas Hoffman contratou uma luta para Baer, que se casara com Mary Ellen Sullivan 16 dias depois de perder o título. Era contra Joe Louis, no Estádio Yankee, em 24 de setembro. Em 25 de junho Louis havia destruído Carnera, dando-lhe uma surra tão forte quanto a de Baer. Mesmo apaixonado por Braddock, o novo campeão dos pesos pesados, o público se sentia atraído por Joe Louis, o Bombardeiro Moreno. Braddock era considerado um irlandês que tivera sorte ao arrancar o título do desanimado Baer, mas Louis, aos 21 anos, já era aclamado como o peso pesado mais completo que já existira. Muitos ainda achavam que Max Baer era forte e grande demais para Louis, que era 10 centímetros mais baixo e 9 quilos mais leve.

Baer passou o verão treinando com afinco para o combate com Louis. Nova York inteira queria ver o grande Joe Louis lutar contra o ex-campeão, que finalmente precisava provar seu valor. Mas Baer estava sofrendo a síndrome de Braddock, pois suas mãos doíam constantemente. Assim como todo o mundo, ele também lera o que se dizia do poderio e ferocidade de Louis, e se assustou pela primeira vez em sua carreira, porque sabia que dificilmente poderia defender-se. No vestiário, antes da luta, um médico anestesiou-lhe as mãos com novocaína para que ele pudesse usá-las sem dor. Mas houve um atraso, por causa de uma tempestade, e a anestesia começou a perder o efeito. Outra injeção seria um risco, porque Baer poderia perder completamente a sensibilidade. Faltavam poucos minutos para o gongo inicial e havia mais de 95 mil espectadores. Cheio de ansiedade em seu vestiário, Baer resolveu desistir da luta.

Dempsey, que ainda era assessor de Baer apesar da crítica que fizera a seu desempenho na luta com Braddock, balançou negativamente a cabeça.

– Você vai entrar lá e vai lutar como um campeão – disse ele.

– Jack, não agüento as dores nas mãos – respondeu Baer. – Ele vai me matar.

– Não quero saber se estão quebradas – retrucou Dempsey. – Você não vai desistir agora.[1]

Afinal de contas, Baer tinha mais medo de Dempsey do que de Louis. Já derrotado antes de sair do vestiário, ele seguiu para o ringue.

Rapidamente Louis o reduziu a uma massa ensangüentada. No terceiro assalto, acertou o queixo de Baer com uma saraivada de golpes de direita, e pela primeira vez nos seis anos de sua carreira um soco o derrubou. Bravamente, ergueu-se, mas ainda estava atordoado. Louis o atacou então com uma série de ganchos de esquerda, e Baer caiu novamente. À contagem de quatro segundos o *round* terminou. Dempsey saltou por entre as cordas e praticamente arrastou Baer de volta a seu canto. Mas, no quarto assalto, nem o gongo nem Dempsey puderam salvá-lo. Louis bateu-lhe com uma direita na cabeça, próximo à têmpora, e ele caiu lentamente, "com a cabeça rodando e os músculos flácidos", pelo que escreveu Dawson no *Times*.[2] Com esforço, levantou-se sobre um joelho, mas não conseguiu erguer o corpo. O árbitro, Arthur Donovan, encerrou a luta à contagem de dez.

De volta ao vestiário, com o rosto inchado e roxo, a carreira em frangalhos, foi-lhe feita a pergunta inevitável:

– Você abandonou a luta?

Ele já perdera todo o orgulho. Medindo as palavras, respondeu:

– Eu podia ter levantado, mas não iria adiantar nada – disse, finalmente. Depois de uma pausa, prosseguiu: – Eu não quis me levantar para ser massacrado, só para agradar à platéia. Acredite, para me ver ser executado eles vão ter que pagar mais de 25 dólares por cabeça. Abandonar? Claro que abandonei. Mas fui inteligente. Não queria que ninguém ficasse dizendo que eu era um sujeito corajoso quando estava vivo.[3]

Em outras palavras, não queria acabar como Frankie Campbell e Ernie Schaaf.

Embora Baer continuasse a lutar esporadicamente até 1941, sem nunca ter tido oportunidade de tentar recuperar o título, os comentários que fez após a luta com Louis representaram seu epitáfio pugilístico. Refletiam sua verdadeira opinião sobre o esporte.

Baer foi nocauteado duas vezes, na parte final da carreira, por Lou Nova, pretendente legítimo ao título de campeão. Na segunda luta entre ambos, que foi a última vez em que Baer subiu ao ringue, ele conseguiu colocar Nova em apuros. Mas quando teve a oportunidade de acabar com o adversário, Baer deu-lhe as costas e se afastou. Nova achou que ele se conteve por medo do que podia causar. Baer não queria acabar como Frankie Campbell mas tampouco queria ter mais um Campbell pesando em sua consciência. Um lutador eficiente não pode ter consciência, pelo menos não enquanto estiver no ringue.

Mais de sessenta anos após sua última luta, Baer ainda é lembrado pela potência esmagadora de sua mão direita, e por ter desperdiçado esse poderio.

À medida que a carreira de Baer deslizava inexoravelmente para a irrelevância, Jim Braddock reinava, nas palavras de Damon Runyon, como "o campeão mais popular da história do boxe", o que tinha um significado especial apenas dez anos após Jack Dempsey dominar o esporte. "Ele se tornou querido do público norte-americano devido a sua imutável modéstia, sua afabilidade e seu caráter firme", escreveu Runyon em 1936.[4]

Em um dos muitos jantares de homenagem a Braddock no tempo em que ele foi o campeão, o prefeito Fiorello H. La Guardia falou-lhe diretamente.

– Você não pode imaginar o interesse do grande público em sua luta – disse La Guardia. – A história dos tempos em que você estava recebendo auxílio e da forma pela qual lutou pelo campeonato para sustentar sua mulher e filhos foi mais importante para o boxe do que qualquer luta nos últimos 25 anos. Veja, a primeira coisa que minha mulher me perguntou enquanto tomávamos o café-da-manhã no dia seguinte à luta foi: "E então, as três crianças ganharam?"[5]

A vitória de Braddock também alçou Gould, que foi elogiado por sua lealdade a Braddock durante os tempos difíceis e por sua obstinação e astúcia ao levá-lo até a disputa do campeonato. Foi nessa época que Gould, embevecido com os elogios dos jornalistas, disse: "Não tiro meu chapéu para nenhum agente." Mas sua maior façanha ainda estava por vir.

Após o nocaute de Louis contra Baer, Gould começou a planejar um combate entre ele e Braddock para o verão de 1936. A luta de Baer contra Louis rendera quase 1 milhão de dólares – Baer recebeu 215 mil –, que foi a maior renda de bilheteria desde a revanche entre Tunney e Dempsey em 1927. Imaginava-se que uma luta de Braddock e Louis pelo campeonato ultrapassaria facilmente a marca de 1 milhão, fazendo tanto de Gould quanto de Braddock homens muito ricos. Enquanto isso, o campeão e seu agente continuariam ganhando dinheiro fácil com lutas de exibição, programas de rádio e explorando de todas as formas possíveis o cinturão de campeão, como era costumeiro.

Observaram a distância o crescimento da reputação de Louis, que em três meses venceu Carnera, Levinsky e Baer. Nenhuma dessas vitórias impressionou muito a Braddock, mas sim a milhões de fãs. Mas a rivalidade entre Jimmy Johnston, do Madison Square Garden, e Mike Jacobs, promotor das lutas de Louis, prejudicaram os planos para uma luta entre os dois. Em 11 de outubro de 1935, Johnston mandou uma carta aos agentes de Louis oferecendo a oportunidade de disputar o título no mês de junho do ano seguinte, e pedindo resposta em 72 horas.

Mas um dos agentes de Louis, Jon Roxborough, teve outra idéia.

– Preferimos enfrentar Schmeling em junho e Braddock em setembro – disse ele aos repórteres, no mesmo dia em que Johnston fez sua oferta.[6]

Dizer que Roxborough cometera um tremendo erro de cálculo seria pouco. Em 19 de junho de 1936, após um descanso de cinco meses, Louis entrou no ringue para enfrentar Max Schmeling, oito anos mais velho do que ele e considerado já fora de sua melhor forma. Schmeling não lutava há 11 meses, desde que derrotara Paulino Uzcudan em Berlim, por pontos, após 12 assaltos, em 7 de julho de 1935. O Uhlan Negro era o azarão nas apostas, na proporção de oito para um.

Aconteceu, porém, que Schmeling estava mais bem preparado para o desafio. Aos dois minutos do 12º *round* ele tonteou Joe Louis com uma enxurrada de direitas contra o queixo e o adversário foi à lona. Donovan contou até dez.

Gould e Braddock ficaram tão tristes quanto Louis e Roxborough. Schmeling estragara a renda de 1 milhão de dólares.

A comissão de boxe de Nova York queria que Braddock defendesse o título contra Schmeling, mas Gould resistiu por diversos motivos, a maioria de ordem financeira. Em primeiro lugar, a comunidade judaica de Nova York ameaçava boicotar a luta, o que diminuiria muito a renda. Segundo, mesmo que não houvesse boicote, o interesse dos torcedores por Schmeling era relativamente pequeno, pois naquela época ele simbolizava a arrogância nazista. Finalmente, temia-se que se Schmeling vencesse, o título seria controlado pelo Terceiro Reich e nenhum judeu ou negro seria aceito como desafiante.

Enfrentando a comissão, Braddock e Gould negociaram uma luta com Louis, que se recuperara da derrota nocauteando praticamente um adversário por mês, a partir de agosto de 1936. Gould fez a Mike Jacobs uma proposta notável. Em troca de dar a Louis a oportunidade de disputar o título, Gould e Braddock pediam dez por cento dos lucros de Jacobs resultantes de lutas pelo campeonato mundial durante dez anos, independentemente de quem fossem os adversários. Jacobs não podia ter certeza de que Louis viesse a ter outra oportunidade: Braddock poderia lutar com Schmeling, o título poderia ir parar na Alemanha e Schmeling poderia jamais arriscar o título contra Louis. Por isso, concordou com a proposta de Gould.

O contrato foi firmado e a luta marcada para 22 de junho de 1937, em Chicago. Braddock seria o primeiro campeão de pesos pesados, branco ou negro, a colocar o título em jogo contra um negro, em 29 anos, desde que Tommy Burns havia lutado com Jack Johnson, em 1908. A comissão de Nova York tentou impedir que Braddock enfrentasse Louis, mas um juiz federal deu ganho de causa a Braddock.

Pouco antes da luta, apareceu um artigo no *Boxing News* com o título "Vou Matar Joe Louis", assinado por James J. Braddock, Campeão Mundial dos Pesos Pesados. Defendendo-se dos que duvidavam dele, e eram muitos, Braddock escreveu: "Ainda sei bater e ainda sei lutar boxe. Corn Griffin descobriu meus socos; Maxie Baer e John Henry Lewis conheceram a qualidade de meu estilo; e em breve Joe Louis vai ficar sabendo das duas coisas."[7]

Ao entrar no ringue em Comiskey Park para enfrentar Louis, Braddock era o campeão do mundo mas era também o azarão nas apostas, como tinha ocorrido contra Tuffy Griffiths, Corn Griffin, John Henry Lewis, Art Lasky e Max Baer. Tinha vencido todas essas lutas. Conseguira a maior reviravolta de todos os tempos numa disputa do campeonato, e várias outras vitórias surpreendentes. Milhões de torcedores esperavam que ele fizesse com Louis o que fizera com Baer. Assim fez ele no primeiro assalto: uma direita no queixo que fez o desafiante desabar na lona. Durante um minuto voltara a 1935, e Braddock se deixou empolgar pela idéia de que Louis não resistiria a ele. Talvez, pensou ele, Schmeling não tinha precisado ser tão competente assim na noite em 1936, quando nocauteara Louis. Talvez o queixo dele fosse fácil de quebrar. Mas o adversário se levantou rapidamente, mais zangado do que machucado, e lançou contra o rosto de Braddock diversos golpes certeiros com impressionante potência e assombrosa rapidez. O breve sonho de Braddock acabou. Estava bem acordado e percebeu que não era páreo para o outro, mais jovem. No final do assalto, caminhou de volta a seu canto, abatido, machucado, decidido a perder o campeonato com dignidade.

Gould olhou para o rosto de Braddock, ouviu sua respiração entrecortada e disse:

– Vamos Jim, você já o pegou. Basta achar um espaço.

Braddock fez simplesmente uma careta.

No segundo, terceiro e quarto assaltos, Louis continuou a bater em Braddock, praticamente indefeso contra a rapidez das combinações. Iria certamente acabar perdendo os sentidos.

– Joe acertou um bom golpe no queixo de Jimmy na metade do quinto assalto, e nós achamos que isso acabaria com a luta – explicou Whitey Bimstein, que trabalhava no canto de Braddock. – Mas quando Jimmy voltou a seu canto e perguntamos como ele se sentia, a resposta foi: "Estou bem, mas as luzes estão me atrapalhando. Não consigo enxergar direito." O coitado não percebia que estava perdendo. Pensava que as luzes o ofuscavam. Por isso voltou ao ringue no sexto e no sétimo e continuou a lutar, embora estivesse levando a pior.[8]

No sexto, cada soco de Louis fazia mais sangue esguichar da boca de Braddock. Louis abrira cortes em todo o rosto dele, que também sangravam. Não era crueldade por parte do desafiante; ele sabia que seu adversário tinha de ser massacrado para que se considerasse vencido. E também sabia que Braddock tinha poderio suficiente nos punhos para acabar com sua carreira. Louis não podia arriscar.

Entre o sexto e o sétimo assaltos, Gould começou a temer pela segurança de Braddock, que já não conseguia defender-se. Seu rosto e seu calção estavam cobertos de sangue. Nos 11 anos em que estivera com ele, Gould nunca tinha visto aquilo. Arcel, Bimstein e Gould tomaram uma decisão rápida. Concordaram em que era hora de jogar a toalha.

– É isso mesmo, Jim – disse Gould, com firmeza. – Vou fazer o árbitro encerrar a luta.

– Não vai fazer porra nenhuma – disse Braddock. Seu rosto estava irreconhecível. Os olhos estavam inchados e havia um profundo corte na fronte.

– A hora é essa – disse Gould.

Cuspindo sangue, Braddock respondeu com as palavras que constituem seu epitáfio como lutador.

– Se você fizer isso, Joe – disse ele –, nunca mais falarei com você.

O castigado campeão voltou ao ringue no sétimo assalto e apanhou mais ainda. No intervalo, Gould fez o que pôde para aliviar o sofrimento de Braddock, mas mal podia suportar a visão do sangue dele escorrendo-lhe pelo rosto. Ao lado do ringue, Shabazian e Graham procuravam controlar as emoções, trabalhando para ainda pegar o encerramento da edição de seus jornais.

No início do oitavo *round*, com Braddock completamente exausto, Louis acertou-lhe um brutal gancho de esquerda nas costelas, seguido imediatamente por outra esquerda no queixo e finalmente um direto contra o queixo. Braddock desabou na lona. O golpe fizera o protetor de dentes rasgar-lhe o lábio, exigindo 23 pontos e deixando uma cicatriz para o resto da vida. Ele ficou inconsciente no meio do ringue durante dez minutos. Seu reinado de dois anos terminara. Perdera como um campeão – era um clichê, mas era a única coisa que lhe importava.

"Mesmo quando ele estava sem sentidos e nós o reanimamos, a primeira coisa que ele perguntou foi: 'Eu lutei bem?'", disse Bimstein. "Pode ser que haja lutadores melhores do que Braddock, mas ninguém é mais valente do que ele."[9]

Dan Parker escreveu no *Daily Mirror*: "A demonstração de coragem do valoroso anglo-irlandês até que aquele relâmpago o acertasse no queixo despertou admiração e compaixão por ele em todos os corações dos que assistiam à luta."[10]

"O ex-campeão teve a coragem e resistência de uma tábua de cortar carne contra o carniceiro", escreveu Bugs Baer (não era parente de Max) para o grupo Hearst.[11]

Braddock recebeu mais de 320 mil dólares. Segundo o acordo com Jacobs, ele e Gould ainda dividiram mais 150 mil ao longo dos dez anos seguintes.

Durante o resto da vida Joe Louis não deixou de afirmar que Braddock fora seu adversário mais corajoso. Ambos os lutadores se encontraram diversas vezes nos anos seguintes, como espectadores de lutas ou em jantares de gala. Louis sempre saudava Braddock da mesma forma: "Alô, campeão." Lutara contra oito campeões mundiais de pesos pesados, mas nunca chamou ninguém mais de "campeão".

* * *

Depois de se aposentarem, Baer e Braddock se comportaram de maneira completamente diferente, como tinha sido o caso quando eram lutadores ativos.

Sempre louco para aparecer, Baer gravitou para o mundo do espetáculo. Ele e Maxie Rosenbloom contracenavam numa boate conhecida. Fez programas de rádio e anúncios comerciais. Foi também árbitro, como celebridade.

Na manhã de 21 de novembro de 1959, três dias após ter arbitrado uma luta de pesos pesados transmitida em cadeia nacional de TV, Baer foi a Los Angeles para filmar uma série de comerciais para a televisão. Enquanto fazia a barba no Hotel Roosevelt, teve uma sensação de queimadura no peito. Chamou a recepção e disse:

– Estou tendo dores no peito. Preciso de um médico.

– O médico de casa vai subir agora mesmo – disse o empregado.

– Não, seu idiota. Não quero médico de casa. Preciso de um médico de gente.

Uma hora depois, Baer, que como Braddock se tornara pai de dois meninos e de uma menina, morria de ataque cardíaco, aos 50 anos. Mais de 24 anos depois de perder o título para Braddock, a notícia de sua morte foi publicada na primeira página do *New York Times*. Isso o teria deixado contente.[12]

Depois da morte de Baer, Braddock disse que ele tinha o soco mais forte dentre todos os seus adversários, outro elogio que lhe teria agradado.

Pelo final dos anos 1960, Braddock, que nunca fora bom para negócios, já havia gasto todo o dinheiro que ganhara como campeão e com as promoções de Mike Jacobs. Ainda forte e cheio de vitalidade, trabalhou para a Companhia Construtora Franklin, manejando equipamento pesado.

– Enquanto me sentir bem – disse ele ao completar 64 anos, em 1969 –, posso continuar trabalhando, e, além disso, trabalho ao ar livre, nesse excelente ar de Jersey.[13]

Ainda casado com Mae, vivia confortavelmente na casa que comprara em North Bergen pouco depois de conquistar o título.

Em vida, sua fama nunca diminuiu. Até o fim continuou a receber três a quatro cartas por semana de gente de todos os cantos do mundo que se sentiu inspirada pela história de sua vida, a qual continua a ser testemunho da intrepidez do espírito humano. Nos livros dos recordes, em que seu nome sempre aparecerá ao lado dos de John L. Sullivan, Jack Dempsey, Joe Louis e Muhammad Ali, ele ainda é chamado Homem Cinderela e recordado como um lutador por excelência. Numa época em que a dignidade ainda era importante, ninguém demonstrou mais dignidade do que Jim Braddok.

James J. Braddock morreu durante o sono em North Bergen, no dia 30 de novembro de 1974, aos 69 anos. No *New York Times,* Red Smith escreveu: "A única coisa que veio com suavidade em sua vida foi a morte."[14]

APÊNDICE A

O CAMPEONATO DE PESOS PESADOS

Os campeões que aparecem nesta lista são os que se sucederam consecutivamente – os que venceram o antecessor, a partir de Sullivan. Na lista não figuram os diversos campeões que proliferaram ao mesmo tempo desde a década de 1970.

Campeão	Apelido	Período
John L. Sullivan	The Boston Strong Boy	1885-1892
James J. Corbett	Gentleman Jim	1892-1897
Bob Fitzsimmons	Ruby Robert	1897-1899
James J. Jeffries	The Boilermaker	1899-1905
Marvin Hart	The Fightin' Kentuckian	1905-1906
Tommy Burns	The Little Giant of Hanover	1906-1908
Jack Johnson	Li'l Arthur	1908-1915
Jess Willard	The Pottawatomie Giant	1915-1919
Jack Dempsey	Marreta de Manassa	1919-1926
Gene Tunney	The Fighting Marine	1926-1928
Max Schmeling	Uhlan Negro do Reno	1930-1932
Jack Sharkey	The Boston Gob	1932-1933
Primo Carnera	The Ambling Alp	1933-1934
Max Baer	Esmurrador de Livermore	1934-1935
James J. Braddock	The Cinderela Man	1935-1937
Joe Louis	Bombardeiro Moreno	1937-1949
Ezzard Charles	The Cincinnati Cobra	1949-1951

Campeão	Apelido	Período
"Jersey" Joe Walcott	Jersey Joe	1951-1952
Rocky Marciano	The Brockton Blockbuster	1952-1956
Floyd Patterson	———	1956-1959
Ingemar Johansson	Ingo	1959-1960
Floyd Patterson	———	1960-1962
Charles "Sonny" Liston	Sonny	1962-1964
Cassius Clay	The Louisville Lip	1964-1970
Joe Frazier	Smokin' Joe	1970-1973
George Foreman	———	1973-1974
Muhammad Ali	The Greatest	1974-1978
Leon Spinks	Neon Leon	1978
Muhammad Ali	The Greatest	1978-1979
Larry Homes	The Easton Assassin	1980-1985
Michael Spinks	———	1985-1988
Mike Tyson	Iron Mike	1988-1990
James "Buster" Douglas	Buster	1990
Evander Holyfield	The Real Deal	1990-1992
Riddick Bowe	Big Daddy	1992-1993
Evander Holyfield	The Real Deal	1993-1994
Michael Moorer	———	1994
George Foreman	Big George	1994-1997
Shannon Briggs	The Cannon	1997-1998
Lennox Lewis	———	1998-2001
Hasim Rahman	The Rock	2001
Lennox Lewis	———	2001-2004

Fonte: cyber boxing zone (www.cyberboxingzone.com).

APÊNDICE B

CURRÍCULO DE LUTAS DE JAMES J. BRADDOCK

46 VITÓRIAS 23 DERROTAS 4 EMPATES (27 VITÓRIAS POR NOCAUTE)

Data	Adversário	Local	Resultado
1926			
13 abr.	Al Settle	Union City, NJ	SD 4
22 abr.	George Deschner	Ridgefield Park, NJ	KO 2
mai.	Phil Weisberger	Jersey City, NJ	KO 1
mai.	Jack O'Day	Jersey City, NJ	KO 1
mai.	Willie Daily	Jersey City, NJ	KO 1
18 jun.	Leo Dobson	Jersey City, NJ	KO 1
28 jun.	Jim Pearson	Jersey City, NJ	KO 2
9 jul.	Walter Westman	Jersey City, NJ	TK 3
7 set.	Gene Travers	Jersey City, NJ	KO 1
13 set.	Mike Rock	Jersey City, NJ	KO 1
16 set.	Ray Kennedy	West New York, NJ	KO 1
30 set.	Carmine Caggiano	West New York, NJ	KO 1
12 nov.	Lou Barba	Nova York, NY	V 6
4 dez.	Al Settles	Nova York, NY	V 6
8 dez.	Joe Hudson	Nova York, NY	V 6
20 dez.	"Doc" Conrad	Jersey City, NJ	SD 4
1927			
28 jan.	George LaRocco	Nova York, NY	KO 1
1º fev.	Johnny Alberts	Wilkes-Barre, Pa	KO 4

15 fev.	Jack Nelson	Wilkes-Barre, Pa	V 6
3 mar.	Lou Barba	Nova York, NY	V 4
8 mar.	Nick Fadil	Nova York, NY	V 6
mar.	Tom McKiernan	——	KO 2
19 abr.	Frankie Lennon	Wilkes-Barre, Pa	KO 3
2 mai.	Stanley Simmons	Jersey City, NJ	TK 1
11 mai.	Jack Stone	West New York, NJ	SD 10
20 mai.	George LaRocco	Nova York, NY	E 6
27 mai.	Paul Cavalier	Rochelle Park, NJ	SD 10
8 jun.	Jimmy Francis	West New York, NJ	SD 10
13 jul.	Jimmy Francis	Union City, NJ	SD 10
21 jul.	George LaRocco	Nova York, NY	V 6
10 ago.	Vic McLaughlin	West New York, NJ	SD 10
21 set.	Herman Heller	West New York, NJ	SD 10
5 out.	Joe Monte	Nova York, NY	E 10

1928

6 jan.	Paul Swiderski	Nova York, NY	V 8
7 mai.	Jack Darnell	Jersey City, NJ	KO 4
16 mai.	Jimmy Francis	West New York, NJ	SD 10
7 jun.	Joe Monte	Nova York, NY	D 10
27 jun.	Billy Vidabeck	West New York, NJ	SD 10
25 jul.	Nando Tassi	Nova York, NY	E 10
8 ago.	Joe Sekyra	Nova York, NY	D 10
17 out.	Pete Latzo	Newark, NJ	V 10
30 nov.	"Tuffy" Griffiths	Nova York, NY	KO 2

1929

18 jan.	Leo Lomski	Nova York, NY	D 10
4 fev.	George Gemas	Newark, NJ	KO 1
11 mar.	Jimmy Slattery	Nova York, NY	TK 9
22 abr.	Eddie Benson	Buffalo, NY	KO 1
18 jul.	Tommy Loughran**	Nova York, NY	D 15
27 ago.	Yale Okun	Los Angeles, Cal	D 10

15 nov.	Maxie Rosenbloom	Nova York, NY	D 10
7 dez.	Jack "Jake" Warren	Brooklyn, NY	KO 2

1930

17 jan.	Leo Lomski	Chicago, Ill	D 10
7 abr.	Billy Jones	Filadélfia, Pa	D 10
5 jun.	Harold Mays	West New York, NJ	SD 10
2 jul.	Joe Monte	Boston, Mass	V 10
11 ago.	Alvin "Babe" Hunt	Boston, Mass	D 10
19 set.	Phil Mercurio	Boston, Mass	KO 2

1931

23 jan.	Ernie Schaaf	Nova York, NY	D 10
5 mar.	Jack Roper	Miami, Fla	KO 1
30 mar.	Jack Kelly	New Haven, Conn	V 10
3 set.	Andy Mitchell	Detroit, Mich	E 10
9 out.	Joe Sekyra	Nova York, NY	D 10
10 nov.	Maxie Rosenbloom	Minneapolis, Minn	A 2
4 dez.	Al Gainer	New Haven, Conn	D 10

1932

18 mar.	Baxter Calmes	Chicago, Ill	D 10
13 mai.	Charley Retzlaff	Boston, Mass	D 10
21 jun.	Vincent Parille	Long Isl. City, NY	V 5
25 jul.	Tony Schucco	Long Isl. City, NY	D 8
21 set.	John Henry Lewis	S. Francisco, Cal	D 10
30 set.	Dynamite Jackson	San Diego, Cal	V 10
21 out.	Tom Patrick	Hollywood, Cal	D 10
9 nov.	Lou Scozza	S. Francisco, Cal	DT 6

1933

13 jan.	Martin Levandowski	Chicago, Ill	V 10
20 jan.	Hans Birkie	Nova York, NY	D 10
1º mar.	Al Ettore	Filadélfia, Pa	DF 4

21 mar.	Al Stillman	St. Louis, Mo	TK 10
5 abr.	Martin Levandowski	St. Louis, Mo	D 10
19 mai.	Al Stillman	St. Louis, Mo	D 10
21 jun.	Les Kennedy	Jersey City, NJ	V 10
21 jul.	Chester Matan	West New York, NJ	V 10
25 set.	Abe Feldman	Mount Vernon, NY	A 6
1934			
14 jun.	"Corn" Griffin	Long Isl. City, NY	TK 3
16 nov.	John Henry Lewis	Nova York, NY	V 10
1935			
22 mar.	Art Lasky	Nova York, NY	V 15
13 jun.	Max Baer*	Long Isl. City. NY	V 15
1937			
22 jun.	Joe Louis*	Chicago, Ill	DKO 8
1938			
21 jan.	Tommy Farr	Nova York, NY	V 10

NOTA: Há alguns pontos conflitantes no currículo de Braddock que merecem atenção. A maior parte deles é explicada pelo fato de que na década de 1920 muitas lutas eram registradas como "sem decisão", mas consideradas pelos jornalistas como vitórias, derrotas ou empates. Por exemplo, os registros não são claros quanto às três lutas entre Braddock e Jimmy Francis, em 1927 e 1928. Os registros oficiais apontam as três como "sem decisão", mas em uma referência Lud Shabazian diz que Braddock venceu as três. Em outra, no entanto, Shabazian diz que nas duas primeiras lutas não houve decisão, mas Braddock venceu a terceira, em 16 de maio de 1928. Shabazian escreveu também que Braddock nocauteou Leo Dobson no segundo assalto. Nos registros oficiais aparece um nocaute no primeiro assalto.

Fontes: The Cyber Boxing Zone (www.cyberboxingzone.com); Lud Shabazian, *Relief to Royalty* (Union City, NJ: Hudson Dispatch, 1936); James

Roberts e Alexander G. Skutt, *The Boxing Register*, 3ª ed. (Ithaca, NY: McBooks, 2002).

LEGENDA

V – vitória na decisão
KO – vitória por nocaute
DT – derrota por nocaute técnico
DKO – derrota por nocaute
DD – derrota na decisão
DF – derrota por falta
A – luta anulada
E – empate
SD – sem decisão
TK – vitória por nocaute técnico
* Luta valendo o campeonato de pesos pesados
** Luta valendo o campeonato de meio-pesados

APÊNDICE C

CURRÍCULO DE LUTAS DE MAX BAER

72 VITÓRIAS 12 DERROTAS (53 VITÓRIAS POR NOCAUTE)

Data	Adversário	Local	Resultado
1929			
16 mai.	Chefe Caribu	Stockton, Cal	KO 2
6 jun.	Sailor Leeds	Stockton, Cal	KO 1
4 jul.	Tillie Taverna	Stockton, Cal	KO 1
18 jul.	Al Ledford	Stockton, Cal	KO 1
24 jul.	Benny Hill	Oakland, Cal	V 4
31 jul.	Benny Hill	Oakland, Cal	V 4
28 ago.	Al Ledford	Oakland, Cal	KO 2
4 set.	Jack McCarthy	Oakland, Cal	DF 3
25 set.	Frank Rujenski	Oakland, Cal	KO 3
2 out.	George Carroll	Oakland, Cal	KO 1
16 out.	Chefe Caribu	Oakland, Cal	KO 1
30 out.	Alex Rowe	Oakland, Cal	KO 1
6 nov.	Natie Brown	Oakland, Cal	KO 1
20 nov.	Tillie Taverna	Oakland, Cal	V 6
4 dez.	Chet Shandel	Oakland, Cal	KO 2
30 dez.	Tony Fuente	Oakland, Cal	KO 1
1930			
15 jan.	Tiny Abbott	Oakland, Cal	DF 3
29 jan.	Tiny Abbott	Oakland, Cal	KO 6

Data	Adversário	Local	Resultado
9 abr.	Jack Stewart	Oakland, Cal	KO 2
22 abr.	Ernie Owens	Los Angeles, Cal	V 10
7 mai.	Tom Toner	Oakland, Cal	KO 6
28 mai.	Jack Linkhorn	Oakland, Cal	KO 1
11 jun.	Ora "Buck" Weaver	Oakland, Cal	KO 1
25 jun.	Ernie Owens	Oakland, Cal	TK 5
15 jul.	Les Kennedy	Los Angeles, Cal	DD 10
11ago.	Meyer "KO" Christner	Oakland, Cal	KO 2
25 ago.	Frankie Campbell	S. Francisco, Cal	KO 5
19 dez.	Ernie Schaaf	Nova York, NY	D 10
1931			
16 jan.	Tom Heeney	Nova York, NY	KO 3
6 fev.	Tommy Loughran	Nova York, NY	D 10
7 abr.	Ernie Owens	Portland, Ore	KO 2
5 mai.	Johnny Risko	Cleveland, Ohio	D 10
4 jul.	Paolino Uzcudun	Reno, Nev	D 20
23 set.	Jack Van Noy	Oakland, Cal	TK 8
21 out.	Jose Santa	Oakland, Cal	KO 10
9 nov.	Johnny Risko	S. Francisco, Cal	V 10
23 nov.	Les Kennedy	Oakland, Cal	KO 3
30 dez.	Arthur DeKuh	Oakland, Cal	V 10
1932			
29 jan.	King Levinsky	Nova York, NY	V 10
22 fev.	Tom Heeney	S. Francisco, Cal	V 10
26 abr.	Paul Swiderski	Los Angeles, Cal	KO 7
11 mai.	Walter Cobb	Oakland, Cal	TK 4
4 jul.	King Levinsky	Reno, Nev	V 20
31 ago.	Ernie Schaaf	Chicago, Ill	V 10
26 set.	"Tuffy" Griffith	Chicago, Ill	TK 7

Data	Adversário	Local	Resultado
1933			
8 jun.	Max Schmeling	Nova York, NY	TK 10
1934			
14 jun.	Primo Carnera*	Long Isl. City, NY	TK 11
1935			
13 jun.	Jim Braddock*	Long Isl. City, NY	DD 15
24 set.	Joe Louis	Nova York, NY	DKO 4
1936			
15 jun.	Tony Souza	Salt Lake City, Utah	V 6
17 jun.	Bob Frazier	Boise, Idaho	TK 2
19 jun.	Harold “Millionaire” Murphy	Pocatello, Idaho	V 6
23 jun.	George Brown	Tyler, Tex	KO 3
24 jun.	Wilson Dunn	San Antonio,Tex	KO 3
2 jul.	Alfred “Butch” Rogers	Dallas,Tex	KO 3
13 jul.	Jim Merriott	Oklahoma City, Okla	KO 2
16 jul.	Junior Munsell	Tulsa, Okla	KO 5
18 jul.	Cecil Smith	Ada, Okla	V 4
24 jul.	Bob Williams	Ogden, Utah	KO 1
19 ago.	James J. Walsh	Vancouver, B. C., Canadá	KO 1
20 ago.	Nails Gorman	Marshfield, Ore	TK 2
25 ago.	Cecil Myart	Portland, Ore	V 6
29 ago.	Al Frankco	Lewiston, Idaho	KO 2
31 ago.	Don Baxter	Coeur d’Alene, Idaho	KO 1
2 set.	Al Gaynor	Twin Falls, Idaho	KO 1
3 set.	Eddie Franks	Provo, Utah	KO 3
8 set.	Sammy Evans	Casper, Wyo	KO 4
14 set.	Ed “Bearcat” Wright	Des Moines, Iowa	V 6
21 set.	Andy “Kid” Miller	Sheldon, Iowa	V 6
set.	Cyclone Bench	Rock Springs, Wyo	KO

Data	Adversário	Local	Resultado
30 set.	Babe Davis	Keokuk, Iowa	V 6
6 out.	Tim Charles	Evansville, Ill	KO 4
8 out.	Art Oliver	Platteville, Wis	DD 6
19 out.	Dutch Weimer	Toronto, Ont., Canadá	KO 2
1937			
15 abr.	Tommy Farr	Londres, Ingl	DD 12
27 mai.	Ben Foord	Londres, Ingl	TK 9
1938			
11 mar.	Tommy Farr	Nova York, NY	V 15
27 out.	Ellsworth "Hank" Hankinson	Honolulu, Havaí	KO 1
1939			
1º jun.	Lou Nova	Nova York, NY	DT 11
4 set.	Ed Murphy	Silver Peak, Nev	KO 1
18 set.	Babe Ritchie	Lubbock, Tex	KO 2
1940			
2 jul.	Tony Galento	Jersey City, NJ	TK 8
26 set.	Pat Comiskey	Jersey City, NJ	TK 1
1941			
4 abr.	Lou Nova	Nova York, NY	DT 8

Fontes: The Cyber Boxing Zone (www.cyberboxingzone.com); Nat Fleischer, *Max Baer, the Glamour Boy of the Ring* (Nova York: O'Brien, 1941); James Roberts e Alexander G. Skutt, *The Boxing Register*, 3ª ed. (Ithaca, NY: McBooks, 2002).

LEGENDA:

V – vitória na decisão
KO – vitória por nocaute
DT – derrota por nocaute técnico
DKO – derrota por nocaute
DD – derrota na decisão
DF – derrota por falta
E – empate
TK – vitória por nocaute técnico
* Luta valendo o campeonato de pesos pesados

NOTAS

Prefácio

1 "Women Will Seek $3.000.000 for Idle", *New York Times,* 24 de novembro de 1932, p. 30.

2 Red Smith, "A Champion for His Time", *New York Times,* 1º de dezembro de 1974, p. 255.

3 Peter Heller, *In This Corner...!* (Nova York: Da Capo, 1994), p. 173.

4 John Lardner, *White Hopes and Other Tigers* (Filadélfia: Lippincott, 1951), p. 13.

5 Ibid.

6 Grantland Rice, *The Tumult and the Shouting* (Nova York: A. S. Barnes, 1963), p. 177.

7 Arthur Daley, "The Little General from Notre Dame", *New York Times,* 27 de janeiro de 1965, p. 38.

8 Lud Shabazian, *Relief to Royalty* (Union City, NJ: Hudson Dispatch, 1936), p. 1.

1. Ensopado de Batatas

1 *The Boxing Register: International Boxing Hall of Fame Official Record Book,* 3ª ed. (Ithaca, NY: McBooks, 2002), p. 65.

2 *Relief to Royalty* (Union City, NJ: Hudson Dispatch, 1936), p. 12.

3 Quando finalmente ele conquistou o campeonato, escreveu-se freqüentemente que se afastou do boxe duas vezes. A revista *Ring* afirma que "se afastara duas vezes" em 1935, num artigo intitulado "Dame Fortune Smiles on Braddock", de George T. Tickell. No entanto, as fontes são precárias. A questão do afastamento é ofuscada pelo fato de que um lutador como Braddock na primeira

metade dos anos 1930, sem currículo e sem perspectivas, poderia ter se afastado dezenas de vezes sem que ninguém percebesse.

4 A maior parte das informações sobre Corn Griffin presentes neste capítulo provem de Shabazian, *Relief to Royalty*, e Frank Graham Jr., "Relief to Royalty on Hope, Hash and Corn". *Sports Illustrated*, 15 de abril de 1963.

5 Graham, "Relief to Royalty".

6 John Lardner, "The Big Man with the Biggest Punch", *New York Times*, 26 de agosto de 1956, p. SM9.

7 Thomas Hauser e Stephen Brunt, *The Italian Stallions, Heroes of Boxing's Glory Days* (Toronto Sportclassic Books, 2004), p. 27.

8 Paul Gallico, "Pity the Poor Giant", em *The Fireside Book of Boxing*, W. C. Heinz, ed. (Nova York: Simon & Schuster, 1961), pp. 151-52.

9 Lawrence Ritter, *East Side, West Side: Tales of New York Sporting Life 1910-1960* (Toronto: Sportclassic Books, 1998), p. 110.

10 Joseph C. Nichols, "Carnera Engages in Speedy Session", *New York Times*, 4 de junho de 1934, p. 21.

11 Frank Graham, Jr., *A Farewell to Heroes* (Nova York: Viking, 1981), p. 62.

12 Graham, "Relief to Royalty".

13 John D. McCallum, *The World Heavyweight Boxing Championship: A History* (Radnor, Pa: Chilton, 1974), p. 194.

14 Frank Graham, Jr. conta a história dessa forma em *It Takes Heart*, escrito em parceria com Mel Allen (Nova York: Harper, 1959), p. 83. Mas outros relatos do encontro entre Johnston e Gould revelam coisa diferente. Segundo alguns, foi Johnston, não Gould, quem sugeriu Braddock para adversário de Griffin, e foi Gould, não Johnston, quem temeu pela segurança de Braddock. No relato de Shabazian, Johnston teria dito a Gould: "Você está sempre me atazanando para conseguir uma luta para aquele seu lutador acabado, mas quando eu arranjo uma você muda de idéia e oferece outro adversário. Bem, ou ele luta com Griffin ou não vai ter outra luta" (*Relief to Royalty*, p. 96).

15 Frank Graham, "Setting the Pace", *New York Sun*, 7 de junho de 1935, p. 30.

16 Ritter, *East Side, West Side*, p. 181.

17 Ronald K. Fried, *Corner Men: Great Boxing Trainers* (Nova York: Four Walls Eight Windows, 1991), p. 37.

18 Ibid., p. 38.

19 Ibid., p. 110.

20 William R. Conklin, "Braddok Strikes Blow", *New York Times*, 3 de fevereiro de 1956, p. 30.

21 Peter Heller, *"In This Corner...!* (Nova York: Da Capo, 1994), p. 172. Gould previu em 1934, numa coluna de Frank Graham no *Sun,* que Braddock derrotaria Lasky porque sempre se saíra bem contra lutadores que usavam ganchos de esquerda.

2. A Batalha do Campo de Nurge

1 Nat Fleischer, *The Heavyweight Championship: An Informal History of Heavyweight Boxing from 1719 to the Present Day* (Nova York, Putnam's, 1949), p. 94.

2 James Lambert Harte, *The Amazing Story of James J. Braddock* (Emmaus, Pa.: Rodale, 1938), p. 21.

3 Ibid.

4 Mae Fox Braddock, conforme narrativa a Frank Doyle, "Irish Eyes Smile on Braddock", *Sunday Mirror,* 16 de junho, p. 3.

5 Lud Shabazian, *Relief to Royalty* (Union City, NJ.: Hudson Dispatch, 1936), p. 16.

6 Harte, *Amazing Story,* p. 10.

7 Jimmy Cannon, "Pity the Poor Fighters", *New York Post,* 11 de janeiro de 1998, p. 79.

8 Williard expressou essa convicção constantemente durante mais de cinqüenta anos. "Se Johnson estava pensando em cair, eu gostaria que o tivesse feito antes. Ali estava mais quente do que no inferno" ("Our Man in Havana and His View of the Great White Hoax", *Canberra Times,* 23 de agosto de 1998, p. 14).

9 John Lardner, *White Hopes and Other Tigers* (Filadélfia: Lippincott, 1951), p. 72.

10 Dick Snider, "Is Jack Dempsey the Greatest Sports Figure of All Time?" *Topeka Capital-Journal,* 2 de outubro de 2000.

11 Lud Shabazian, *Relief to Royalty* (Union City, NJ: Hudson Dispatch, 1936), p. 33.

12 Esta história está relatada em diversas fontes, inclusive Shabazian, *Relief to Royalty,* e Frank Grahanm "He Never Had Many Street Fights", *New York Sun,* 21 de novembro de 1934. Graham proporciona também um relato do primeiro encontro de Braddock com Gould no *Sun,* em 24 de setembro de 1942, numa coluna intitulada "It Began in a Gymnasium in Hoboken". Muitas vezes cito *ipsis literis* os diálogos que aparecem nas colunas de Graham. Era crença geral que ele possuía a melhor memória e os melhores ouvidos entre

todos os seus contemporâneos; quando ele citava outras pessoas, era porque haviam dito aqueles palavras, o que nem sempre era verdade em relação a outros jornalistas. Gould contou a história de Galfund centenas, senão milhares, de vezes, e ela apareceu em diversas formas em dezenas de jornais.

13 Harte também conta a história de Galfund, e grande parte do diálogo em minha narrativa é semelhante ao dele.

3 .O Inspetor de Carnes

1 A inspeção de carnes finalmente se tornara assunto sério nas Forças Armadas dos Estados Unidos. Tragicamente, durante a juventude de Fiorello La Guardia, futuro prefeito de Nova York, seu pai contraiu hepatite enquanto servia no Exército norte-americano na guerra contra a Espanha, após ingerir carne estragada. Seis anos depois da guerra, sem nunca ter se recuperado da infecção, Achille La Guardia morreu. As circunstâncias da morte do pai moldaram as idéias reformistas de La Guardia.

2 Lud Shabazian, *Relief to Royalty* (Union City, NJ.: Hudson Dispatch, 1936), p. 42.

3 Frank Graham, "All the Way to the Grave" em *The Fireside Book of Boxing*, W. C. Heinz, ed. (Nova York: Simon & Schuster, 1961), p. 165.

4 John Lardner, *White Hopes and Other Tigers* (Filadélfia: Lippincott, 1951), p. 17.

5 Ibid.

6 Ibid.

7 John D. McCallum, *The World Heavyweight Boxing Championship: A History* (Radnor, Pa.: Chilton, 1974), p. 192.

8 A história da pesagem de Dobson foi colhida em fragmentos vindos de diversas fontes, inclusive Francis Albertanti, "Relief to Royalty", *Ring Magazine*, e Frank Graham, *New York Sun*, 21 de novembro de 1934.

9 Francis Albertanti, "Braddock's Mother Behind His Startling Rise", *Ring Magazine*, fev. de 1929, p. 23.

4. O Carniceiro de Livermore

1 John D. McCallum, *The Encyclopedia of World Boxing Champions Since 1882* (Radnor, Pa.: Chilton, 1975), p. 41.

2 John D. McCallum: *The World Heavyweight Boxing Championship: A History*

(Radnor, Pa: Chilton, 1974), p. 175.

3 Ron Fimrite, "Send in the Clown", *Sports Illustrated*, 20 de março de 1978, p. 67.

4 Peter Heller, *In This Corner...!* (Nova York, Da Capo, 1994), p. 125.

5 McCallum, *World Heavyweight Championship*, p. 178.

6 *Oakland Post-Enquirer*, "Life of Max Baer", cap. 1, em *New York Daily Mirror*, 18 de junho de 1934, p. 2.

7 Baer contava freqüentemente essa história. Seu filho Max Junior a narrou para mim, e ela aparece também em Nat Fleischer, *Max Baer, the Glamour Boy of the Ring* (Nova York: C. J. O'Brien, 1941), p. 5; e Nat Loubet, "Max Adelbert Baer: The Magnificent One", *Ring Magazine*, fev. de 1960, p. 39.

8 John Lardner, *White Hopes and Other Tigers* (Filadélfia: Lippincott, 1951), p. 150.

9 "Fight Nightlights and Some Shadows", *New York Times*, 15 de setembro de 1923, p. 2.

10 Frank Menke, "Dempsey-Firpo", em *The Fireside Book of Boxing*, W. C. Heinz, ed. (Nova York: Simon & Schuster, 1961), p. 191.

11 Heller, *In This Corner...!* p. 60.

12 Lardner, *White Hopes*, p. 150.

13 "Morning Briefing: You are Only as Old as They Say You Are", *Los Angeles Times*, 14 de setembro de 1988, p. S2.

14 Fleischer, *Max Baer*, p. 6.

15 Al Santoro e John Walbridge, "Life of Max Baer", cap. 2, *New York Daily Mirror*, 19 de junho de 1934, p. 33.

16 Fleischer, *Max Baer*, p. 9.

17 Ibid., p. 11.

18 Santoro e Walbridge, "Life of Max Baer", *New York Daily Mirror*, 11 de julho de 1934, p. 29.

19 Fimrite, "Send in the Clown", p. 72.

20 Meu relato da luta Baer-Campbell e suas conseqüências se baseia em grande parte nas reportagens do *San Francisco Chronicle*, *Oakland Post-Enquirer*, *Sacramento Bee* e *Sacramento Union*, assim como em narrativas subseqüentes de Nat Fleischer e Ron Fimrite. Ver também Le Pacini, "The Most Infamous Fight", *San Franciscan*, s.d.

21 Em Fimrite, "Send in the Clown", p. 70.

22 Ibid.

23 Ibid., p. 72.

24 Rudy Hickey, "Stricken Lad Allowed to Stay on Ring Floor for Thirty Minutes", *Sacramento Bee,* 27 de agosto de 1930, p. 14.

25 Rudy Hickey, "Campbell Never Regained Consciousness", *Sacramento Bee,* 27 de agosto de 1930, p. 14.

26 Fimrite, "Send in the Clown", p. 72.

27 "Young Widow Absolves Baer of All Blame", *San Francisco Chronicle,* 27 de agosto de 1930.

28 "Baer Fight Death Under Double Sift", *San Francisco Chronicle,* 27 de agosto de 1930, p. 1.

29 Associated Press, "Baer Arraignment Postponed", *Sacramento Union,* 28 de agosto de 1930.

30 Pacini, "Most Infamous Fight".

31 "Campbell's Manager Criticizes Referee", *Sacramento Union,* 27 de agosto de 1930.

32 Hickey, "Campbell Never Regained", p. 14.

33 Pacini, "Most Infamous Fight".

5. Assombrado pelo Fantasma

1 "Monte Stops Muskie in Second Round", *New York Times,* 22 de julho de 1927, p. 10.

2 Ver John McCallum, *The World Heavyweight Championship: A History* (Radnor, Pa.: Chilton, 1974), p. 152.

3 James P. Dawson, "Sekyra Is Victor Against Braddock", *New York Times,* 9 de agosto de 1928, p. 13.

4 "Dempsey Diz que Só um Super-homem Será Capaz de Vencer Heeney", *New York Times,* 23 de julho de 1928, p. 19.

5 Ibid.

6 Ver Lud Shabazian, *Relief to Royalty* (Union City, NJ.: Hudson Dispatch, 1936), p. 59.

7 Na edição do *Sun* de 28 de novembro de 1928, Wilbur Wood escreveu: "Há muito tempo não se viam tantos admiradores no ginásio de Lou Stillman como durante e depois do treino de Tuffy Griffiths realizado ontem. Foi a primeira oportunidade que o público teve de olhar o meio-pesado de Sioux City com as luvas postas, e o ginásio estava lotado" ("Griffiths Has Class in Drill", p. 28). Na edição do *New York American* de 30 de novembro de 1928, p. 9, sob o título "Griffiths in New York Ring Debut Tonight", Ed Fayne

escreveu: "Durante meses tem-se ouvido falar das sensacionais façanhas do jovem Tuffy Griffiths nas vastas planícies." Dois dias antes, no *American*, a legenda de uma foto de Griffiths e seu agente, Jack O'Keefe, dizia: "Os críticos do ginásio ficaram alvoroçados ontem com "Tuffy" Griffiths quando ele apareceu pela primeira vez aqui."

8 Shabazian, *Relief to Royalty*, p. 59.

9 Essa anedota sobre Muldoon é outro capítulo freqüentemente repetido da história de Braddock. Ver Shabazian, *Relief to Royalty*, p. 60, e "Muldoon Prophecy True", *New York Times*, 14 de junho de 1935, p. 29. George T. Tickell também cita Muldoon: "Se você cuidar bem deste rapaz, ele vai subir muito alto. Já é capaz agora de causar muita dificuldade para qualquer dos principais de sua categoria, e você tem sorte em tê-lo como cliente" ("Dame Fortune Smiles on Braddock", *Ring Magazine*, julho de 1935, p. 15.

10 Francis Albertanti, "Braddock's Mother Behind His Startling Rise", *Ring Magazine*, fev. de 1929, p. 23.

11 Ibid., p. 22.

12 "Sports World Specials", *New York Times*, 27 de dezembro de 1982, C 2.

13 Albertanti, "Braddock's Mother", p. 23.

14 "Favors Braddock to Beat Lomski", *New York Times*, 14 de janeiro de 1929, p. 28.

15 James P. Dawson, "18.000 See Lomski Defeat Braddock", *New York Times*, 19 de janeiro de 1929, p. 16.

16 Shabazian, *Relief to Royalty*, p. 62.

17 "Braddock Engages in Strenuous Drill", *New York Times*, 8 de março de 1929, p. 27.

18 James P. Dawson, "Slattery Stopped by Braddock in 9th", *New York Times*, 12 de março de 1929, p. 36.

19 Peter Heller, *In This Corner...!* (Nova York: Da Capo, 1994), p. 173.

20 John Kieran, "Sports of the Times", *New York Times*, 18 de julho de 1929, p. 19.

21 Shabazian, *Relief to Royalty*, p. 68.

22 Sra. James J. Braddock, conforme relatado a Frank Doyle, "Floored by Love, Jinx Pursued Braddock, His Wife Says", *New York Daily Mirror*, 21 de junho de 1935.

23 "Braddock to Insist on New Bout Terms", *New York Times*, 17 de julho de 1929, p. 30.

24 Shabazian, *Relief to Royalty*, p. 69.

25 Heller, *In This Corner...!* p. 124.
26 Frank Graham, "Setting the Pace", *New York Sun,* 24 de setembro de 1942, p. 22.
27 James P. Dawson, "Braddock is Beaten by Tommy Loughran", *New York Times,* 19 de julho de 1929, p. 22.
28 Shabazian, *Relief to Royalty*, p. 72.
29 Sra. James J. Braddock, "Floored by Love".
30 Shabazian, *Relief to Royalty*, p. 73.
31 Graham, "Setting the Pace".
32 Ibid.
33 McCallum, *World Heavyweight Championship*, p. 192.
34 John Kieran, "Sports of the Times", *New York Times,* 30 de junho de 1931, p. 20.

6. O Great White Way

1 Nat Fleischer, *Max Baer, The Glamour Boy of the Ring* (Nova York: C. J. O'Brien, 1941), p. 15.
2 Ibid., p. 17.
3 "Sees Relief Abused in Bread Lines Here", *New York Times*, 16 de dezembro de 1930, p. 3.
4 Fleischer, *Max Baer*, p. 18.
5 Wilbur Wood, "Baer Talks a Great Fight", *New York Sun*, 4 de dezembro de 1930.
6 Ibid.
7 Fleischer, *Max Baer*, p. 18.
8 James P. Dawson, "Schaaf Triumphs in Bout with Baer", *New York Times*, 20 de dezembro de 1930, p. 24.
9 Wilbur Wood, "Baer, a Throwback to Dempsey", *Ring Magazine*, junho de 1934, p. 3.
10 Peter Heller, *In This Corner...!* (Nova York: Da Capo, 1994), p. 125.
11 A cena do café-da-manhã no Warwick, inclusive o diálogo citado, está narrada na autobiografia de Grantland Rice, *The Tumult and the Shouting* (Nova York: Barnes, 1954), p. 128.
12 Fleischer, *Max Baer*, p. 22.

7. O Desastre e a Urucubaca

1 "America in 1929: The Prosperity Illusion", *Business Week,* 3 de setembro de 1979.

2 Roots of Disaster", *Business Week,* 3 de setembro de 1979, p. 6.

3 "Babson Predicts Crash in Stocks", *New York Times,* 6 de setembro de 1929, p. 12.

4 "Comment of Press on Crash in Stocks", *New York Times,* 30 de outubro de 1929.

5 Sra. James J. Braddock, conforme narrado a Frank Doyle, "Floored by Love, Jinx Pursued Braddock, His Wife Says", *New York Daily Mirror,* 21 de junho de 1935.

6 John Kieran, "Sports of the Times", *New York Times,* 15 de novembro de 1929, p. 32.

7 Lud Shabazian, *Relief to Royalty* (Union City, NJ: Hudson Dispatch, 1936), p. 75.

8 Sra. James J. Braddock, "Champ's $20.000 lost in Stocks", *New York Daily Mirror,* 22 de junho de 1935.

9 Shabazian, *Relief to Royalty,* p. 75.

10 "Verdict of Draw Changed 11 Days After Bout", *New York Times,* 30 de janeiro de 1930, p. 28.

11 Ibid.

12 John Kieran, "Sports of the Times", *New York Times,* 30 de janeiro de 1930, p. 28.

13 Shabazian, *Relief to Royalty,* p. 77.

14 Sra. James J. Braddock, "Floored by Love".

15 Shabazian, *Relief to Royalty,* pp. 78-79.

16 "Hunt Outpoints Braddock", *New York Times,* 12 de agosto de 1930, p. 24.

17 Francis Albertanti, "Braddock's Mother Behind His Startling Rise", *Ring Magazine,* fev. 1929, p. 23.

18 Frank Graham, "Setting the Pace: He Never Had Many Street Fights", *New York Sun,* 21 de novembro de 1934.

19 James P. Dawson, "Schaaf Wins Bout Against Braddock", *New York Times,* 24 de janeiro de 1931, p. 21.

20 John Kieran, "Sports of the Times", *New York Times,* 25 de janeiro de 1931, p. S2.

21 John Kieran, "Sports of the Times", *New York Times,* 30 de janeiro de 1931, p. 26.

22 John Kieran, "Sports of the Times", *New York Times*, 18 de dezembro de 1931, p. 34.
23 Sra. James J. Braddock, "Champ's $20.000 Lost".
24 Ibid.
25 "Purses of Fighters Ordered to Charity", *New York Times*, 12 de novembro de 1931, p. 32.
26 Braddock, "Champion Is Overjoyed by Arrival of Son", *New York Sunday Mirror*, 23 de junho de 1935, p. 12.
27 Gould descreveu muitas vezes seu relacionamento com Braddock durante os tempos mais difíceis. Shabazian menciona as refeições que os dois dividiram, assim como Lemuel F. Parton, "Win or Lose, Gould and Braddock Will Eat at the Crillon", *New York Sun*, 14 de junho de 1937.
28 Entrevista pessoal com George Horowitz, Everlast Sporting Goods Company, junho de 2004, Nova York, Nova York.
29 "Retzlaff Triumphs in Fight at Bowl", *New York Times*, 22 de junho de 1932, p. 28.
30 "Jim Braddock Breaks Police Captain's Nose in Free-for-All at Headquarters", *Jersey Journal*, 7 de julho de 1932, p. 1.
31 Ibid.
32 Ibid.
33 Shabazian, *Relief to Royalty*, p. 81.
34 James P. Dawson, "Birkie Is Victor", *New York Times*, 21 de janeiro de 1933, p. 18.
35 Red Smith: "A Champion for His Time", *New York Times*, 1º de dezembro de 1974, p. 255.

8. O Rei das Selvas

1 Al Santoro e John Walbridge, "Life of Max Baer", cap. 21, *New York Daily Mirror*, 8 de julho de 1934, p. 33.
2 Wilbur Wood, "Baer, a Throwback to Dempsey", *Ring Magazine*, junho de 1934, p. 3.
3 Citado em A. J. Liebling, *Back Where I Came From* (Nova York: Sheridan, 1938), p. 94.
4 Tom Callahan, "Boxing's Allure", *Time*, 27 de junho de 1988, p. 66.
5 Associated Press, "Max Baer Weds in Reno", *New York Times*, 9 de julho de 1931, p. 6

6 John Kieran, "Allegro di Bravura", *New York Times*, 29 de janeiro de 1932, p. 22.

7 Wood, "Baer, a Throwback", p. 48.

8 Schaaf foi o primeiro boxeador a sofrer uma lesão mortal numa luta no Madison Square Garden. Benny Paret foi o segundo, em 24 de março de 1962, num combate com Emile Griffith.

9. Estrela-de-Davi

1 Bill Gallo, "A Bare Baer Couldn't Make the Cut", *New York Daily News,* 25 de agosto de 1996, p. 92.

2 Ron Fimrite, "Send in the Clown", *Sports Illustrated,* 20 de março de 1978, p. 75.

3 "Schmeling Began Ring Career at 19", *New York Times*, 13 de junho de 1930, p. 28.

4 John D. McCallum, *The World Heavyweight Boxing Championship: A History* (Radnor, Pa.: Chilton, 1974), p. 140.

5 Wilbur Wood, "Baer Revives an Old Stunt", *New York Sun*, 19 de abril de 1933.

6 Ibid.

7 Fimrite, "Send in the Clown", p. 75.

8 James P. Dawson, "Baer Knock Out Schmeling in 10th", *New York Times*, 9 de junho de 1933, p. 21.

9 "Nazis Still Irked by Baer's Remark", *New York Times,* 14 de março de 1935, p. 26.

10 "Baer Now Looks to Title", *New York Times,* 9 de junho, 1933, p. 21.

11 Dawson, "Baer Knocks Out Schmeling", p. 21.

12 "Will Divorce Max Baer", *New York Times*, 28 de novembro de 1933, p. 25.

13 "Mrs. Max Baer Wins Divorce in Mexico", *New York Sun*, 4 de outubro de 1933.

14 Mordaunt Hall, "The Screen: Max Baer, Myrna Loy e Walter Huston em *The Prizefighter and the Lady*", *New York Times*, 11 de novembro de 1933, p. 10.

15 George T. Pardy, "Gold Versus Glory", *Ring Magazine,* 1933-34, p. 14.

16 John Elliot, "Nazis Ban Film Starring Baer", *New York Herald-Tribune*, 30 de março de 1934.

17 Associated Press, "Baer Pities Poor Frauleins", *New York Herald-Tribune*, 30 de março de 1934.

10. No Cais do Porto

1 Sra. James J. Braddock, "Champion is Overjoyed by Arrival of Son", *New York Sunday Mirror,* 23 de junho de 1935, p. 12.

2 Mel Allen e Frank Graham, *It Takes Heart* (Nova York: Harper, 1959), p. 81.

3 Lud Shabazian, *Relief to Royalty* (Union City, NJ: Hudson Dispatch, 1936), p. 87.

4 Sra. James J. Braddock, "Mrs. Braddock Tells Mental Agony Jim Suffered", *New York Daily Mirror,* 24 de junho de 1935.

5 Sra. James J. Braddock, conforme narrativa a Frank Doyle, "Champ's Wife Says Love Inspired Him to Title", *New York Daily Mirror,* 25 de junho de 1935, p. 6.

11. O Último a se Levantar É Mulherzinha

1 Harry Cross, "Baer Will Fight Only if Dempsey Shares Profits", *New York Herald-Tribune,* 11 de dezembro de 1934.

2 Ver, por exemplo, John D. McCallum, *TheWorld Heavyweight Boxing Championship: A History* (Radnor, Pa.: Chilton, 1974), p. 168.

3 Edward Van Every, "Baer Declared Physically Fit to Box Carnera", *New York Sun,* 8 de junho de 1934, p. 1.

4 Ibid.

5 Ibid.

6 Joseph C. Nichols, "Baer Uses His Feet in Testing Defense", *New York Times,* 1º de junho de 1934.

7 "Baer Speeds Work; Boxes Nine Rounds", *New York Times,* 5 de junho de 1934, p. 31.

8 John Kieran, "Sights and Sounds at Asbury Park", *New York Times,* 4 de junho de 1934, p. 24.

9 Ibid.

10 Ibid.

11 Ibid.

12 Wilbur Wood, "Baer Manager Sees Delay", *New York Sun,* 7 de junho de 1934.

13 "Baer Pilot Seeks to Put Off Fight", *New York Times,* 7 de junho de 1934, p. 30.

14 Van Every, "Baer Declared Physically Fit", p. 1.

15 "Garden Wants No Delay", *New York Times,* 7 de junho de 1934, p. 30.

16 "Carnera Is Adamant", *New York Times,* 8 de junho de 1934, p. 25.

17 Nat Fleischer, *Max Baer, the Glamour Boy of the Ring* (Nova York: C. J. O'Brien, 1941), p. 30.

18 Ibid.
19 Joseph C. Nichols, "Baer is Found Fit for Carnera Fight", *New York Times,* 9 de junho de 1934, p. 10.
20 Van Every, "Baer Declared Physically Fit", p. 1.
21 Ibid.
22 Nichols, "Baer Is Found Fit", p. 10.
23 John Kieran, "Sports of the Times", *New York Times,* 13 de junho de 1934, p. 28.
24 Joseph C. Nichols, "Baer Clowns Way Through Workout", *New York Times,* 10 de junho de 1934, p. S8.
25 Ibid.
26 "Carnera Predicts Victory In Title Bout", *New York Times,* 10 de junho de 1934, p. S8
27 Ibid.
28 "Ross Picks Baer to Win", *New York Times,* 13 de junho de 1934, p. 30.
29 Entrevista telefônica com Max Baer Jr., 15 de setembro de 2004.
30 Fleischer, *Max Baer,* p. 2.
31 Ron Fimrite, "Send In the Clown", *Sports Illustrated,* 20 de março de 1978, p. 76.
32 "Beaten Champion Weeps Like a Child". *New York Times,* 15 de junho de 1934, p. 27.
33 "Baer Loquacious After the Fight", *New York Times,* 15 de junho de 1934, p. 27.
34 Jeanette Smits, "'No More Women', Max Vows, as He Pens *My Life and Loves*" *New York Journal,* 16 de junho de 1934, p. 1.
35 O Park Central já havia ficado amplamente famoso como lugar do assassinato de Arnold Rothstein. O jogador que trapaceou o resultado da Série Mundial de beisebol em 1919 foi morto a tiros no quarto 349, após um jogo de pôquer de três dias no qual perdeu 320 mil dólares. O assassino pensou, talvez com razão, que Rothstein não tinha intenção de pagar. Vinte e nove dias depois, em 25 de outubro de 1957, Albert Anastasia, o gângster conhecido como o Lorde Grande Carrasco, foi morto a tiros na barbearia do Park Central.
36 Edward Van Every, "Girl Secretary Shields Baer", *New York Sun,* 2 de julho de 1934.
37 Ibid.
38 Jane Franklin, "Baer Love Letters on Asbestos", *New York Daily Mirror,* 21 de junho de 1934.
39 Ibid.

40 *New York Evening Journal*, 18 de junho de 1934, p. 25.
41 Max Baer: "Unkissed and 'Yellow' at 19, 'Bashful' Champ Admits", *New York Mirror,* 18 de junho de 1934.
42 *New York Daily Mirror,* 18 de junho de 1934, p. 3.
43 *New York Daily Mirror,* 19 de junho de 1934, p. 3.
44 *New York Daily Mirror,* 16 de junho de 1934.
45 *New York Daily Mirror,* 20 de junho de 1934, p. 4.
46 "Baer Challenges Mdivani Royalty", *New York Mirror,* 9 de setembro de 1934.

12. Outra Reviravolta

1 Frank Graham, "Setting the Pace", *New York Sun*, 17 de setembro de 1934.
2 Lud Shabazian, *Relief to Royalty* (Union City: Hudson Dispatch, 1936), p. 101.
3 Ibid., p. 103.

13. O Rei Max

1 Associated Press, "Baer Would Fight Twice in a Night", *New York Times*, 13 de dezembro de 1934, p. 31.
2 Wilbur Wood, "Champion Loses His Temper", *New York Sun,* 29 de dezembro de 1934.
3 Associated Press, "Knockout Victory Cost Baer $ 50.000", *New York Times*, 30 de dezembro de 1934, p. S9.
4 "Baer Repeats Challenge", *New York Sun*, 29 de dezembro de 1934.
5 Associated Press: "Knockout Victory".
6 Grantland Rice, "The Sportlight: Champions and Their Chances for 1935", *New York Sun*, 5 de janeiro de 1935.
7 Em 24 de janeiro de 1934 Baer deu uma longa entrevista à United Press, cujo artigo, "Admits He Is Not Invincible", apareceu no *New York Sun* em 25 de janeiro de 1935.

14. Uma Chance com Lasky

1 A classificação feita por Wood apareceu na revista *Ring* e no *Sun* no dia 3 de janeiro de 1935, num artigo intitulado "Champion Has Perfect Score".

15. Preferido Pelo Povo

1 A renda de 10.600 dólares: "Mrs. Frankie Campbell's Fight Benefit Fund Placed in Trust", *San Francisco Chronicle*, 27 de fevereiro de 1935.

2 Lud Shabazian, *Relief to Royalty* (Union City, NJ: Hudson Dispatch, 1936).

3 Joseph C. Nichols, "Lasky is Favored to Beat Braddock", *New York Times*, 22 de março de 1935, p. 19.

4 Joseph C. Nichols, "Braddock Defeats Lasky on Points", *New York Times*, 23 de março de 1935, p. 19.

5 Ed Fitzgerald, "Cinderella Jim", *Sport*, fev. de 1950, p. 68.

6 Frank Graham Jr., *A Farewell to Heroes* (Nova York: Viking, 1981), pp. 65-66.

7 Braddock fez questão: "Braddock Pays ERA Debt 2 Weeks Before It Is Due", *New York Times*, 23 de junho de 1935, p. 25.

8 Fred Van Ness, "Match Between Schmeling and Lasky's Conqueror Urged By Commission to Determine Nex Foe for Baer", *New York Times*, 27 de março de 1935, p. 26.

9 Essa história foi contada muitas vezes. Ver Shabazian, *Relief to Royalty* (Union City, NJ: Hudson Dispatch, 1936), p. 32, e Frank Graham, "Give Joe a Big Hand, Too", *New York Sun*, 15 de junho de 1935, p. 32.

10 Shabazian, *Relief to Royalty*, p. 116.

11 Associated Press, "Hoffman Scoffs At Match", *New York Times*, 27 de março de 1935, p. 26.

12 United Press, "Baer Would Even Stand for Hitler's Referee", *New York Sun*, 3 de abril de 1935.

13 Fred Van Ness, "Baer, in City, Indicates Braddock Will be Opponent Here in June", *New York Times*, 6 de abril de 1935, p. 20. Sessenta anos depois, no filme *Jerry Maguire*, Cuba Gooding popularizaria a expressão *Show me the money* ("Quero ver o dinheiro"). Baer foi o primeiro a usá-la.

14 Louis Effrat, "Braddock, Formally Signs to Box Baer for Title at Garden Bowl", *New York Times*, 14 de abril de 1935, p. S8.

15 John Kieran, "Sparring With the Fight Program", *New York Times*, 20 de maio de 1935, p. 22.

16 Associated Press, "Baer, An Eye Black, Talks of Retiring", *New York Times*, 26 de abril de 1935, p. 27.

16. A Fábrica de Homicídios

1 "Dole Repaid by Braddock", *New York Sun*, 3 de maio de 1935.

2 Associated Press, "Braddock, Relief Case Last Year, Is Now on the Road to Wealth", *New York Times,* 3 de maio de 1935, p. 26.
3 Ibid.
4 Jack Miley, "Braddock's Life – Saga of a Setup", *New York Daily News,* 16 de junho de 1935, p. 72.
5 Associated Press: "Couldn't Let Kids Starve, So Braddock Went on Relief and Isn't Ashamed", *Jersey Journal,* 3 de maio de 1935, p. 1.
6 "Joe Braddock on the Stump", *Jersey Journal,* 4 de maio de 1935, p. 8.
7 "Baer Burned on Chest by Blank Cartridge Wad", *New York Times,* 10 de maio de 1935, p. 27. Segundo John V. Gromback, o "acidente" foi um truque para dar publicidade a seu programa de rádio; ver *The Saga of Sock* (Nova York, A. S. Barnes, 1949), p. 150.
8 Edward Van Every, "Baer Sees Title Threat in Braddock", *New York Sun,* 18 de maio de 1935.
9 Joseph C. Nichols, "Challenger's Punishing Body Blows in Evidence at His Upstate Camp", *New York Times,* 5 de junho de 1935, p. 27.
10 "400 at Braddock's Camp", *New York Times,* 2 de junho de 1935, p. 54.
11 Lud Shabazian, *Relief to Royalty* (Union City, NJ: Hudson Dispatch, 1936), p. 135.
12 Fred Van Ness, "Baer Bars Clowning as He Boxes 9 Fast Rounds With 5 Partners", *New York Times,* 23 de maio de 1935, p. 33.
13 Ibid.
14 Damon Runyon, "Both Barrels", *New York American,* 13 de junho de 1935, p. 17.
15 Shabazian, *Relief to Royalty,* p. 138.
16 Ibid., p. 141.
17 Ibid., p. 143.
18 John Kieran, "Sports of the Times", *New York Times,* 31 de maio de 1935, p. 23.
19 Shabazian, *Relief to Royalty,* p. 146.
20 Ibid.
21 Ibid., p. 147.
22 Frank Graham, "Setting the Pace: A Year Ago in Braddock's Life", *New York Sun,* 7 de junho de 1935, p. 30.
23 Ibid.
24 Fred Van Ness, "Braddock in Shape as He Breaks Camp", *New York Times,* 10 de junho de 1835, p. 21.
25 Peter Heller, *In this Corner...!* (Nova York, Da Capo, 1994), p. 175.

26 Fred Van Ness, "Impressive Exhibition Given by Braddock as He Finishes Boxing Drills Here", *New York Times*, 11 de junho de 1935, p. 28.
27 Frank Graham, "The Man Who Wouldn't Give Up", *New York Sun,* 13 de junho de 1935, p.30.
28 Van Ness, "Impressive Exhibition", p. 28.
29 Runyon, "Both Barrels", p. 17.
30 Ibid.
31 Frank Graham Jr., *A Farewell to Heroes* (Nova York: Viking, 1981), p. 60.
32 Van Ness, "Impressive Exhibition".
33 Frank Graham, "Setting the Pace: The Man Nobody Knows Very Well", *New York Sun,* 12 de junho de 1935, p. 34.
34 Ibid.
35 Heller, *In This Corner...!* p.173. Braddock disse a Peter Heller que Runyon cunhou o apelido, a maioria das fontes concorda. No entanto, em seu livro *The Heavyweight Championship*, Nat Fleisher escreve que Albertanti apelidou Braddock de Homem Cinderela (p. 235).
36 "Five Ex-Champions Select Baer to Win", *New York Times*, 13 de junho de 1935, p. 27.
37 Edward Van Every, "His Conqueror Says Braddock Is Sure to Win", *New York Sun,* 13 de junho de 1935, p. 30.
38 Graham, "The Man Who Wouldn't Give Up", p. 30.
39 Alguns repórteres acharam que o comentário foi de Gould, não de Braddock.
40 "Air of Belligerency Marks Weighing In", *New York Times,* 14 de junho de 1935, p. 30.
41 Ibid.

17. Coração Valoroso

1 "Spiritualist Fails to Bare Mysteries": *New York Times*, 13 de junho de 1935, p. 25.
2 James P. Dawson, "Braddock Outpoints Baer to Win World Ring Title", *New York Times*, 14 de junho de 1935, p. 1.
3 Damon Runyon, "Braddock Defeats Baer for Heavy Title", *New York American,* 14 de junho de 1935, p. 1.
4 Wilbur Wood, "Expert Opinion May Jinx Max", *New York Sun*, 12 de junho de 1935, p. 34.
5 Entrevista por telefone com Max Baer Jr., 15 de setembro de 2004.
6 Arthur Daley, "The Stroke of Midnight", *New York Times*, 26 de setembro de 1962, p. 44.

7 Paul Gallico, "How It Feels", *Daily News,* 15 de junho de 1935.
8 "Won Title in 3rd, Braddock Says", *New York Times,* 14 de junho de 1935, p. 29.
9 Paul Gallico, "How It Feels".
10 Lud Shabazian, *Relief to Royalty* (Union City, N.J.: Hudson Dispatch, 1936), p. 169.
11 Ibid.
12 Gallico, "How It Feels".
13 Ed Fitzgerald, "Cinderella Jim", *Sport,* fev. de 1950, p. 69.
14 "Ex-Champ Retires: New King's Family to Celebrate", *New York Journal,* 14 de junho de 1935, p.1
15 Shabazian, *Relief to Royalty,* p. 173.
16 Ibid., p. 174.
17 Ibid., p. 175.
18 Mae Fox Braddock, "Wife Reveals Jimmy Braddock as Most Bashful Fighter", *New York Daily Mirror,* 17 de junho de 1935, p. 5.
19 Dan Parker, "Punchinello of Pugilism Passes", *New York Daily Mirror,* 15 de junho de 1935, p. 23.
20 Ibid.
21 Damon Runyon, "Both Barrels", *New York American,* 15 de junho de 1935, p. 19.
22 John Kieran, "Lucky Jim", *New York Times,* 16 de junho de 1935, p. 52.
23 Joseph C. Nichols, "Braddock Likely to Risk Newly-Acquired Heavyweight Title in September", *New York Times,* 15 de junho de 1935, p. 9.
24 Murray Lewin, "Through With Ring Says Baer", *New York Daily Mirror,* 14 de junho de 1935, p. 38.
25 Ibid.
26 Jack Dempsey, "Baer's Clowning is Hit by Dempsey", *New York Times,* 14 de junho de 1935, p. 30.
27 Jack Miley, "Champ, Descendant of Irish Kings, an Alger Hero", *New York Daily News,* 15 de junho de 1935, p. 32.
28 Frank Graham, "Setting the Pace: Up from the Floor to Glory", *New York Sun,* 14 de junho de 1935, p. 28.
29 Ver Frank Graham, Jr. *A Farewell to Heroes* (Nova York, Viking: 1981), p. 69.
30 Mae Fox Braddock, "Champ's Wife Lauds Her Jim", *New York Daily Mirror,* 17 de junho de 1935, p. 3.
31 Mae Braddock, "Wife Reveals", p. 5.

Epílogo

1 Arthur Daley, "The Big Bad Baer, *New York Times*, 25 de novembro de 1959, p. 32.
2 James P. Dawson, "Louis Stops Baer in 4th at Stadium as 95.000 Look On", *New York Times*, 25 de setembro de 1935, p. 1.
3 Frank Graham, "Extra! Baer Knocks Out Louis", *New York Sun*, 24 de junho de 1938.
4 "Lud Shabazian, *Relief to Royalty* (Union City, NJ: Hudson Dispatch, 1936), p. 3.
5 Ibid., p. 132.
6 "Roxborough Tells Plans", *New York Times*, 12 de outubro de 1935, p. 22.
7 James J. Braddock, "I Will K.O. Louis", *Boxing News*, s.d, p. 5.
8 Ronald K. Fried, *Corner Men: Great Boxing Trainers* (Nova York: Four Walls Eight Windows, 1991), p. 210.
9 Ibid.
10 James Lambert Harte, *The Amazing Story of James J. Braddock* (Emmaus, Pa.: Rodale, 1938), p. 137.
11 Baer, "Epigrams", *The Fireside Book of Boxing*, W. C. Heinz, ed. (Nova York: Simon & Schuster, 1961), p. 26.
12 Associated Press, "Max Baer, 50, Dies", *New York Times*, 22 de novembro de 1959, p. 1.
13 "Braddock at 64: Baer Hit Hard but Louis Was Faster", *New York Times*, 8 de junho de 1969, p. S5.
14 Red Smith, "A Champion for His Time", *New York Times*, 1º de dezembro de 1974, p. 255.

AGRADECIMENTOS

Sou profundamente devedor àqueles que cobriram James J. Bradock, Max Baer e o boxe nas décadas de 1920 e 1930, muitos dos quais gigantes eternos da imprensa: Grantland Rice, Frank Graham, Sr., James P. Dawson, Nat Fleischer, Fred Van Ness, Joseph C. Nichols, John Kieran, Joe Williams, Jimmy Cannon, Damon Runyon, Wilbur Wood, Paul Gallico, Westbrook Pegler, W. O. McGeehan, Edward Van Every, Dan Parker, Murray Lewin, Jack Miley, Red Smith e, naturalmente, Lud Shabazian, entre outros. Nunca tive oportunidade de conhecer qualquer um deles – a maioria já morreu há muito tempo –, mas gostaria de ter tido. Utilizei em grande parte seus vibrantes relatos das vidas de Braddock e Baer e dos acontecimentos que presenciaram ao lado dos ringues, tanto literal quanto metaforicamente.

Recolhi uma enorme quantidade de informações principalmente na biografia de Jim Braddock escrita em 1936 por Lud Shabazian, *Relief to Royalty* (Da Indigência à Realeza). A curta biografia *Max Baer, the Glamour Boy of the Ring* (Max Baer, o Menino Bonito do Ringue), de Nat Fleischer, foi também valiosíssima, especialmente no que se refere à juventude e início da carreira profissional de Baer. Esses dois livros, assim como os arquivos do *New York Times, New York Sun, New York Daily Mirror, New York Journal, New York Herald-Tribune, San Francisco Chronicle, Ring Magazine* e *New York World-Telegram,* formaram a espinha dorsal de minha pesquisa, porém freqüentemente recorri a outras fontes: a biografia *The Amazing Story of James J. Braddock* (A Surpreendente História de James J. Braddock), de James Lambert Harte, de 1938; o relato feito por Frank Graham Jr. sobre a luta Braddock-Griffin no *Sports Illustrated*, suas memórias intituladas *A Farewell to Heroes* (Um Adeus aos Heróis), e *It Takes Heart* (É Preciso Valor), de Graham e Mel Allen; o perfil definitivo de Max Baer no *Sports Illustrated*, de autoria de Rom Fimrite, intitulado "Send in the Clown" (Tragam o palhaço); o perfil de Braddock, "Cinderella Jim", no *Sport*, por Ed Fitzgerald, em 1950; *The Fireside Book of Boxing* (O Livro de Boxe para Ler junto à Lareira), editado por W. C. Heinz, e *The Book of Boxing* (O Livro do Boxe), editado por Heinz e Nathan Ward; o perfil de Braddock na revista *Ring*, por Michael Silver, "The Cinderella Man Whose Clock Never Struck 12" (O Homem Cinderela cujo relógio nunca bateu 12 horas); *The Itallian Stallions* (Os Potros Italianos), de Tom Hauser e Stephen Brunt; *East Side, West Side* (Lado Leste, Lado Oeste), de Larry Ritter; *White Hopes and Other Tigers* (Esperanças Brancas e Outros Tigres), de John Lardner; *In this Corner...!* (Neste Canto...!), de Peter Heller; *To Absent Friends from Red Smith* (A Amigos Ausentes Oferece Red Smith), editado por Dave Anderson; *Corner Men: Great Boxing Trainers* (Os Homens nos Cantos: Grandes Treinadores de Boxe), de Ronald K. Fried; *The World Heavyweight Boxing Championship* (O Campeonato Mundial de Boxe dos Pesos Pesados) e *The Encyclopedia of World Boxing Champions* (Enciclopédia dos Campeões Mundiais de Boxe), de John D. McCallum; *Wise Guy: James J. Johnston: A Rhapsody in Fistics* (O Prudente: James J. Johnston: Uma Rapsódia Pugilística), de Marcus Griffin; *The Heavyweight Championship: An Informal History of Heavyweight Boxing from 1719 to the Present Day* (O Campeonato dos Pesos pesados: uma História Informal do Boxe de Pesos pesados desde 1719 até os Dias de Hoje), de Nat Fleischer; *Joe Louis: The Great Black Hope* (Joe Louis: A Grande Esperança Negra), de Richard Baki e *The Encyclopedia of New York City* (Enciclopédia da Cidade de Nova York), organizada por Kenneth T. Jackson.

Muitas das narrativas deste livro foram extraídas não de uma única das fontes acima mencionadas, e sim de diversas delas. Por exemplo, existe pelo menos uma dúzia de relatos quase contemporâneos do dia em que Jimmy Braddock envergonhou Harry Galfund quando os dois treinaram no ginásio de Joe Jeannette em West Hoboken, despertando o interesse de Joe Gould. O relato de Lud Shabazian é levemente diferente do de Frank Graham, que é um pouco diferente do de Red Smith. Pela exatidão histórica e fluência da narrativa, incluí os detalhes e diálogos que me pareceram mais autênticos.

Por falar em diálogo, a maioria dos que estão presentes no livro foi extraída de relatos contemporâneos. Como regra geral, procurei utilizar sempre que possível as palavras exatas registradas pelos repórteres que rabiscavam-nas à medida que eram ditas. De vez em quando, entretanto, tomei algumas liberdades para dar mais colorido ou para reconstruir o diálogo. Procurei manter-me fiel aos fatos e às convicções essenciais dos homens e mulheres que adornam estas páginas, e sempre o fiz em benefício da narrativa.

Este livro não teria sido escrito sem o auxílio do talento e paciência de Susan Canavan, minha editora na Houghton Mifflin. Seja qual for o valor deste livro, ele é tão meu quanto dela.

Scott Waxman, meu agente literário, foi quem primeiro me seduziu com a idéia de escrever um livro sobre Jim Braddock. Desde o início, seu apoio e estímulo me animaram.

Também sou grato às contribuições de Martha Kennedy, que desenhou a sugestiva capa; Liz Duvall, que tornou meu texto mais sucinto; Carla Gray, guru de *marketing* da Houghon Mifflin; e Gracie Doyle, extraordinária relações-públicas da casa.

Também devo agradecer ao pequeno exército de homens e mulheres cuja assistência em pesquisas ajudou a dar vida para mim à história de Braddock e Baer. O incomparável Joe Goldstein vasculhou os recônditos da Biblioteca Pública de Nova York a fim de encontrar as fontes primárias essenciais. Willie Weinbaum, meu colega na ESPN, o melhor repórter que conheço, foi à cata de dezenas de pessoas que conheceram Baer e Braddock. Dave Smith, da Biblioteca Pública de Nova York, indicou-me os livros, artigos de revistas e recortes que me foram mais úteis. Aron Heller, Larry Friedman, Max Greengrass, Jordan Koss e Rick Manista deixaram de lado empregos temporários mais lucrativos, que poderiam tê-los levado mais próximo de piscinas e praias, a fim de pesquisar as vidas dos dois lutadores, cujos nomes lhes eram anteriormente desconhecidos. Jeff Brophy, do Hall Internacional da Fama no Boxe, em Canastota, Nova York, proporcionou generosamente reportagens antigas da revista *Ring* e localizou atas há muito esquecidas das reuniões da Comissão de Atletismo do estado de Nova York. Johnny Miller, do *San Francisco Chronicle,* e Susan Lintelmann, da biblioteca da Academia Militar dos Estados Unidos, foram fontes valiosas de material sobre as mortes de Frankie Campbell e seu filho mais moço, Francis Camilli Jr. Bert Sugar revelou-me detalhes da vida de Max Baer que somente ele conhecia. Greg Payan localizou as fotos que ilustram este livro. Dan Weinberg encontrou cópias de imagens das principais lutas que definiram as carreiras de Braddock e Baer. Peter Heller teve a gentileza de proporcionar-me um exemplar completo da entrevista que realizou com Jim Braddock e da qual aparecem trechos em seu livro *In This Corner...!* W. C. Heinz e Jimmy Breslin permitiram-me mergulhar em seus estimáveis cérebros em busca de detalhes sobre Baer e Braddock. Bob Shabazian e Max Baer, Jr. me relataram lembranças vívidas de seus pais. Joseph Mallon, Joseph Kraljic e Mike Viola me trouxeram entrevistas sobre Jim Braddock, enquanto Sam Bercovich, Sam Gold, Jack e Elaine La Lanne e Harvey Taub deram entrevistas sobre Max Baer. Diane Camilli Abraham, Bill Camilli, Doug Camilli, Jack Camilli e Richard Camilli foram entrevistados a respeito de Frankie Campbell.

Fui também auxiliado por Bob Foster, do Museu de Hoboken, Cynthia Harris, da Biblioteca de Jersey City, e Estela Longo, da Bilbioteca de West New York.

Mike Lupica, Vince Doria, Gare Joyce, Bud Morgan, Evan Kanew e Tim Hays formaram um douto grupo de aconselhamento que ajudou a dar forma ao *Homem Cinderela* à medida que ia sendo escrito.

Meus agradecimentos também a Farley Chase, Sarah Gabert, Kate McKean, Melissa Jacobs, Don Barone, Nicole Noren, Dave Herscher, Ellen Harilal e Sue Friedman por toda a ajuda.

Finalmente, desejo registrar as contribuições de Ralph Wiley, amigo, colega e mentor, cuja morte prematura nos roubou uma voz original e talentosa. Seu livro, *Serenity: A Boxing Memoir* (Serenidade: uma memória sobre o boxe), me tornou fã da doce ciência. Na semana anterior à sua morte, conversamos sobre James J. Braddock, Max Baer e o processo de escrever um livro. Ele o considerou uma marcha forçada. Como quase tudo o que Ralph me disse nos 15 anos em que convivemos, sua descrição era precisa – mas pelo menos estive em muito boa companhia.

ÍNDICE

IMPRESSÃO E ACABAMENTO:
YANGRAF Fone/Fax: 6195.77.22
e-mail:yangraf.comercial@terra.com.br